PORTALIS
PHILOSOPHE CHRÉTIEN

OU

DU VÉRITABLE ESPRIT PHILOSOPHIQUE

PAR

J.-C. FRÉGIER

Juge au Tribunal de première instance d'Alger,
Auteur de la Paraphrase des Instituts de Justinien par Théophile, traduite
du grec, et annotée, etc.,
et de plusieurs ouvrages de droit et de législation.

> Il faut tout entendre dans les choses pour
> en juger sainement l'usage, comme l'abus,
> l'esprit comme la lettre. (DAMIRON.)
>
> Quem te Deus esse
> Jussit, et humanâ quâ parte locatus
> Disce! (CLAUD.)

PARIS
CHALLAMEL AINÉ, ÉDITEUR
Rue des Boulangers-Saint-Victor, 30.

1861

PORTALIS

PHILOSOPHE CHRÉTIEN

PORTALIS

PHILOSOPHE CHRÉTIEN

OU

DU VÉRITABLE

ESPRIT PHILOSOPHIQUE

PAR

J.-C. FRÉGIER

Juge au Tribunal de première instance d'Alger,
Auteur de la Paraphrase des Instituts de Justinien par Théophile, traduite
du grec, et annotée, etc.,
et de plusieurs autres ouvrages de droit et de législation.

> Il faut tout entendre dans les choses pour
> en juger sainement l'usage, comme l'abus,
> l'esprit comme la lettre. (DAMIRON.)

> Quem te Deus esse
> Jussit, et humanâ quâ parte locatus,
> Disce! (CLAUD.)

PARIS

CHALLAMEL AINÉ, ÉDITEUR

Rue des Boulangers-Saint-Victor, 30.

1861

A

SON EXCELLENCE

MONSIEUR TROPLONG

PRÉSIDENT DU SÉNAT

PREMIER PRÉSIDENT DE LA COUR DE CASSATION.

Monsieur le Président,

Placé au frontispice d'un ouvrage comme le mien, un nom comme le vôtre devait être d'un bon augure.

Aussi me suis-je empressé de vous faire un public hommage de mon *Portalis, philosophe chrétien.*

Vous avez daigné l'accepter.

Je vous en remercie !

Vous ne pouviez honorer le livre d'un plus bienveillant témoignage d'attention, et l'auteur d'un plus haut encouragement.

Et à quel autre qu'à vous l'aurais-je dédié?

Portalis est le plus célèbre rédacteur du Code Napoléon;

Vous en êtes le commentateur le plus illustre.

Portalis représenta, sous le premier Empire, la concorde de l'État avec l'Église, du pouvoir politique et civil avec le pouvoir ecclésiastique et religieux;

Vous représentez, à un degré non moins élevé, sous le second Empire, l'alliance de la liberté avec l'autorité, de l'*esprit philosophique* avec l'esprit chrétien.

J'ai l'honneur d'être,

Monsieur le Président,

De Votre Excellence

Le très-respectueux et très-reconnaissant serviteur,

C. Frégier.

Paris, le 2 avril 1861.

PRÉFACE

Nec temerè, nec timidè!

Ceci n'est ni un traité, ni un commentaire, ni une dissertation, — pas même une thèse.

Il y a de tout cela dans ce livre, et pourtant il n'est pas cela !

Qu'est-il donc ?

Une œuvre de critique philosophique et religieuse, — un hommage rendu à la Raison et à la Foi, — un livre de philosophie et de religion, — inspiré par un sentiment de justice littéraire, — pensé avec indépendance et peut-être courage, — écrit de bonne foi et sans passion, — dans un but d'intérêt public et social : — l'examen raisonné d'un ouvrage posthume de Portalis l'Ancien, intitulé : *De l'Usage et de l'Abus de l'esprit philosophique durant le dix-huitième siècle.*

Rien de plus, rien de moins!

Portalis est connu — de tous, — comme jurisconsulte, législateur, orateur et publiciste ; — de peu, — comme avocat ; — de quelques-uns seulement, — comme philosophe ; — de personne, ou de presque personne,—comme *philosophe chrétien*.

On croit avoir tout dit de lui, quand on a dit qu'il fut le plus éloquent rédacteur du Code civil, et le plus actif promoteur du Concordat et des Articles organiques.

L'histoire littéraire lui devait une réparation.

J'ai voulu en être l'instrument.

L'érection de sa statue devant le Palais-de-Justice de la cité, témoin de ses premiers triomphes oratoires, en a été l'occasion.

Le jour de cette fête de famille, la magistrature du ressort de la Cour d'Aix, par l'organe de ses deux chefs (1), célébra dignement les mérites de cet homme illustre.

Mais à peine mentionna-t-elle en passant son livre : *De l'Esprit philosophique*.

Étonné de cette lacune, je résolus de la combler, et la cérémonie n'était pas terminée que je *prenais la plume* pour *lire* ce livre, et immédiatement après l'avoir lu, pour écrire les impressions de ma lecture.

De là ce travail.

(1) M. le Premier Président Poulle-Emmanuel, — M. le Procureur général Borely.

Plusieurs années se sont écoulées. Des événements solennels entre tous, dans l'histoire politique de mon pays, ont changé son pouvoir et sa constitution. Mais si dogmatique et si invariable est, en général, le caractère des idées philosophiques, religieuses et sociales de cet ouvrage, que je n'ai rien eu à ajouter, rien à retrancher.

Tel donc il est sorti de ma plume, tel je le donne au public : — respirant à chaque page mes convictions de philosophe en même temps que ma foi de chrétien.

Devais-je agir autrement? Évidemment non! Ce que je pensais et croyais en 1848, je le crois et le pense en 1861.

Il est même tel article de mon symbole social que je crois peut-être plus fermement encore, confirmé qu'il a été depuis, par la démonstration de l'expérience.

L'histoire confirma toujours les inspirations de la raison et les affirmations de la foi.

Voilà pourquoi et comment j'ai composé ce livre.

Dois-je ajouter que je l'ai pensé sans préjugés, sans préventions, sans parti pris, loin de tout esprit de coterie ou d'école, dans la solitude d'un cabinet à la porte duquel expirait tout bruit venant du dehors, et où, tout entier renfermé dans ma pensée pour mieux écouter la voix intérieure de la vérité, je n'entendais que le silence de mon cœur?

A quoi bon? Au lecteur de me croire autrement que sur ma parole : — en me lisant!

J'ose espérer qu'à la nature de mon but et des moyens que j'ai pris pour l'atteindre, au fond comme à la forme de mes idées, il lui sera facile de juger si ou non ma pensée a été celle d'un écrivain libre et indépendant.

Je suis de ceux pour qui écrire, c'est parler, et parler, n'en déplaise aux Talleyrands de tous les temps et de toutes les sortes, c'est révéler sa pensée.

Qu'ai-je voulu? Deux choses! — m'adresser à l'esprit et au cœur de mes lecteurs : — à leur esprit, en divulguant le mérite distingué d'un philosophe, à peu près inconnu parmi nous ou injustement oublié; — à leur cœur, en démontrant, par les leçons et l'exemple de ce philosophe, l'alliance de la philosophie et du christianisme, sous les auspices du véritable esprit philosophique.

Or, ce double enseignement m'a paru important à plus d'un titre.

De quelque façon qu'on définisse l'esprit philosophique, ou il n'est rien, ou il est un esprit de liberté, d'indépendance et d'examen.

Je dis de liberté et non de licence, d'indépendance et non de révolte, d'examen et non de crédulité.

De cet esprit, comme de tout ce qui est bon, il y a *usage* et il y a *abus*.

Portalis est contre l'abus, et, avec lui, je n'en approuve que l'usage.

Comme lui, je n'ai écrit ni pour Galba ni pour Vitellius (1), et en cela je crois avoir, moi aussi, donné l'exemple et la leçon de l'usage d'un *véritable* esprit philosophique.

Pour qui donc ai-je écrit?

— Pour tout homme sérieux, et que préoccupe sérieusement la solution du grand et multiple problème de notre temps : — l'accord de la raison avec la foi, la conciliation de la liberté avec l'autorité, l'harmonie du passé avec l'avenir, la concorde de la tradition avec le progrès, du sacerdoce avec l'empire, — et, pour tout dire en un seul mot, la marche indéfiniment ascendante de la civilisation vers son idéal évangélique, par le concours simultané et incessant de la philosophie et du christianisme.

(1) Tacite.

Il faut en prendre son parti ! Là est le problème de notre époque, le *to be or not to be* de l'avenir social du monde, — de cet avenir qui n'est possible — qu'à la condition de n'être ni entravé par des préjugés surannés, ni compromis par de vaines utopies.

Le préjugé, c'est la routine, et l'utopie, c'est le rêve.

Rêve ou routine, peu importe ! Le progrès, le progrès par le christianisme et la saine philosophie ; — le progrès véritable, et non le progrès de nom seulement, — le progrès, — force mystérieuse, loi divine de la perfectibilité humaine, qui est aux sociétés ce qu'est aux individus l'intelligence unie à l'activité pour parvenir au faîte de cette perfection humaine, dont le terme et la mesure sont l'imitation de la perfection de Dieu, — le progrès n'est pas là !

Il est, et il ne peut être que là où la raison unie à la foi donne à l'homme et le pouvoir et la volonté et la certitude de réaliser, autant qu'il est en lui, l'idéal fini de cette perfection infinie.

Et ce que je dis de l'homme, je le dis de l'humanité.

Mais, ne nous y trompons pas, ce progrès n'est ni l'apostasie du passé, ni la glorification *quand même* du présent, ni la divinisation de l'avenir.

Le progrès, tel que nous l'entendons, est continu et indéfini.

Continu, il accepte du passé tout ce qui le rallie au présent et du présent tout ce qui le rallie à l'avenir.

Indéfini, il aspire à la *plénitude de la taille* du Christ (1). Il marche sans cesse vers un avenir *nouveau*, mais non entièrement *neuf*, et il sait qu'il doit s'arrêter devant les colonnes de l'Infini.

De sorte qu'il condamne également et les retards de la routine, et les stagnations de l'indifférence, et les extravagances de l'utopie.

Disons-le franchement, le progrès n'est ni le fils des Croisés, ni le fils de Voltaire. Il est le fils du Christ Dieu et homme, — *Verbe fait chair*, — lumière, voie, vérité et vie du monde, à qui il a dit un jour : « Crois et aime : ton salut est à ce prix, » et qui n'est ni du moyen âge, ni du dix-huitième siècle, parce qu'il est de tous les âges et de tous les siècles, — d'hier, d'aujourd'hui et de demain !

Le progrès, ce n'est pas la foi, car la foi ne progresse pas, et c'est son divin privilége : elle n'est susceptible ni de plus ni de moins ; *elle est ce qu'elle est ;* mais il est le fruit de la foi. Ce n'est

(1) Saint Paul.

pas non plus la raison, car elle l'a cent fois avoué, abandonnée à ses propres lumières et à ses propres forces, elle s'égare et s'épuise à la recherche de la vérité, hors de laquelle il n'est pas de progrès possible, et à laquelle il ne lui est donné d'arriver qu'à travers deux mirages et deux écueils : — l'utopie ou ce qui n'est pas, et le système ou ce qui peut être, — l'orgueil qui lui persuade qu'elle peut tout, le désespoir qui lui persuade qu'elle ne peut rien.

La raison n'est que l'instrument et l'outil du progrès, — mais un instrument insuffisant, mais un outil trop souvent impuissant — sans la foi.

Donc, l'union de la foi (1) *cherchant l'intelligence*, et de la raison *cherchant la foi*, ou l'ayant trouvée, — voilà la condition du *véritable* progrès !

Mais la foi et la raison unies, c'est l'alliance de la philosophie et de la religion, c'est la philosophie chrétienne, c'est le véritable esprit philosophique, c'est l'esprit de Portalis *philosophe chrétien*, c'est enfin le sujet de ce livre !

Quel moment plus opportun pour sa publication !

L'Europe, nous pourrions dire, le monde, est travaillée d'un mal mystérieux. On lui demande

(1) Sancti Anselmi Proslogium.

de toutes parts quel est le mal qui la dévore, et pour toute réponse, elle pousse un cri douloureux qui dit à tous : Voyez s'il est des angoisses semblables à mes angoisses! Je souffre, et je ne sais pas de quel mal; mais je sens qu'il faut que je meure, — à moins que, de mon sein déchiré par un effort suprême, ne sorte l'enfant de l'avenir!

A Dieu ne plaise que je veuille sonder ses insondables secrets! J'ignore ce que la Providence nous prépare. Mais ce que je sais bien, c'est que l'avenir, quel qu'il soit, ne différera du passé et du présent que si l'humanité, marchant dans la voie de ses destinées, guidée par la foi et appuyée sur la raison, répudie du passé la foi trop exclusive de la raison, et du présent la raison trop exclusive de la foi.

Or, on s'en convaincra par la lecture de cet ouvrage, — rien ne concourra aussi largement à cette réconciliation de la Foi et de la Raison, ou, pour parler avec saint Paul, à cette *instauration* de *tout* l'homme dans le *Christ*, — que l'usage du véritable esprit philosophique.

Un mot encore! Je pouvais commencer cet ouvrage comme Bacon terminait l'un des siens, en disant avec le Roi-prophète :

Credidi, propter quod locutus sum.

J'ai cru, et c'est pourquoi j'ai écrit.

On me reprochera peut-être de n'avoir pas toujours des opinions assez absolues, des solutions assez tranchées.

Tel philosophe ne verra en moi qu'un chrétien, tel chrétien qu'un philosophe, tel hérétique qu'un catholique, et, le dirai-je? tel catholique qu'un philosophe, un hérétique, ou, tout au moins, un téméraire novateur.

Aux uns et aux autres, je ne dirai qu'une chose :

La vérité, cette vertu de l'esprit, est à la pensée ce que la vertu, cette vérité du cœur, est à la volonté : elle est *in medio*, — entre les extrêmes !

Est-ce ma faute, si, bien que le nombre *quatre* touche d'aussi près au nombre *cinq* qu'au nombre *trois*, — deux et deux ne font cependant ni trois ni cinq ?

Est-ce ma faute, si interrogeant la vérité sur des questions ardemment discutées, — quand elle m'a répondu : « Je suis *ici*, » je n'ai pu lui dire : Non, tu es à droite ou à gauche, un peu plus en avant, ou un peu plus en arrière ! Tu es *là* ?

Paris, 1ᵉʳ avril 1864.

PORTALIS

PHILOSOPHE CHRÉTIEN

De même que le monde physique et métaphysique, le monde littéraire a ses obscurités et ses mystères. Tel livre, à telle époque, passe pour ainsi dire inaperçu sur la scène des intelligences, qui, en un temps plus favorable, n'eût pas manqué d'attirer sur lui l'attention publique, et de jouer un rôle plus ou moins important dans le mouvement de la pensée humaine.

D'où vient ce phénomène, moins rare qu'on ne pense, — dont les annales de la littérature moderne nous offrent plus d'un exemple, — et qui, partout où il apparaît, semble commander, dans la mesure de ses forces, à tout esprit qui aime sincèrement la vérité, un acte d'éclatante et complète réparation?

On peut l'attribuer à plusieurs causes, — aussi

multiples et aussi variées que les circonstances au milieu desquelles il se produit.

Contentons-nous d'indiquer les plus fréquentes et les plus générales.

Le souvenir de fortes et récentes commotions sociales, — l'intérêt dominant des graves événements politiques qui marquent les époques de transition de la guerre à la paix, d'un despotisme peut-être nécessaire à l'exercice régulier d'un pouvoir circonscrit dans les infranchissables limites de la justice et de la liberté, — les soins d'un présent mal assuré encore, — les préoccupations d'un avenir douteux et incertain, — la haute influence qu'exerce sur la foule des esprits l'apparition subite, inespérée de quelque grand ouvrage empreint du sceau du génie et de l'immortalité, et, plus que tout cela, certaines dispositions ou tendances morales de la société qui poussent la partie éclairée d'un peuple vers un genre spécial d'études et le détournent, un moment, de tout autre, — telles sont, à notre avis du moins, les causes les plus directes du peu de bruit que font dans le monde intellectuel tant de travaux dignes d'ailleurs d'un vaste retentissement. Ainsi s'explique l'espèce d'insuccès auquel paraissent quelquefois condamnées en naissant, des œuvres appelées aux plus brillantes destinées.

Que si, outre le tort de voir le jour de la publicité dans ces occurrences fatales, ces travaux ont encore celui de n'exposer à leurs lecteurs que des idées sérieuses, élevées, profondes, à la portée seulement du petit nombre d'hommes qui pensent, ou de n'enseigner que des doctrines qui heurtent bien des préjugés, combattent et détruisent bien des erreurs, en un mot, défendent invinciblement la sainte cause de la vérité, de la religion et de la vertu ; — si, enfin, par un dernier et suprême malheur, l'écrivain, trop tôt ravi au monde pour présider à la publication de son œuvre, n'a pu ni la surveiller, ni la patronner lui-même de l'autorité de son nom, ni lui prêter l'appui de sa présence, le jour où pour la première fois elle a paru sur le théâtre littéraire ; qu'ainsi, pour en faire un monument achevé, et pour la préserver de cet oubli qui pèse d'ordinaire sur les écrits posthumes, une main pieuse, cette main fût-elle celle d'un fils digne en tout de son père, ait été forcée de la retoucher, de la compléter, de la perfectionner, alors, vous comprendrez sans peine pourquoi cette œuvre, par cela seul qu'elle n'a été publiée qu'après la mort de son auteur, quels que soient du reste son mérite intrinsèque et sa portée, sera, en quelque sorte, déshéritée, le lendemain de son apparition, de cet éclat et de cette gloire qui, dans des circonstances plus propices, eussent infailliblement couronné son berceau.

Est-il nécessaire de démontrer que ces observations s'appliquent de tout point au livre posthume d'Étienne Portalis, ou, disons mieux, de Portalis l'Ancien, publié en 1820 seulement, c'est-à-dire près de treize ans après la mort de son auteur, par le comte Portalis, son fils, sous le titre : *De l'Usage et de l'Abus de l'esprit philosophique durant le dix-huitième siècle?* Mais à qui connaît l'histoire littéraire des premières années de notre siècle, et la situation des esprits sous la restauration, ne suffit-il pas d'énoncer la date de la publication de cet ouvrage?

Or, quand tel a été le sort d'une œuvre remarquable due à la plume non moins élégante que facile d'un personnage illustre à plus d'un titre, et dont le souvenir, cher à tous ses concitoyens, se perpétuera d'âge en âge, grâce non-seulement au burin de l'histoire, au pinceau et au ciseau d'artistes distingués, mais encore à l'immortel monument d'une législation modèle qui lui doit sa base et son couronnement, n'est-ce pas pour la critique une belle et précieuse aubaine que celle de réparer, si j'ose ainsi parler, le tort des circonstances, en mettant dans tout son jour ce que renferme de plus saillant et de plus utile un travail trop longtemps délaissé dans une injuste obscurité, et en révélant à l'érudition philosophique les mérites ignorés, oubliés, méconnus peut-être, qui lui donnent incontestablement le droit d'être inscrit sur ses plus glorieux diptyques?

Mais ce qui est toujours une grande et noble tâche pour la critique, ne devient-il pas, en outre, pour elle, un devoir sacré, une sainte mission, quand, par l'appréciation impartiale, sincère, étendue d'un ouvrage aussi peu connu qu'il mérite de l'être, elle peut étudier, dans toute l'intimité de son être, et montrer sous son aspect le plus intéressant et le plus vrai, l'homme de qui la postérité a déjà salué avec admiration les rares qualités, les talents éminents, l'inébranlable dévouement à la chose publique?

Et si la reconnaissance de ses compatriotes vient à peine d'élever, sur le seuil d'un temple de la justice, un monument destiné à éterniser la mémoire de l'éloquent avocat, du savant législateur, du jurisconsulte profond et de l'habile ministre, le moment n'est-il pas arrivé de proclamer bien haut que le même homme qui, dans les diverses fonctions auxquelles il fut également appelé par son mérite et par ses vertus, sut constamment se dévouer aux intérêts matériels de l'État et des particuliers, sut aussi consacrer aux intérêts moraux de la société, à la défense de la religion et de la véritable philosophie, tout ce que de longues et graves études, un esprit naturellement observateur, un vif sentiment du beau, du bon, du vrai, un discernement exquis des hommes et des choses, lui permirent de recueillir et d'écrire sur l'*usage* et l'*abus* de l'*esprit philosophique*, dans le siècle qui s'est lui-même nommé le siècle de la philosophie, dans le dix-huitième siècle ?

Aussi, nous le disons sans crainte d'être contredit par personne, aux yeux de la saine raison, aux yeux de la conscience humaine tout entière, il est dans l'homme public quelque chose de préférable à l'orateur distingué, à l'homme d'État habile, au législateur éminent, c'est le philosophe, c'est le penseur, mettant au service de ses semblables le fruit de ses études et de ses méditations, et cherchant, de toute l'énergie de son âme, à répandre dans le cœur d'une société profondément ébranlée, ces éternels principes de morale et de religion qui sont tout à la fois la base de la stabilité des États et du bonheur des peuples.

Et ici, qu'il nous soit permis de nous étonner qu'au jour de la solennelle inauguration de la statue de Portalis, alors que tant de bouches éloquentes prononcèrent l'éloge de notre illustre compatriote, et qu'on déroula solennellement devant une foule immense et empressée les diverses phases d'une vie si pleine et si belle, on ait, involontairement sans doute, passé sous silence, de tous ses titres d'écrivain, celui qui se recommande le plus à l'attention de la postérité. C'est à peine, en effet, si le premier magistrat d'une cour souveraine en fit une légère et rapide mention dans un remarquable discours, qui retrace éloquemment et avec une exactitude parfaite les principaux traits de la biographie de Portalis.

Et cependant, qui n'eût appris avec bonheur que dans l'homme dont la statue, véritable *imago majorum*, venait d'être érigée sur l'escalier d'un palais de justice, il devait contempler non-seulement le jurisconsulte et le législateur, mais encore le moraliste et le *philosophe?* Dieu merci, nul, en France, aujourd'hui, n'a plus à rougir de ce nom, et le temps n'est plus où le titre de philosophe, suivant qu'il était prononcé par une bouche ou par une autre, équivalait à une injure ou à un éloge, inspirait le respect ou suggérait la haine. Aujourd'hui, comme au grand siècle, on peut hautement se déclarer philosophe chrétien.

Or, ce qu'on n'a pas fait, nous venons essayer de le faire.

Ce n'est pas qu'en cherchant à fixer les regards du public sur le côté philosophique de la vie de Portalis, nous voulions ne lui présenter qu'un faible et court essai de critique philosophique et littéraire. Si modeste qu'il soit, notre but est plus élevé. Le public auquel s'adresse notre travail se compose d'hommes instruits et habitués de longue main aux graves études. Nous savons qu'il en est plusieurs parmi eux qui, sur la seule recommandation du nom de Portalis, se feront un plaisir, un honneur, j'allais presque dire un devoir, de lire sérieusement, avec toute l'attention qu'il mérite, l'ouvrage dont nous nous proposons de les entretenir. A ces hommes surtout, il nous importe de faire connaître Portalis écrivain et philosophe, et si, comme nous osons l'espérer, notre analyse critique et raisonnée de son livre les détermine à en méditer profondément la partie morale et religieuse, de préférence à sa partie purement philosophique, nous nous estimerons heureux de ce résultat, le seul que nous ambitionnions, persuadé que la conscience d'une bonne action l'emporte de beaucoup sur la vaine satisfaction d'un succès littéraire.

I

En 1797, poussé par le flot révolutionnaire, un homme, encore dans la vigueur de l'âge, bien que connu depuis longtemps par les services qu'il avait rendus à son pays, s'en allait, le bâton de l'exil à la main, et loin de sa terre natale, demander à une plage étrangère et amie, l'asile que lui refusait son ingrate et malheureuse patrie. Il traverse le Rhin; tour à tour errant de Bâle à Zurich, et de Zurich à Tremsbuttel, il s'arrête enfin à Emskendorf, où l'attendait l'accueil le plus cordial, la plus noble et la plus généreuse hospitalité.

C'est là, au sein de l'amitié, c'est dans cette demeure paisible, où l'illustre émigré put enfin se croire à l'abri des orages sans nombre qui, depuis près de dix ans, n'avaient cessé de tourmenter sa vie, que, cédant à ce goût des fortes et sérieuses études philosophiques, signe presque toujours certain d'un esprit élevé et d'une âme née pour de grandes choses, il conçut la pensée et tenta résolûment d'examiner, dans un livre destiné, suivant lui, à lutter contre les fatales tendances de cette époque désastreuse, les diverses doctrines qui, successivement et pendant tout le cours d'un siècle, s'étaient disputé l'empire des intelligences et le sceptre de la philosophie.

Témoin des derniers combats que s'étaient livrés entre elles des doctrines non moins opposées dans leurs principes que dans leurs conséquences, son esprit, naturellement investigateur, dut tout d'abord s'attacher à la recherche philosophique des causes qui, directement ou indirectement, avaient engendré de si étranges phénomènes — et hâtons-nous de le dire, nul plus que lui n'était capable d'apprécier, avec ce calme et cette impartialité, condition essentielle de toute vérité dans les jugements humains, cette multitude de théories métaphysiques, politiques et sociales qui pullulèrent dans le siècle dernier, et devaient, à soixante ans d'intervalle, pulluler dans le nôtre.

Doué de ce rare bon sens qui devrait être l'apanage de quiconque aspire aux études philosophiques et morales, — prémuni contre les égarements du cœur par une éducation solidement chrétienne dont il n'oublia jamais les salutaires principes, et contre les erreurs de l'esprit par les règles d'une philosophie vraiment religieuse, — guidé enfin par ce flambeau de l'expérience hors de laquelle il est si difficile, je dirais volontiers impossible, de ne pas se fourvoyer et se perdre dans l'obscur labyrinthe des spéculations philosophiques, il se trouvait tout d'un coup et comme providentiellement placé à une égale distance des deux camps de la philosophie moderne, entre la France et l'Allemagne, sur un terrain tout à fait neutre, d'où il pouvait, tranquille spectateur de leurs luttes intellectuelles, observer les mouvements des parties belligérantes, assister à leurs évolutions, contempler les diverses phases de leurs combats, compter leurs succès et leurs revers respectifs, et ce qui, pour un penseur et un philosophe comme lui, valait bien mieux encore, remonter aux causes de leurs hostilités, en prévoir l'issue et en prédire les résultats.

Ajoutez à cela que de sa retraite d'Emskendorff, comme d'un nouveau Tusculum, il pouvait à loisir consulter, sur les difficiles et délicates matières qu'il voulait résumer et juger dans son livre, toute une pléiade de hautes intelligences, savants illustres, théologiens profonds, philosophes distingués, littérateurs émérites, qui, en deçà comme au delà du Rhin, honoraient alors ou honorèrent plus tard de leurs écrits, la science, la religion, la philosophie, la littérature : — les Quatremère de Quincy, les Jacobi, les deux Stolberg, les Lavater, les Mallet du Pan, les Delille, tous ses compagnons d'exil ou ses amis, et qui tous se seraient empressés de l'aider dans l'accomplissement de son dessein, les uns par leur érudition et leur science, les autres par leurs inspirations, leurs méditations ou leurs conseils.

Au surplus, à la manière dont il avait débuté, à l'âge de vingt et un ans, dans le barreau d'une des principales villes parlementaires de France, il était facile de pressentir que, grâce à la tournure éminemment philosophique de son esprit, à l'élévation de ses idées et à la noble indépendance de son caractère, le réfugié d'Emskendorf ne resterait pas au-dessous de la tâche qu'il s'était imposée. Dès cette époque, un observateur intelligent eût pu remarquer en lui le germe précieux dont le développement devait produire un jour l'ouvrage que nous allons apprécier. Avant de descendre dans la lice judiciaire, il avait, chose inouïe jusqu'alors! apporté à l'étude du droit cette raison *inquisitive* qui, dans le texte de la loi, voit moins la lettre morte qui l'exprime et lui donne sa forme extérieure, que l'esprit qui la vivifie et qui l'anime. Dédaignant, de ce fier dédain qui caractérise les hommes supérieurs à leur siècle, les vaines subtilités de l'école, ces façons routinières de parler et d'écrire au palais qui, pendant si longtemps, rendirent stationnaire, étroite, mesquine et prosaïque cette grande science des lois, que les Romains avaient pourtant définie la science du juste et de l'injuste, la connaissance des choses divines et humaines, Portalis, à l'aide de l'interprétation philosophique des plus importantes dispositions du Droit, sut, dans divers mémoires juridiques, prouver à ses confrères étonnés et jaloux de l'avenir que semblait lui promettre un génie si précoce, que désormais le règne de la routine était passé ; et qu'à l'explication raisonnée des textes, non aux lourds et froids commentateurs pour qui la lettre jusqu'alors avait été l'inflexible cercle de Popilius, il fallait demander la saine intelligence des lois.

Aujourd'hui que partout la littérature juridique surabonde d'exégèses puisées dans les seuls enseignements d'une raison éclairée, et de traités pompeusement décorés du beau titre de *philosophie du droit*, nous concevons à peine tout ce qu'il fallait de lumières, de fermeté et de courage à un jeune avocat plaidant pour la première fois devant le parlement de Provence, pour secouer les entraves séculaires de la routine, et sortir ainsi seul, et en dépit des désagréments qui devaient récompenser sa haute indépendance, de cette ornière profonde du passé, — unique chemin, lui disait-on, qui pût un jour le conduire à la fortune et à la gloire.

C'est pourtant ce que ne craignit pas de faire, au fond de la province, loin, bien loin du centre du mouvement intellectuel de la France, l'auteur *de l'Usage et de l'Abus de l'esprit philosophique*. C'est ainsi qu'au début d'une carrière ardue et périlleuse, il se fraya une route nouvelle, et se fit juger digne de lutter un jour, dans un de nos plus célèbres tournois judiciaires, contre le fougueux Riquetti, ce tout-puissant orateur qu'il suffit de nommer, Mirabeau!

Parlerons-nous maintenant de la noblesse de son caractère, de la douceur de ses mœurs, de l'affabilité de ses manières, qui lui gagnèrent l'estime et l'affection de tous, de cette modération, de cette impartialité, de cette franchise, de ce tact conciliateur qu'il montrait dans toutes ses relations civiles ; en un mot, de cette sagesse philosophique et chrétienne, plus chrétienne encore que philosophique, qui le préserva constamment de tous les extrêmes?

Assurément, s'il est vrai de dire avec plusieurs membres des assemblées publiques auxquelles il eut l'honneur d'être agrégé, « que beaucoup l'aimaient, que tous l'estimaient, qu'il n'était haï de personne, » nous pouvons ajouter avec une égale vérité, et comme par un préjugé nécessaire, que personne mieux que l'homme qui, de l'aveu de tous, dans la maturité de l'âge aussi bien qu'à cette époque de la vie où d'ordinaire on n'est pas encore capable de penser, usa toujours de l'esprit philosophique sans en abuser jamais, n'était fait pour apprécier sainement l'usage et l'abus de cet esprit au dix-huitième siècle.

Voulons-nous connaître la source féconde

où Portalis puisa si largement les aptitudes qui firent de lui, comme nous le démontrerons bientôt, un esprit à part, un homme assez élevé au-dessus de son siècle pour pouvoir le juger? Qu'il nous suffise de savoir que c'est aux Pères de l'Oratoire que son éducation fut confiée. C'est dans leurs colléges de Toulon et de Marseille qu'il apprit de ces hommes, aussi dévoués à la science et à la religion qu'intelligents des tendances de leur époque, à mêler ensemble, dans cette juste et harmonieuse proportion qui constitue le vrai et le bon, les enseignements de la religion et les lumières d'une saine philosophie, — deux choses inséparables, et, sous certains rapports, identiques aux yeux de qui connaît la véritable nature et les légitimes aspirations de l'humanité.

II

Qu'on nous pardonne ces considérations générales ; nous les avons crues nécessaires. On a dit que le style, c'est l'homme; on pourrait dire avec plus de raison encore que l'homme, c'est le philosophe. Nulle part, mieux que dans la méditation intime des choses et des hommes, l'homme ne se découvre tout entier avec son caractère et sa personnalité propres. Dans l'ouvrage de Portalis, il y a comme un reflet de sa vie et de ses mœurs. C'est qu'il ne s'agit point ici d'un de ces ouvrages vulgaires, facilement enfantés et rapidement conçus, d'un de ces livres comme en vit beaucoup la fin du dix-huitième siècle, non moins négligemment écrits que légèrement pensés, — œuvres éphémères, quelque nom qu'on leur donne, et qui, pour la plupart, ne devaient pas survivre à leurs auteurs.

Sur toutes choses, l'œuvre de Portalis est l'œuvre d'un penseur. Il a fallu beaucoup étudier, beaucoup méditer, pour faire en deux volumes ordinaires l'appréciation critique de la philosophie du dix-huitième siècle, de ses causes, de ses progrès, de ses résultats dans toutes les branches des connaissances humaines, — dans les lettres, dans les sciences, dans les arts, dans la politique et dans la morale. Quelle érudition, quel coup d'œil sûr et exercé, quelle habitude des choses sérieuses et abstraites, quelle puissance de synthèse et d'analyse n'étaient pas nécessaires, pour nous retracer ainsi, dans les limites d'un cadre étroit, l'histoire de l'esprit humain !

L'histoire de l'esprit humain ! Que ces mots ne nous effraient point ! Le livre de Portalis n'est point et ne devait point être une histoire complète des développements de la pensée humaine, telle que l'ont écrite, avec des tendances différentes, les

Brucker, les Tennemann, les Tiedemann, les de Gérando et tous les historiens de la philosophie, mais un résumé précis et lumineux de tout ce que les systèmes philosophiques anciens et modernes avaient fourni aux philosophes du siècle de Louis XV, l'exposé critique des systèmes de ces derniers, et l'histoire de leur bonne et de leur mauvaise influence. Et comme l'usage et l'abus de l'esprit philosophique au dix-huitième siècle était le vrai thème de son travail, il ne devait toucher de l'histoire générale de la philosophie que ce qui était absolument indispensable pour l'intelligence de son sujet.

Or, ainsi considérée, et quoique restreinte dans un espace fort limité, l'histoire de l'esprit philosophique ne laissait pas que de donner matière à de longs et intéressants développements. Comme on le voit, il ne s'agissait de rien de moins que de réunir, dans une vaste synthèse, pour les faire converger vers un point central, après les avoir soumises au contrôle d'une rigoureuse et exacte critique, toutes les idées, toutes les théories qui, dans un siècle où la pensée fut plus active que jamais, sillonnèrent tour à tour, pour y laisser partout des traces larges et profondes, les nombreuses régions du monde littéraire, philosophique et scientifique.

L'exécution d'une œuvre de cette nature présentait des difficultés de plus d'un genre. Au savoir de l'érudit, au talent de l'écrivain, à la sagacité du philosophe, au jugement et à l'impartialité du critique, il fallait joindre ce sentiment tempéré du vrai, du bon, du beau, du juste, et cette finesse d'observation que réunit si rarement un seul et même homme. Pour tracer le vaste tableau de l'esprit philosophique, suivant la juste notion que Portalis s'en était formée, il fallait se tenir également éloigné de la trop facile crédulité du vulgaire, et de l'excessive incrédulité de certains philosophes, des préjugés de l'ignorance et des prétentions souvent plus dangereuses d'une fausse science, des déplorables excès du fanatisme, et des folles prétentions de l'impiété : il fallait savoir confondre dans un mystérieux hymen l'auguste simplicité de la foi et les sublimes spéculations de la raison; il fallait, en un mot, être doué, à un degré peu commun, de ce coup d'œil d'une raison exercée qui, au dire de Portalis, est pour l'entendement humain ce que la conscience est pour le cœur. Mais qu'est-ce que tout cela, si ce n'est l'esprit philosophique lui-même ?

Or, maintenant que nous connaissons les qualités intellectuelles et morales qui pouvaient seules conduire à bonne fin la difficile entreprise du philosophe provençal, voyons s'il les a possédées.

Pour cela, nous n'avons qu'à esquisser rapidement le but et le plan de son ouvrage.

Son but, comme l'indique le titre de son livre, est de traiter de l'usage et de l'abus de l'esprit philosophique. L'auteur devait donc, avant tout, se poser cette question fondamentale : Qu'est-ce que l'esprit philosophique, et quel en est le caractère distinctif? Il répond d'abord à cette question; puis, l'esprit philosophique bien déterminé et bien défini, il en dit l'origine et la formation, en décrit l'influence sur les sciences naturelles et métaphysiques, examine les différents systèmes philosophiques nés de son souffle ou sous son influence, le suit pas à pas dans ses développements et dans ses écarts, signale ses avantages, et dénonce ses inconvénients dans ses applications à l'histoire, aux beaux-arts, aux sciences, à la jurisprudence et à la religion. Après avoir expliqué les vrais rapports qui lient la philosophie à la religion, et décrit la ligne de démarcation qui sépare leurs domaines respectifs, il nous fait voir l'esprit philosophique s'incarnant, pour ainsi parler, dans la législation, la politique, la vie civile et la vie sociale. Arrivé là, il examine et discute avec soin les systèmes sociaux d'où sortirent les théories révolutionnaires, fondées sur les principes absolus d'une égalité et d'une liberté chimériques. Enfin, pour clore dignement son œuvre, il consacre les dernières pages de son livre, et ce n'en est pas la partie la moins importante, à l'examen de l'influence réciproque des mœurs sur les faux systèmes de philosophie, et des faux systèmes de philosophie sur les mœurs.

Tel est, en résumé, le plan du livre de Portalis. Il s'agit de l'apprécier.

Et d'abord, n'hésitons pas à l'avouer, nous croyons que, sous plus d'un rapport, ce plan est incomplet; qu'on peut y remarquer çà et là de graves lacunes ; que toutes ses parties ne sont pas assez étroitement liées entre elles; que ses divisions ne sont pas toujours heureuses; que ses transitions sont quelquefois trop brusques, et qu'on chercherait vainement dans plusieurs chapitres ces déductions fortes, serrées, irréfutables, que la logique a le droit d'exiger en pareille matière. Nous pourrions même ajouter que de ce défaut d'enchaînement dans certains endroits du livre, et de la trop grande brièveté de certains aperçus, on est amené à induire et autorisé à conclure ce que nous avons déjà dit, que l'auteur n'a pas eu le temps de mettre la dernière main à son œuvre, et que le plan qu'il a suivi n'est, à le bien prendre, que l'ébauche, — ébauche pouvant rigoureusement se suffire, — de celui qu'il se proposait de suivre.

Qu'on relise, en effet, l'exposé succinct que nous venons d'en faire! On y reconnaîtra la vérité de ces observations. Pourquoi, par exemple, dans le chapitre qui traite de l'esprit philosophique en général, de la définition et de ses caractères, ne trouvons-nous que quelques lignes sur les indispensables prolégomènes de son ouvrage? Ne devrait-on pas naturellement s'attendre à quelques développements sur les idées qui avaient présidé à la composition de son livre, et qui, trente ans plutôt, avaient été admirablement exposées par le jésuite Guénard, dans un discours justement couronné par l'Académie française?

Pourquoi se contenter de dire, en termes généraux et vagues, que l'esprit philosophique est cette maturité de jugement qui distingue les gens éclairés de ceux qui ne le sont pas, qu'on le regarde comme le trait caractéristique du dix-huitième siècle et que les uns croient y entrevoir la source de tous les biens, et les autres celle de tous les maux? Tout cela est vrai, tout cela est incontestable ; mais aussi, tout cela est bien insuffisant pour donner au lecteur toutes les notions dont il a besoin afin de bien comprendre la suite de l'ouvrage.

Qu'un peu plus bas, il est vrai, l'auteur, pour préciser d'avantage sa pensée, nous dise avec raison que l'esprit philosophique est le coup d'œil d'une raison exercée, et, ce qui est d'une justesse incontestable, qu'il est pour l'entendement ce que l'esprit est pour le cœur ; qu'ensuite, pour mieux développer sa pensée, il le définisse un esprit de liberté et de lumière qui veut tout voir et ne rien supposer, lequel se produit avec méthode, opère avec discernement, apprécie chaque chose par les principes qui lui sont propres, indépendamment de l'opinion et de la coutume, ne s'arrête point aux effets, remonte aux causes, dans chaque matière, approfondit tous les rapports pour découvrir tous les résultats, combine et lie toutes les parties pour former un tout, assigne le but, l'étendue et les limites des différentes connaissances humaines, et peut seul les porter au plus haut degré d'utilité, de dignité et de perfection; qu'il ajoute, immédiatement après, que cet esprit diffère essentiellement de la philosophie proprement dite qui est limitée à un certain nombre d'objets déterminés, tandis que l'esprit philosophique qui n'est point une science, mais le résultat des sciences comparées et appliquées à tout, est une sorte d'esprit universel, « non pour les connaissances acquises, mais pour la manière de les acquérir; » qu'enfin, pour achever l'explication d'une définition dont il paraît avoir senti lui-même l'imperfection et l'insuffisance, il nous enseigne que l'esprit philosophique est au-dessus de la philosophie, comme l'esprit géométrique est au-dessus de la géométrie, comme la connaissance de l'esprit des lois est supérieure à la connaissance même des lois; — je maintiens que pour le lecteur qui, après avoir parcouru ces lignes, est sur le champ transporté, comme dit le poëte, *in medias res,* dans le cœur du sujet, rien n'équivalait à quelques pages écrites à la manière du père Guénard. Et certes pouvaient-elles mieux trouver leur place qu'en tête d'un ouvrage qui veut nous marquer où finit l'*usage* et où commence l'*abus* de cet esprit philosophique dont l'orateur de la Société de Jésus nous avait si nettement et si éloquemment dépeint les traits, et les propriétés, et les dangers?

Au surplus, ceci n'est point un reproche. Nous croyons, en effet, que tout ce premier chapitre n'est que le résumé d'un plus long travail, perdu peut-être, qui, dans la pensée de l'auteur, était destiné à servir d'avant-propos et comme de péristyle à son ouvrage. Ajoutons tout de suite, puisque l'occasion s'en présente, que l'intention du père a été dignement remplie par le fils : car, c'est à cette involontaire lacune que nous devons cette savante Introduction, où, parcourant rapidement les vastes champs de l'histoire littéraire et philosophique de tous les peuples et de tous les âges, il ne s'arrête qu'au seuil du dix-huitième siècle, là même où s'ouvre le travail de son père.

A notre avis, il n'eût pas été si facile de remédier à un certain défaut d'ordre dans les matières, et qui provient moins de l'oubli des règles d'une bonne composition littéraire et philosophique, que de l'impossibilité où la mort a mis Portalis d'embrasser méthodiquement son sujet sous toutes ses faces et dans tous ses détails. Entre autres exemples de cette confusion d'idées, il nous suffirait de citer le chapitre intitulé : *De quelques systèmes particuliers,* qui, sans avoir le danger du matérialisme, prennent, comme lui, leur source dans une fausse application des sciences expérimentales à la métaphysique, et le chapitre XII : *Que faut-il penser de l'opinion des auteurs qui nient la possibilité d'administrer les preuves de l'existence de Dieu et de l'immortalité de l'âme.* De pareils titres promettent évidemment l'examen détaillé, approfondi, de tous les systèmes philosophiques auxquels ils font allusion; on s'attend à y voir passer en revue et le système de Locke sur l'*entendement humain,* et le traité des *sensations* de son disciple et de son continuateur français, Condillac, et les paradoxes de l'auteur de l'*Essai analytique sur les facultés de l'âme*, le savant Bonnet, de Genève, et les fantastiques idées de Kant, sur la *dialectique transcendentale,* et cette foule de productions, aujourd'hui pour jamais oubliées, où, bien que par des routes détournées, on cherchait, il y a de cela soixante ans, à saper les fondements de toute morale et de toute religion naturelle ou révélée. Au lieu de cela, quel n'est pas votre étonnement de ne rencontrer dans l'un de ces chapitres que quelques pages pleines de judicieuses, mais trop courtes observations, et dans l'autre, que de vagues et rapides considérations sur le système d'un Depiles, et sur l'art physiognomonique de Lavater?

Pourquoi ne pas réunir dans un ordre lumineux les pages disséminées çà et là dans le corps de l'ouvrage, et qui, placées au début de son livre, eussent parfaitement répondu à l'attente du lecteur?

Remarquons encore que ce chapitre, dont il n'est pas facile de saisir la connexité logique avec celui qui le précède, avait sa place naturelle dans le chapitre ou à la suite du chapitre ix, où l'auteur s'occupe de l'abus qu'on fit en métaphysique des découvertes et des progrès modernes dans les sciences naturelles ou expérimentales, et où il traite du matérialisme, considéré comme premier effet de cet abus.

Comment le jurisconsulte philosophe, à qui la France juridique est redevable du discours préliminaire sur le Code civil, chef-d'œuvre d'ordre, de logique et de clarté, comment l'écrivain qui, dans mille endroits de son œuvre, exalte, préconise la puissante influence de l'esprit philosophique sur la méthode à suivre dans les ouvrages littéraires, et en décrit les règles avec tant de bonheur, a-t-il pu, en apparence du moins, se mettre en flagrante contradiction avec lui-même?

Nous disons en apparence, et nous dirons bientôt pourquoi.

Toujours sous la même réserve, nous adresserons un dernier reproche à Portalis. De quel esprit philosophique entend-il parler? Si c'est de l'esprit philosophique en général, pourquoi presque toujours se borne-t-il à la seule France, et ne nous entretient-il pas plus souvent de ses excursions au delà de la Manche et du Rhin? Si, au contraire, il ne veut nous parler que de l'esprit philosophique en France, pourquoi ses digressions dans le domaine de la philosophie allemande, à peine connue parmi nous à l'époque où il écrivait? Pourquoi consacrer plusieurs chapitres à l'exposition raisonnée et à la réfutation du système du philosophe de Kœnigsberg?

Expliquons maintenant, ou plutôt excusons ces lacunes, ou même, si l'on veut, ces défauts.

A nos yeux, ces imperfections et plusieurs autres que nous signalerons dans le cours de ce travail, on ne pourrait, sans injustice, les imputer purement et simplement à notre auteur.

Qu'on se rappelle une fois encore les circonstances au sein desquelles il conçut la première pensée de son ouvrage, les graves et nombreux devoirs que lui imposèrent les hautes fonctions auxquelles il fut tout à coup appelé après la fameuse journée de thermidor, les importants travaux législatifs qui, un peu plus tard, devaient absorber tous ses instants et ne pas même lui laisser le loisir de retoucher, de compléter et de coordonner les diverses parties de l'œuvre de son exil, et c'en sera assez pour désarmer la critique et la convaincre qu'il serait aussi injuste d'accuser l'écrivain des défauts inséparables d'un livre inachevé, qu'un peintre des imperfections d'une esquisse rapidement tracée.

Faut-il dire cependant que le livre de Portalis ne renferme pas un grand nombre de morceaux et même des parties entièrement *finies?*

En général, tout ce qui touche à l'exposé et à la défense des saines doctrines religieuses et aux vrais principes de la science philosophique dans ses rapports avec la religion; tout ce qui, directement ou indirectement, a trait aux résultats pratiques des systèmes de métaphysique et de morale, de politique et de législation, c'est-à-dire au sujet de ses études favorites et de ses méditations habituelles, est non moins parfaitement pensé que remarquablement écrit. Là vous retrouvez partout l'accent de la conviction la plus profonde, le reflet d'une âme élevée et pure; partout cette élégance et cette clarté de style, cette vigueur d'argumentation, cet enchaînement de raisonnements et de déductions qui révèlent à chaque page la manière de l'homme qui possède pleinement son sujet, la plume d'un écrivain habile, la raison exercée du philosophe et la foi raisonnée du chrétien. Que j'aime entendre Portalis, de qui on a dit que ses actions furent toujours conformes à ses principes,

philosopher sur la vérité, la religion et la vertu !
Je sens à chaque instant qu'il parle de ce qu'il
aime, de ce qu'il pratique et de ce qu'il adore !

Si, indépendamment des causes que nous avons
déjà mentionnées, on veut savoir pourquoi Portalis, tout en jetant à grands traits les premiers
linéaments d'un vaste tableau, en achève certaines
parties, tandis qu'il se contente d'en ébaucher
quelques autres, on n'a qu'à se reporter à l'époque
où il prenait la plume. C'était, avons-nous dit,
en 1797, quand la religion, les mœurs, les lois,
l'ordre public, en un mot, tout ce qui maintient la
famille, cimente et conserve la société, avait reçu
de toutes parts les plus violentes atteintes, après
avoir été en proie aux plus terribles secousses. On
sortait à peine de ces jours d'à jamais lamentable
mémoire où le sein d'une grande nation fut impitoyablement déchiré des mains mêmes de ses enfants en délire, et où, pour me servir d'une expression sacrée, une antique et puissante nation,
couverte du sang de son chef, *chancela* un instant
sur sa base, comme un homme à qui l'*ivresse* a
momentanément ravi sa raison. Le Directoire tenait d'une main inhabile et faible les rênes d'un
gouvernement encore tout agité par la tempête
révolutionnaire, et tandis qu'au dehors le génie
militaire répandait sur toute l'Europe la gloire
de nos armes, au dedans une immoralité sans
frein, une corruption, digne à certains égards de

la corruption romaine aux plus mauvais jours de l'Empire, minait silencieusement le cœur de la société française.

Dans ces temps orageux, quelle devait être la première pensée d'un philosophe religieux et chrétien? Loin de se livrer aux fastidieuses et souvent inutiles recherches des questions subtiles et purement théoriques de la philosophie, il devait tout naturellement s'attacher de préférence aux choses d'un intérêt pratique par leur nature même, ou par leurs conséquences, telles que les principes de la métaphysique, de la morale et de la législation. Et c'est ce qu'a fait Portalis.

Témoin et victime de la révolution, il vit le mal, en rechercha la cause et en indiqua le remède; philosophe, il découvrit dans l'abus de la philosophie la source la plus féconde de nos malheurs; chrétien, il pensa que le seul moyen de cicatriser les plaies de la société et de la préserver de nouveaux maux était dans l'usage de la vraie philosophie, c'est-à-dire dans l'alliance et la réconciliation de la raison avec la foi. Voilà pourquoi ce qui domine dans son œuvre, c'est moins le savoir de l'érudit, les investigations du savant, la critique de l'historien, que l'appréciation *philosophique* et chrétienne au point de vue pratique de la *philosophie* du dix-huitième siècle.

Sans doute, et là peut-être n'est pas la moindre cause de l'oubli dans lequel a été trop longtemps laissé par la critique le livre *de l'Usage et de l'Abus de l'esprit philosophique;* sans doute, pour certaines gens, c'a été pour Portalis un tort impardonnable que d'y consacrer une si large part à l'examen philosophique de la révélation chrétienne. Plus d'un esprit aura été profondément surpris de trouver dans cet écrivain les qualités qui distinguaient de leurs contemporains les Descartes, les Bacon, les Gassendi, les Leibnitz, les Bossuet, les Fénelon, ajoutons les Locke et les Condillac, cette raison élevée, indépendante, qui, à l'âge de dix-sept ans, lui inspirait un opuscule contre les *préjugés*, et l'humble soumission de cette raison aux enseignements de la foi. Nous savons qu'aujourd'hui même il existe une classe d'hommes, fort nombreuse, qui ne craindrait pas de reprocher à un écrivain, chrétien de principes et de mœurs, de n'avoir vu de salut, pour une société chrétienne tristement travaillée par les sophismes et par les passions, que dans le sein d'un christianisme sainement compris et sincèrement pratiqué.

Ignorent-ils donc, ces hommes, ce qu'avec l'histoire leur enseigne Voltaire, auteur assurément peu suspect en pareille matière, que la philosophie morale, au profit de laquelle ils confisqueraient volontiers la religion chrétienne, cette philosophie avancée, si dignement représentée par les Cicéron, les Atticus, les Panœtius et tant d'autres Romains illustres, ne put rien contre la fureur des guerres civiles de la république? ou bien ont-ils oublié qu'au dire de Montesquieu, la philosophie romaine fut une des principales causes de la décadence de l'empire romain? Et s'ils le savent, et s'ils s'en souviennent, comment pourraient-ils, de bonne foi, faire un grief à Portalis de n'avoir pas demandé à la philosophie, telle qu'ils l'entendent, le remède social que la religion seule peut donner?

Pour nous, persuadé que l'étude impartiale de l'histoire universelle de la philosophie consiste, non, comme l'a dit trop dédaigneusement Pascal, à se moquer de la philosophie, mais, selon un des plus célèbres penseurs allemands, qu'il n'y a de vraie philosophie que dans le christianisme, nous avons reconnu avec plaisir, dans Portalis, un de ces esprits de la noble lignée des grands philosophes du dix-septième siècle, qui croyaient comme lui que, « quand la raison n'a pas de frein, l'erreur n'a pas de bornes. » Avec eux, il pensa et prouva que le véritable esprit philosophique, celui-là qui éclaire, qui améliore, qui perfectionne, et non celui qui obscurcit, corrompt et gâte toutes choses, ne fut jamais et ne put jamais devenir un instrument de destruction et de ruine, et que, renfermé dans les sages limites de l'esprit religieux et chrétien, il est dans l'heureuse impuissance de ne jamais franchir le point d'intersection qui sépare l'abus du légitime usage de la philosophie.

Or, nous disons que dans son livre de l'*usage* et de l'*abus* de l'esprit philosophique, comme dans sa vie privée et publique, Portalis donne tout à la fois le précepte et l'exemple de l'esprit philosophique chrétien, et qu'à ce double titre son œuvre méritait sans contredit une analyse détaillée et approfondie.

Jusqu'à présent, il ne nous paraît pas qu'on lui ait rendu pleine justice. Sommes-nous dans l'erreur? Qu'on lise notre travail et qu'on prononce. Nous allons soumettre pour la première fois au jugement du public l'analyse complète et fidèle de cet ouvrage. Mais auparavant nous éprouvons le besoin de mettre nos lecteurs en garde contre une prévention injuste qui pourrait, même à leur insu, influencer leur opinion.

III

A en juger par ce que nous venons de dire, peut-être serait-on tenté de croire que Portalis doit être rangé au nombre de ces penseurs timides, aux yeux de qui la raison passe facilement pour être quelque peu extravagante, toutes les fois qu'il lui arrive, enfant lutin et imprudent, de s'écarter, ne fût-ce que d'un pas, de la religion, sa nourrice et sa mère ; peut-être se le représentera-t-on enchaîné par d'indissolubles liens au char de la théologie ; philosophe, si on veut, mais philosophe esclave de l'École, et portant sur son front le trop fameux adage : *Ancilla theologiæ philosophia.* A ceux qui éprouveraient de telles craintes, hâtons-nous de montrer par quelques citations, qu'à l'exception de Brucker, dans sa monumentale histoire de la philosophie, peu d'écrivains, surtout dans la France du dix-huitième siècle, ont aussi nettement et aussi fermement que Portalis reconnu, proclamé et revendiqué les droits de la raison en dehors du domaine des choses de la foi.

Voici donc ce qu'il dit de la philosophie scolastique ; on va voir qu'il ne la traite ni avec trop de faveur ni avec trop de ménagement.

« Il s'était élevé, dit-il, en Europe, depuis Charlemagne, une espèce de docteurs connus sous le nom de *Scolastiques*, qui voulurent régner dans l'Église comme dans les sciences. Ces docteurs, qui n'avaient besoin, pour leur gloire, que d'un peu de lecture et de loisir, se roulèrent servilement sur les connaissances imparfaites qui leur avaient été transmises par les commentateurs arabes. »

Et ce langage ne doit pas nous surprendre ; car, quelques lignes plus haut, il avait écrit ces paroles qu'il rétracterait son doute aujourd'hui que nous connaissons mieux l'histoire du moyen âge : « En général, depuis que les nations barbares avaient formé leurs établissements, toutes les traces de *notre* ancienne civilisation avaient disparu : — d'épaisses ténèbres couvraient l'Europe.— Elle était retombée dans le chaos : il eût fallu un nouveau Prométhée pour faire descendre du ciel le feu sacré qui donne la vie et la lumière au monde. » Mais, en vérité, est-ce là le langage d'un philosophe scolastique ? et jamais Cartésien renforcé s'exprima-t-il avec plus de sévérité et moins de justice sur le compte de la philosophie du moyen âge, de cette philosophie qui, si elle fut celle de Roscelin, de Philippe de Champeaux et de Guillaume de Saint-Amour, fut aussi celle de saint Thomas, de saint Anselme et de saint Bonaventure ?

Veut-on maintenant savoir comment il la caractérise ?

Après avoir parlé du fameux décret qui réforma l'Université de France en 1452, et prescrivit à toutes les écoles l'enseignement des doctrines du Stagyrite, il ajoute : « Ainsi s'établit l'empire des faux savants, qui est le plus dur de tous les empires ; il ne comporte ni examen, ni contradiction. On peut craindre de se tromper, quand on sait faire usage de sa propre raison ; on est implacable, quand on ne se dirige que par celle des autres ; alors on devient tyran, précisément parce qu'on est esclave. »

Inutile de commenter, malgré leur ton un peu trop absolu, d'aussi claires et d'aussi belles paroles. Elles suffiraient, à elles seules, pour établir que la foi de Portalis n'était ni ce qu'on est convenu d'appeler la foi du moyen âge, ni la foi du charbonnier ou celle de la vieille femme, mais bien cette foi raisonnée qui, suivant la pensée de Pascal, est le suprême effort de la raison.

Mais voici qui donnera pleine satisfaction à certains esprits prévenus contre tout homme qui a le malheur d'estimer et de *prouver* qu'on peut raisonner, philosopher et rester chrétien.

Il continue : « En même temps qu'on accordait au philosophe Aristote la même autorité qu'à l'Écriture sainte, on invoquait les textes de l'Écriture pour établir ou pour combattre les systèmes de physique et d'astronomie. Un tribunal redoutable, malheureusement trop connu dans le midi de l'Europe, fut chargé de poursuivre toute opinion contraire aux opinions régnantes et de punir quand il ne fallait qu'instruire. »

Certes, on ne nous accusera pas d'exagération si, sans partager en toutes choses les opinions de l'illustre auteur des *Soirées de Saint-Pétersbourg*, et bien moins encore celles de l'ex-Secrétaire général de l'Inquisition espagnole, nous disons qu'il n'était pas impossible de se montrer plus équitable envers un tribunal dont le but n'était pas tant religieux que politique, et qui faisait plutôt trembler les ennemis de l'État que les adversaires de la foi.

Quoi qu'il en soit, nous convenons volontiers avec Portalis qu'on perdit quelquefois de vue que la religion, cette messagère divine de la vie à venir, n'a pas été donnée aux hommes pour faire d'eux des physiciens, des géomètres, des astronomes, etc., mais des hommes fidèles et vertueux, et que si elle captive notre intelligence sous le poids de ses mystères et sous le joug de ses dogmes, elle abandonne le monde matériel aux disputes de la raison et aux recherches de la science.

Un peu plus haut, il avait dit avec avec une parfaite vérité, à propos de la renaissance des lettres en Europe : « Les Grecs, qui devinrent nos instituteurs, étaient grands controversistes; ils avaient poursuivi avec ardeur les ombres flottantes de la métaphysique des Anciens. Ils firent un monstrueux mélange de cette métaphysique et des dogmes du christianisme. Les subtilités d'une philosophie obscure, incomplète et mutilée, défigurèrent l'auguste simplicité de la religion, et l'abus que l'on fit de l'autorité, naturellement attachée aux choses de la religion, comprima les efforts de la véritable philosophie. »

Il est donc bien démontré que, pour Portalis, comme pour l'élite des esprits les plus distingués du dix-septième siècle, la *véritable* philosophie n'est ni dans une servile dépendance de la religion, ni dans une orgueilleuse révolte contre la théologie. Pour lui, comme pour Bacon, Descartes, Bossuet, Leibnitz, Malebranche, il existe, contiguës, parallèles, mais non confondues ensemble dans une parfaite identité, deux sphères semblables, mais non égales, d'idées et de choses, la sphère religieuse et chrétienne, et la sphère philosophique ou rationnelle, l'une tournant sur le pivot de la révélation du Calvaire, l'autre sur celui de la révélation de l'Eden. Or, ce sont là les deux fondements de la grande philosophie, de la philosophie chrétienne, *vera, non simulata philosophia,* la seule digne de ce nom, l'alliée et non l'ennemie, la sœur cadette et non l'esclave, encore moins la marâtre de la théologie; péristyle, enfin, de la religion à laquelle, s'il faut en croire Bacon, elle conduit toujours un esprit éclairé de sa *véritable* lumière.

Mais veut-on une nouvelle preuve de la manière ferme, indépendante, et quelquefois même partiale jusqu'à l'injustice, dont Portalis apprécie le cartésianisme, cette philosophie si vantée par ses adeptes, si décriée par ses détracteurs, qui, dans la pensée de son fondateur, ne fut que le moyen d'apprendre à l'homme à se servir de sa seule raison dans la recherche de la vérité philosophique et religieuse, et, d'après quelques-uns de ses disciples les plus récents, n'a été et n'a dû être que l'instrument d'une séparation profonde, d'un divorce fatal entre la raison et la foi? Écoutons encore Portalis:

« A cette époque (au quinzième siècle), la philosophie n'avait point d'asile sur la terre. »

Est-il besoin de faire remarquer l'étrange erreur que renferment ces mots? Pour qui connaît l'histoire de la philosophie à la dernière période du moyen âge, l'exagération de Portalis ne fera pas l'objet d'un doute.

« Quand son temps fut venu, ajoute-t-il, elle eut un précurseur dans l'immortel chancelier Bacon, qui développa, avec autant d'étendue que de clarté, la filiation de toutes nos connaissances.

« Descartes parut ensuite; il donna un nouvel essor à la pensée, et on vit poindre l'esprit philosophique. Ce grand homme substitua la méthode à l'autorité (rien de plus vrai); il secoua le joug de la scolastique (rien de plus vrai encore; seulement ce joug n'était ni si pesant, ni aussi odieux qu'il semble le dire), et il commença l'empire de la raison; tandis que Gassendi remuait laborieusement les matériaux de la philosophie des Anciens, Descartes jeta les fondements d'une philosophie toute nouvelle. »

On sait que le principe de la célèbre méthode de Descartes est le doute, non cette hésitation de l'esprit suspendu entre une affirmation et une négation que tour à tour il veut embrasser ou rejeter, ce doute est celui des Sceptiques ; mais bien cette suspension simulée, hypothétique, du jugement qui nous fait soumettre à l'examen de notre raison individuelle, les idées que le sens commun ou la raison universelle, l'*autorité*, l'opinion, les préjugés nous présentent comme revêtus des caractères de la vérité : je veux parler du doute méthodique. Ainsi envisagé, et abstraction faite de l'abus qu'en ont fait, contrairement à la volonté de Descartes, certains philosophes dont les doctrines antichrétiennes nous ont décélé le fonds de leur prétendu cartésianisme, le doute méthodique peut être regardé comme le premier pas de la raison en face de la connaissance réfléchie, et partant comme la première base de toute méthode vraiment philosophique. Et, quoi qu'en aient dit les adversaires de Descartes, notamment Condillac, qui, par une fausse interprétation de la valeur et du but du doute cartésien, l'accusent d'être tout à la fois inutile et impraticable, nous pensons, comme Portalis, qu'il est le fondement de l'art de s'instruire dans la science philosophique, et dans toutes les connaissances dont la philosophie est le point de départ.

« Il me paraît, dit-il, que Condillac va trop loin.

« Il faut savoir se placer au temps où Descartes

a parlé ; il s'agissait moins alors de bien diriger nos pensées que de nous *rendre* la faculté de penser. L'esprit humain languissait depuis longtemps dans une lente et honteuse minorité ; il importait de le rétablir dans ses droits pour qu'il pût devenir capable de discerner ensuite la meilleure manière d'en user ; les hommes n'eussent point appris à faire usage de leur raison, tant que l'habitude et l'autorité auraient tenu la place de la raison elle-même. C'était donc leur être infiniment utile que de les avertir de revenir sur leurs pas, et de refondre toutes leurs connaissances acquises. La meilleure manière de les défendre contre les préjugés qui ne sont que des opinions sans jugement, était de les inviter à ne plus rien admettre désormais sans examen. »

Nous parle-t-il de cette logique si *tyrannique* du moyen âge, où les mots jouèrent si souvent le rôle des choses, et que plus d'une fois on confondit avec des êtres réels, des entités purement idéales, des abstractions métaphysiques? Il nous la définit avec autant de vérité que de pittoresque : une forme, un costume que l'on donnait à la raison, dans l'espoir de la reconnaître. Mais, ajoute-t-il, qu'importe la forme si on ne s'occupe pas du fond? Je ne nie point l'utilité relative des anciennes formules : je me plains de leur indifférence.

Il faut donc contenir dans de justes bornes la méthode de déduction, si l'on ne veut d'un faux principe tirer logiquement de fausses conséquences. « L'artifice du syllogisme contribuait peut-être à nous rendre plus conséquents ; pouvait-il nous rendre plus raisonnables? L'argumentation de forme était employée par tous les partis avec un succès égal ; dans les derniers siècles, l'esprit de controverse l'avait fait dégénérer en une espèce d'escrime entre des hommes plus jaloux de se combattre que de s'éclairer. » C'est que raisonner, ce n'est pas adopter aveuglément des mots vides de sens ou des idées qui n'ont rien de réel; raisonner, c'est lier des idées, c'est en découvrir la dépendance et la connexité, c'est en former une chaîne dont le premier anneau doit être attaché à quelque chose de réel, et entre les autres anneaux, il ne doit y avoir aucune solution de continuité.

On a vu comment Portalis juge la philosophie du moyen âge. On va voir maintenant comment il en juge la religion.

IV

Il vient d'énumérer les causes qui produisirent et développèrent l'esprit philosophique dans les temps modernes, — le commerce, les progrès de l'art de la navigation, la découverte du nouveau monde, l'imprimerie, la renaissance ; il aurait pu ajouter les travaux philosophiques d'un Télésius, d'un Vanini, d'un Nicolas de Cuze, d'un Jordan Bruno, d'un Campanella. Il arrive enfin à la réforme, *occasion*, suivant lui et suivant nous, plutôt que *cause* du développement philosophique de l'esprit humain dans les temps modernes.

« Les nouveaux dogmes des réformateurs déchirèrent l'Église ; mais pour contenir ou pour combattre ces dogmes, il fallait s'instruire : ainsi l'on vit sortir la lumière du sein du trouble et du désordre.

« Les dissensions religieuses dont nous parlons contribuèrent plus qu'aucune autre chose au progrès de l'esprit humain ; on démasqua les abus ; on discuta tous les droits ; les nations qui demeurèrent fidèles à la foi catholique s'éclairèrent sans éprouver aucun changement dans leur croyance ; elles virent s'établir chez elles les principes de la liberté chrétienne sur les débris des superstitions tyranniques ; elles recouvrèrent leur dignité ; elles fixèrent les limites qui ont été posées de la main de Dieu, même entre le sacerdoce et l'empire, et elle ne permirent plus de confondre les vérités sociales avec les vérités révélées. »

Tout en faisant une dernière fois nos réserves sur la critique un peu trop absolue que fait Portalis de la philosophie avant Descartes et de la religion avant Luther, nous pensons que les fragments que nous avons cités, et auxquels nous pourrions en ajouter bien d'autres, justifieront suffisamment ce que nous avons affirmé sur la haute alliance, dans Portalis, de la raison du philosophe et de la foi du chrétien.

Quant au reproche que nous lui avons plus d'une fois adressé de traiter la Scolastique avec une injuste sévérité, nous persistons à croire qu'il est fondé. Assurément, tout n'est pas également bon dans cette philosophie, qui fit faire halte à l'esprit humain; mais aussi tout n'y est pas à dédaigner. Portalis le reconnaît lui-même : « car, dit-il, il ne s'agissait que de trouver le bon métal renfermé dans les masses informes d'un grossier minerai, » et il mérite en quelque sorte d'être absous de nos reproches, lorsque, en parlant de la première apparition de l'esprit philosophique chez les peuples modernes, il déclare qu'affranchis des opinions régnantes, les philosophes de la renaissance ne songèrent qu'à établir d'autres opinions; que Platon, Épicure, Démocrite s'assirent tour à tour sur le trône d'où l'on venait de chasser Aristote, et que, comme l'on passe toujours d'une extrémité à l'autre, comme l'on est surtout enclin à mépriser ce qui est enseigné sous l'impression de l'autorité, on renonça, même sans examen et sans choix, aux vérités qu'Aristote avait enseignées, et auxquelles on est depuis revenu. Au reste, qu'on n'oublie pas que quand Portalis écrivait ces lignes, l'Allemagne avait à peine publié quelques-uns de ces savants ouvrages sur l'histoire de la philosophie scolastique, qui ont depuis vulgarisé dans toute l'Europe la connaissance des précieux travaux de cette école, trop longtemps méconnue et méprisée.

En voilà assez, nous l'espérons du moins, sur les préliminaires du livre de Portalis pour prouver que son auteur a été constamment guidé dans ses méditations et dans ses recherches par le flambeau d'une méthode indépendante et rationnelle.

V

Nous pouvons maintenant entrer dans le cœur de son sujet. Nous avons déjà dit un mot de sa définition de l'esprit philosophique. Dans les pages précédentes, nous avons analysé les trois premiers chapitres de son ouvrage. Mais avant de passer à l'examen des chapitres suivants, nous devons nous y arrêter quelques instants encore. Portalis assigne pour causes directes ou indirectes du développement de l'esprit philosophique, au XVIIIe siècle, l'érudition des Savants proscrits de Constantinople, la culture de la langue grecque, la noble protection accordée aux lettres, aux sciences et aux beaux-arts par des princes et des pontifes qui ont mérité d'en être appelés les restaurateurs et les pères, les Médicis, les Nicolas V, les Léon X, les François Ier,—les profondes observations de Bacon, la révolution annoncée par Bacon, commencée par Descartes, continuée par Leibnitz, la révolution scientifique de Képler, de Copernic, de Newton dans l'astronomie, et l'influence de la critique de Bayle, le premier des sceptiques modernes, à qui l'on reprochera toujours, avec Portalis, d'avoir outré souvent l'application des règles de la saine critique, même lorsqu'il ne s'en servait pas de mauvaise foi. Jusque-là, rien de plus vrai, rien de plus exact. Mais en est-il de même de ce qu'il nous dit du trop célèbre auteur de l'*Essai sur l'entendement humain?* peut-on, à juste titre, placer le livre du philosophe anglais à côté des *Méditations*, de Descartes, de la *Théodicée* de Leibnitz, du *Novum organum* de Bacon, du *Dictionnaire* de Bayle, et des *Principes* de Newton? Sans examiner encore le mérite d'un ouvrage dont on a tour à tour trop exalté les vérités, et trop critiqué les erreurs, comment compter au nombre des causes qui ont puissamment concouru, je ne dirai pas au mouvement, mais au progrès philosophique du siècle dernier, un philosophe dont la doctrine sensualiste, prenant pour point de départ la sensation et la réflexion, résultat de la sensation, ne tendait, peut-être à son insu, à rien de moins qu'à matérialiser l'intelligence, et à produire, peu de temps après sa propagation en France, des doctrines plus sensualistes encore, le *Traité des sensations* de Condillac et le livre de l'*Esprit* ou plutôt de la Matière d'Helvétius? Pouvait-il, sans exagération, dire d'un tel philosophe qu'il nous donna la vraie théorie des idées et celle de l'entendement?

Quant à ce que Portalis appelle les *causes* générales du développement et des progrès de l'esprit philosophique, nous les avons également mentionnées plus haut, et nous n'en reparlerons ici que pour réparer une grave omission de notre auteur.

Nous convenons avec Portalis que rien ne contribua tant à la marche et à l'avancement de l'esprit humain, que ces discussions religieuses qui agitèrent l'Allemagne, l'Angleterre et la France au seizième siècle. La discussion, quelle qu'elle soit, religieuse ou philosophique, réveille l'intelligence, excite à l'étude, ranime et soutient l'ardeur des longues et patientes investigations. La discussion religieuse surtout, parce qu'elle remue l'homme dans ce qu'il a de plus intime et de plus vivace dans ses convictions et dans ses croyances, donne à l'esprit une je ne sais quelle énergie surnaturelle, lui fait rechercher et épuiser tous les moyens de connaître la vérité, et de la discerner à des marques certaines, de tout ce qui n'est pas elle. Mais si la discussion est telle que, des hauteurs des intelligences d'élite, elle puisse s'abaisser au niveau des intelligences vulgaires; si, des sommets où les savants avaient d'abord su la placer, elle tombe, qu'on nous permette cette expression, dans les bas-fonds des esprits ignorants et grossiers, incapables d'en saisir pleinement l'objet et le but; si, en un mot, elle s'incarne dans les idées du peuple, alors qu'arrivera-t-il? Au choc de l'argumentation et au bruit des paroles succédera le choc des combats et le cliquetis des armes; ce que n'aura pu faire le seul raisonnement, le glaive se chargera de l'accomplir, et des bancs de l'École, la discussion, aveugle, impétueuse, ardente, s'élancera sur les champs de bataille.

Or, je vous le demande, quelle sera l'issue de ces luttes sanglantes? à quoi aboutira cette croisade d'un nouveau genre, où le citoyen combat contre le citoyen pour délivrer sa conscience et sa pensée des fers qu'ils veulent s'imposer, au nom de ce qu'il y a de plus sacré sur la terre, au nom de la vérité religieuse? Certes, croyez-le bien! ce n'est pas sur l'arène rougie de leur sang que les athlètes se donneront le baiser de la réconciliation et de la paix! Voici donc ce qui adviendra : la guerre, étant un état violent, ne saurait longtemps subsister; le sang versé par des mains connues et quelquefois amies ne restera pas infécond. Toujours d'une guerre sacrée, d'une guerre civile ou religieuse, sortit un grand enseignement. Quand les bras sont las de frapper, quand le souffle destructeur des combats menace de dessécher la séve d'une nation noble et généreuse, comme l'est toujours celle qui, pour la cause sainte de l'unité religieuse, ne craint pas d'entr'ouvrir de ses propres mains ses entrailles, alors la vérité, sans nuage et sans voile, ne tarde pas d'apparaître à ses yeux. — Instruite par ces déplorables trophées de la mort, érigés au nom de convictions unes dans leur source et dans leur but, diverses dans leur forme et dans leur objet; avertie par ces monuments, hélas! trop éloquents, de la dignité et de la faiblesse de l'esprit humain né pour la vérité et croyant la poursuivre, lors même qu'il ne poursuit que le mensonge et que l'erreur, — une telle nation apprend enfin à couvrir du bouclier d'une tolérance sage et éclairée toutes les opinions, toutes les croyances, tous les cultes, et du sein même des maux enfantés par les guerres religieuses, la Providence fait jaillir le baume qui doit les réparer et les prévenir pour jamais.

C'est qu'alors, élevée à l'école d'un passé sanglant, cette nation est contrainte de comprendre que si les hommes périssent, les principes ne meurent pas; que le sang des martyrs, quelle que soit d'ailleurs la cause à laquelle ils rendent témoignage, lui enfante presque toujours de nouveaux défenseurs, et que s'il est quelquefois donné à l'homme d'obstruer la semence du sang, il lui est à jamais refusé de l'étouffer et de la détruire. Et, en effet, que l'ardent adversaire d'Aristote succombe percé d'un trait lancé par une main haineuse, dans les massacres de la Saint-Barthélemy, que vaut sa mort pour le triomphe du moderne Lycée? Attendez quelques jours, et des cendres encore chaudes de Ramus naîtra celui qui doit terrasser son meurtrier.

Pourquoi cela? C'est que si ignorant que soit un peuple des bornes qui séparent les domaines si profondément incompatibles de la religion et de la superstition, de la piété et du fanatisme, il lui reste toujours assez d'intelligence pour avoir conscience de ses malheurs, assez d'énergie pour échapper à leurs dures étreintes! Jetez un regard derrière vous! parcourez avec moi ce seizième siècle, à tant d'égards le plus étonnant des siècles modernes; déchirez le voile funèbre qui pèse sur lui comme un linceul de mort, et contemplez-le tel qu'il est, avec ses discordes intestines et ses guerres religieuses! Quel hideux tableau! quelles scènes horribles! Et le dix-septième siècle, lui aussi, si vous le considérez sous le rapport religieux, n'épouvantera-t-il pas vos regards? L'Édit de Nantes est révoqué; les dragonnades, ligue d'un nouveau genre, remplissent le midi de la

France de désolation et de deuil. Oui, et qui oserait le nier? Mais déjà une révolution profonde s'est opérée dans les esprits : un principe nouveau a été proclamé en France. Et quand tout un grand royaume se taira devant un grand roi, on entendra sortir de la bouche d'un simple officier, et avec cet accent de noblesse et de vérité qui a le privilége d'exciter en tout temps l'admiration universelle : « Sire, je suis entièrement à vos ordres quand il s'agit de combattre vos ennemis, mais non quand il s'agit d'égorger vos sujets. » — Nous sommes maintenant au dix-huitième siècle, aurait pu ajouter Portalis; où est le massacre de Vassy? où est la Saint-Barthélemy? où sont les dragonnades? Tout cela a disparu! Une seule chose reste : un principe, exagéré d'abord, comme tout ce qui naît d'une réaction violente, mais enfin un principe, — celui d'une tolérance qui, un siècle plus tard, acquerra l'évidence d'un axiome de sens commun.

Mais, qu'est-ce que cela, si ce n'est une des causes les plus directes et les plus efficaces du développement de l'esprit philosophique? Quoi de plus propre, en effet, à l'extension et à la propagation de cet esprit de lumière, comme l'appelle Portalis, que les guerres religieuses chez un peuple chrétien? En elles, ne se rencontre-t-il pas ce *concours* de circonstances qui, suivant notre auteur, réveillent en nous la conscience de nous-mêmes, et rendent à la raison humaine son indépendance naturelle et le plein exercice de ses droits? Et, à l'appui de ces observations, ne pourrions-nous pas invoquer l'autorité de Portalis lui-même ?

« Quand on a, dit-il, discuté avec une certaine liberté les grands objets qui se rapportent à Dieu, on ne tarde pas à discuter, avec plus de liberté encore, les intérêts, les abus et les droits des puissances humaines. La révolution de la Hollande, et ensuite celle de l'Angleterre, eurent leurs premières causes dans les troubles religieux ; et de ces révolutions observées et méditées dans des temps tranquilles par des penseurs profonds, est née parmi nous, quoiqu'un peu tard, la grande science des gouvernements, etc. »

Nous avions donc raison de dire qu'en rangeant la réformation et les discussions religieuses du seizième siècle parmi les causes du développement de l'esprit humain, Portalis n'aurait pas dû passer sous silence les guerres qui, à l'occasion plutôt qu'au nom de la religion, ensanglantèrent trop longtemps notre belle patrie. Et ce qui nous confirme dans notre opinion, c'est que, dans le même chapitre, il a parfaitement reconnu et fort judicieusement fait remarquer l'influence exercée sur l'esprit philosophique par des guerres dont les résultats, bien différents de ceux que nous venons de signaler, étaient naturellement circonscrits dans des limites étroites et inaccessibles aux masses : je veux parler des controverses théologiques du dix-septième siècle.

A propos de ces controverses, on ne lira pas sans intérêt le morceau suivant, où Portalis fait preuve d'un talent d'observation et d'une maturité de jugement peu ordinaires, à l'époque surtout « de renouvellement et de fin, » et partant de transition, où il écrivait son livre :

« Les écrivains modernes ont paru regretter que les Arnaud, les Nicole, les Bossuet, et tant d'autres grands hommes, aient donné à des querelles théologiques un temps et des talents qu'ils eussent pu employer plus utilement, selon eux, pour l'instruction et le bonheur de leurs semblables. Mais on devrait, ce semble, observer que, lors même que ces querelles n'aurait pas eu pour objet le salut des âmes et les intérêts de la vérité, elles étaient singulièrement favorables aux progrès de la logique, de la métaphysique et de la philosophie, et que nous ne serions jamais arrivés au point où nous sommes, si les grands hommes qui nous ont précédé n'avaient pas aplani les voies. Il n'y a pas jusqu'aux malheureuses controverses dont le trop fameux livre de Jansénius a été l'occasion ou la cause, qui n'aient aidé à perfectionner la raison en exerçant le raisonnement. Ce qui est certain, c'est qu'il a fallu plus de courage et de science, plus de zèle et de vrai génie pour détruire d'anciens préjugés, pour modérer tant de passions diverses, pour mettre un frein à la fureur des sectes, pour marquer des limites à l'autorité ecclésiastique, pour séparer les faux systèmes de religion d'avec la religion véritable, qu'il n'en faut, de nos jours, pour se livrer sans distraction à la culture pénible des sciences et des arts. »

Assurément on ne pouvait ni mieux penser ni mieux dire.

On ne lira pas avec moins de plaisir ce qu'il ajoute, quelques lignes plus bas, pour résumer tout ce qu'il a dit jusqu'ici sur les sources de l'esprit philosophique. Il nous y donne une juste idée du style élevé, nombreux, élégant et clair qui règne dans toutes les parties achevées de son ou-ouvrage :

« C'est pendant le cours de tant d'événements, c'est à la suite de tant de découvertes, c'est au milieu de tous les talents, de toutes les sciences, de tous les genres d'industries, que l'on a vu se propager, dans nos temps modernes, cet esprit de lumière qui s'est généralement répandu sur tous, mais qui n'a pu se développer et s'étendre que lorsqu'un certain concours de circonstances a réveillé en nous la conscience de nous-mêmes, et a rendu à la raison humaine son indépendance naturelle et le plein exercice de ses droits. Ainsi, après une éducation soignée, brillante, et à mesure que toutes ses facultés se développent, on voit croître et se perfectionner dans l'individu qu'elle éclaire cette rectitude de jugement qui est le principe des salutaires pensées, et cette sage confiance en ses propres forces qui, le disposant aux grandes choses, le préparent à devenir l'arbitre de sa gloire et de son bonheur. »

Nous connaissons l'origine de l'esprit philosophique dans les sociétés modernes ; nous savons comment il a grandi et s'est développé ; nous avons décrit ses caractères. Il est temps de le voir à l'œuvre.

VI.

Puisque l'esprit philosophique est, avant tout, le fruit d'une bonne méthode, le vrai moyen de conduire l'homme à la vérité par la connaissance des lois de la nature et de ses facultés, et le légitime développement de la raison ; puisque l'homme, être tout à la fois social, sensible, intelligent et moral, est appelé à se mettre en contact, à entrer en communication avec l'humanité, le monde et Dieu, que devra faire l'écrivain qui voudra nous offrir le vaste et magnifique tableau de la raison humaine, marchant, affranchie de tout préjugé, de toute prévention, libre de tout frein autre que celui qui lui fut imposé par l'Auteur de toutes choses, à la conquête de la vérité et de la vertu? Ne devra-t-il pas, tout d'abord, nous montrer l'homme appliqué à s'étudier lui-même, dirigeant *tous les efforts* de sa raison vers la découverte, la description et l'appréciation de toutes ses facultés? puis, sortant de ce monde intérieur qui n'est autre que son être propre, que son *moi*, cherchant à connaître tout ce qui n'est pas ce moi, tout ce qui n'est pas lui-même, depuis la source de tous les êtres, l'Être par excellence, jusqu'à celui qui occupe le plus bas degré de l'échelle de la création? Les sciences philosophiques proprement dites, les sciences exactes, les sciences naturelles, les sciences morales, tous les objets enfin de la raison et de la connaissance, il faudra qu'il les considère dans leur origine, dans leurs principes constitutifs, dans leurs développements et dans leurs résultats. Et comme rien ne sert davantage à éclairer l'intelligence que la comparaison de ce qui est avec ce qui a été, il sera tenu de mettre sans cesse en présence, comme pour leur faire subir une véritable confrontation, le passé avec le présent, les enseignements de l'histoire et les leçons de l'expérience avec l'état contemporain des théories et des doctrines. Mais ces travaux immenses, dont la parfaite exécution demanderait, sans nul doute, plusieurs vies d'homme, ne croyons pas qu'ils puissent être, comme plus d'un travail analogue, l'effet d'une érudition parasite, l'entassement et le pêle-mêle de matériaux puisés dans des sources plus ou moins pures, plus ou moins authentiques, cette *rudis indigestaque moles* du poète romain! Non, certes! et, pour nous en convaincre, rappelons-nous seulement la définition de l'esprit philosophique donnée par Portalis. C'est, avons-nous dit, le coup d'œil d'une raison exercée, un esprit de liberté, d'examen, de recherche et de lumière, indépendant de l'opinion et de la coutume, ennemi de tout préjugé, ne se contentant pas de la connaissance des effets, aspirant sans cesse à la connaissance des causes, s'attachant en toutes choses aux principes absolus, rationnels, nécessaires, ne se fiant en quelque sorte qu'à lui-même, en garde contre toute hypothèse, et ne voulant rien voir que de ses propres yeux.

Or, s'il est vrai de dire que, pour parler dignement de l'esprit philosophique, il faille être doué d'un esprit philosophique, dans toute la rigueur de l'expression, — en traçant les conditions de son existence, — nous avons tracé celles de l'écrivain qui entreprend d'en écrire l'histoire et de nous en faire connaître les résultats salutaires, comme aussi les funestes influences.

Mais l'œuvre de Portalis remplit-elle ces conditions? Nous avons déjà dit qu'il y aurait injustice de la part de la critique à les exiger d'elle.

Nous ne saurions nous lasser de le répéter, le livre de Portalis n'est point un livre parfait. Une seule chose a manqué à son auteur pour en faire un ouvrage achevé, et cette chose, c'est le temps. Tel qu'il est cependant, il mérite d'être lu, étudié, médité. C'est un recueil d'excellentes pensées, de vues profondes, d'observations fines et délicates, de réflexions quelquefois savantes et presque toujours judicieuses sur la philosophie, sur la morale, sur la religion, sur la législation, les sciences, les lettres et les arts. Sur chaque point de cet immense sujet, vous trouverez indubitablement des idées justes, des indications précieuses, partout l'expression de ce bon sens philosophique que l'auteur, comme tous les hommes qui ont beaucoup lu, beaucoup vu, beaucoup réfléchi et beaucoup observé, possédait à un degré éminent, et que mieux que personne il a pu définir : un vrai don de la nature qui fait le fond du génie, sans lequel l'esprit n'est bon qu'à égarer, et la science est souvent pernicieuse et toujours ridicule.

Lisez, par exemple, le chapitre IV de son livre. Là, Portalis, procédant d'après les règles de la vraie méthode philosophique, commence par s'occuper des grands changements opérés par l'esprit philosophique dans l'art de raisonner et de s'instruire. Ce chapitre est, en quelque manière, un petit traité de logique, une critique vive, animée, saisissante, des diverses méthodes suivies jusqu'à lui dans la recherche de la vérité.

Mais il est impossible d'apprécier à sa juste valeur une méthode philosophique, si on n'a préalablement étudié le sujet de la connaissance, la nature de l'esprit humain, l'origine et la formation des idées. Portalis, dans l'examen de cette question, semble, dès le début, échouer contre l'écueil où se sont tour à tour brisés les systèmes sensualistes de Locke et de Condillac. Les idées générales ne sont, de prime abord, pour lui, que des produits des facultés de l'âme impressionnée par les objets extérieurs et empruntant à chacun de ces objets, individuellement considérés, des qualités qui puissent convenir à la collection de tous ces objets considérés en masse. Par une erreur commune en philosophie, avant les travaux récents de l'éclectisme moderne, qui, en cela, comme en beaucoup d'autres choses, a reproduit les idées de la grande philosophie du dix-septième siècle, développées sur ce point avec un admirable talent par le philosophe de Kœnisberg, il en fait distinguer les idées générales en idées de classification, en idées de généralisation inductives ou analogiques, et en conceptions nécessaires, universelles, absolues. Vous êtes donc tenté de croire que les idées, pour lui, comme pour tous les philosophes sensualistes, tirent leur origine des sens, et que la sensation est la seule source de nos idées.

Mais voyez comme son bon sens va l'inspirer heureusement à l'endroit du problème fondamental de l'esprit humain!

« Tout homme a sans doute des idées; car tout homme sent son existence, et il sent ce qui se passe en lui. Vivant au milieu d'une foule d'êtres qui l'environnent, il reçoit à chaque instant des impressions qui entrent par toutes les portes de son âme, et qui y pénètrent sans obstacles et sans efforts; mais il y a loin des notions vagues et confuses qui naissent de ces impressions involontaires aux connaissances réfléchies et raisonnées qui constituent la science. »

Mais que sont les idées, suivant Portalis?

Les idées sont le nouvel être que nous donnons par la pensée aux impressions passagères que nous recevons immédiatement par nos *sens extérieurs* ou par notre *sens intime;* elles sont toujours moins vives et moins présentes que ne l'ont été ces impressions; il peut donc arriver qu'elles ne les rappellent que très-imparfaitement. D'autre part, si les impressions que nous recevons, et qui sont en nous, ne sont jamais équivoques, il est incontestable que nous pouvons facilement nous tromper sur les objets ou sur les faits qui les ont produits.

L'office de la raison n'est pas de créer, mais de comparer, de juger, de conclure. La raison n'est donc pas la source première de nos connaissances; elle n'en est que le principe vérificateur et régulateur.

« Mais qui fournit à la raison les matériaux qu'elle compare, qu'elle analyse, qu'elle règle ? l'expérience. L'expérience, dans la signification la plus générale de ce mot, est ce que nous appelons impression, ou *sensation,* quand il s'agit d'objets physiques, et *conscience* quand il s'agit des objets intellectuels ou des phénomènes qui se passent dans notre intérieur. »

Ainsi deux sources de nos connaissances, et par conséquent de nos idées : la sensation et la conscience, lesquelles se réduisent à une seule, l'expérience externe et interne. Nous voilà déjà, si je ne me trompe, bien loin de Locke, et plus loin encore de Condillac. Mais peut-être trouvera-t-on qu'il y a beaucoup de vague dans ces paroles? En voici de plus claires, et qui ne donnent prise à aucune équivoque.

« Tout est perdu si l'on méconnaît une fois la force ou l'autorité de l'expérience (nous savons ce que Portalis entend par cette expression); l'expérience est à la raison ce que la nature est à l'art ou à l'industrie ; la raison doit chercher ses matériaux dans l'expérience, comme l'art ou l'industrie cherche les siens dans la nature. Rien ne produit rien, et il ne nous est pas donné de faire de rien quelque chose; nous ne sommes donc jamais créateurs, mais simples ordonnateurs, simples artistes. — Il faut donc que notre raison s'attache à quelque objet existant; cet objet, quel qu'il soit, qui ne saurait être son ouvrage, puisque nous ne reconnaissions en elle qu'un pouvoir observateur, judiciaire et régulateur, doit nous être nécessairement fourni par l'expérience, c'est-à-dire par nos sensations ou par notre conscience. Les sensations et la conscience sont les seuls liens de communication directe entre la nature et nous, entre nous et ce qui est, entre nous et nous-mêmes. Les idées, les jugements, les raisonnements ne sont que des perceptions médiates plus ou moins complexes; et que seraient ces perceptions elles-mêmes, si nous n'en avions pas la conscience? »

Sans anticiper ici sur des observations critiques, que nous aurons occasion de présenter plus tard, nous croyons pouvoir affirmer que, dans les lignes que nous venons de transcrire, il y a sans contredit, le germe de la véritable solution du problème primordial de la philosophie. Peut-on nier, en effet, que les sens ne soient un moyen, un instrument, un véhicule, et, pour nous servir de l'expression de Portalis, une source des idées de l'entendement humain? Nierait-on avec plus de raison qu'au dedans de nous-même, dans la profondeur de l'élément spirituel de notre être, ne réside une mystérieuse puissance, une incontestable activité qui réalise, dans cette sphère intime, des faits, des idées que nous ne connaissons, et dont, pour employer un terme consacré aujourd'hui, nous n'avons *conscience* que par une perception immédiate, nécessaire, intérieure, qui est aux faits intérieurs, spontanés ou volontaires, ce qu'est aux faits extérieurs, à la sensation, cette puissance passive de l'âme, l'impression des objets extérieurs du non-moi sensible; — perception que, pour cette raison, Portalis a également appelée sens *intime*, et qu'il confond quelquefois avec celui de conscience? Qu'on conteste l'une ou l'autre de ces deux vérités, et l'on tombera nécessairement dans l'idéalisme de Berkeley ou dans le sensualisme de Locke, et par voie de conséquence inévitable, dans le scepticisme de Hume, si ce n'est même dans les inconséquences du kantisme!

Et qu'on ne perde pas de vue l'époque où Portalis traçait ces lignes! Bien qu'il eût étudié avec prédilection la philosophie spiritualiste des Descartes, des Bossuet et des Fénelon, cependant, sous plus d'un rapport, il avait subi l'influence de la philosophie régnante, et les systèmes philosophiques de l'Allemagne, notamment les systèmes de Kant et de Jacobi, n'avaient rien de remarquable qu'il n'eût étudié avec ardeur et persévérance. De là vient, qu'empruntant à chacun de ces systèmes ce qu'il croyait conforme à cette droite raison, qui n'est autre chose que le sens commun et la raison des siècles, il jugea toutes les doctrines en éclectique, mais en éclectique chrétien; car la révélation chrétienne, à laquelle il demeura constamment fidèle, le préserva de toutes les erreurs et de tous les dangers de l'éclectisme alexandrin et de l'éclectisme moderne. Son éclectisme à lui fut l'éclectisme des Clément d'Alexandrie, des Origène, des Lactance. A ses yeux comme aux leurs, la connaissance, les idées, reposent sur deux bases : l'expérience externe ou les sensations, et l'expérience interne ou le sens intime.

Observer, expérimenter, analyser, voilà, d'après Portalis, la triple voie qui peut mener l'esprit humain à la vérité et à la science.

Mais l'homme ne peut tout analyser, tout expérimenter, tout observer. L'essence, l'origine et la nature intime des êtres sont inaccessibles à son intelligence. Incapables de connaître ce qu'est en soi la matière, la substance matérielle, force nous est de n'étudier que les qualités qui nous la rendent sensible, c'est-à-dire les phénomènes, et ce qui est vrai de la substance matérielle et des phénomènes extérieurs, l'est également de la substance immatérielle et des phénomènes internes.

Mais pourquoi l'homme ne peut-il connaître que les attributs? pourquoi ne peut-il pas atteindre le sujet? C'est, dit Portalis, que nos connaissances ne sont que le *produit* de nos sensations. Ici le lecteur a déjà remarqué une réminiscence de lockianisme, et nous devons l'avertir que ce n'est pas la seule qu'il rencontrera dans le cours de l'ouvrage. On sait que Locke, en faisant dériver toutes nos idées des sens et de la réflexion réveillée par les sensations et ne s'exerçant que sur elles, n'a pu s'élever logiquement jusqu'à l'idée de substance qu'en certains endroits il paraît admettre, et qu'en certains autres il repousse formellement. Portalis semble marcher ici sur les traces du philosophe anglais. Mais entre Locke et lui, il y a cette différence essentielle que l'idée de substance qui, par une irrésistible conséquence des prémices du système de Locke, est rejetée par ce philosophe, Portalis, fidèle à cette méthode de sens commun qui accepte purement et simplement les faits certains et bien observés, quelle que soit d'ailleurs leur origine, n'hésite pas à l'accepter comme étant le résultat d'un fait de conscience, aussi indubitable que l'instinct, aussi infaillible que le sentiment, aussi légitime que la nature. Comme on le voit, là est comme une application de la méthode psychologique de l'école écossaise.

Au surplus, cet endroit passablement obscur, quand on le compare à l'ensemble de la doctrine de l'auteur sur la connaissance, est fort clairement expliqué par cet autre, où grâce à une inconséquence justement reprochée à Locke, Portalis ne déclare insaisissable à l'intelligence humaine, ni l'idée de substance, ni l'idée d'infini, ni celle de Dieu, ni celle de l'âme, mais seulement la connaissance, la compréhension des causes premières, des lois mystérieuses qui président au monde physique comme au monde métaphysique.

« Les hommes en s'éclairant, ont abjuré l'indiscrète curiosité de nos pères, qui, dans des traités volumineux sur le mouvement abstrait et concret, sur la force active et passive, sur l'élasticité, sur les parties élémentaires de la nature, avaient cherché à sonder les profondeurs que la nature nous cache. Le mouvement, la gravité, l'attraction, l'impénétrabilité, et les autres propriétés des corps sont des *faits* qui tombent sous les sens, mais des faits desquels il faut partir pour notre instruction, sans nous enquérir du principe secret qui les produit. N'ayant point été associés au grand ouvrage de la création, et ne l'étant point au gouvernement de ce vaste univers, nous ignorerons éternellement les causes premières, parce que notre condition ne nous permet pas d'arriver au premier anneau de la chaîne, c'est-à-dire à l'action immédiate que le Créateur exerce sur tout ce qui existe.

« Et même, que faisons-nous quand nous raisonnons sur les causes secondes que nous croyons avoir sous la main? Quelles idées nous formons-nous de l'enchaînement de ces causes avec ce que nous appelons leurs effets ? Pourrons-nous jamais connaître le véritable lien de leur connexité ? Ce que nous appelons cause, est-ce autre chose à nos yeux qu'un certain phénomène qui précède habituellement d'autres phénomènes ? Mais le principe intrinsèque qui unit l'effet à la cause, ne nous demeure-t-il pas inconnu, et ne le sera-t-il pas toujours ?

« C'est lorsque nous avons été assez forts pour apprécier notre faiblesse que, dédaignant des théories vagues, nous nous sommes livrés à l'étude des faits; car les faits sont la nature. Alors tout a changé de face dans l'astronomie, dans les diverses parties de l'histoire naturelle, dans la chimie, dans la médecine, dans tous les arts. »

Or, nous verrons bientôt, dans l'examen des chapitres consacrés à la philosophie de Kant, que Portalis applique à la science du monde intellectuel les mêmes principes qu'au monde de la matière. Dans l'un comme dans l'autre, il s'arrête devant les causes et devant les substances, mais sans nier la légitimité de l'idée de substance ou de l'idée de cause; et c'est à la méthode expérimentale, à la double observation des faits internes et externes, faits dont la nature est pour lui un *mystère* et non un *problème,* qu'il doit de passer sans s'y heurter entre les écueils des doctrines de Locke, de Condillac, de Hume, de Berkeley et de Kant.

Il avoue, avec le sens commun de tous les temps et de tous les lieux que la nature est une grande énigme dont le mot nous échappe ; mais il ne révoque pas en doute, avec Hume et Kant, l'existence de cette énigme, ou niant, avec Locke, Condillac et Berkeley, l'une de ces deux catégories de faits qui révèlent au moi humain les phénomènes physiques ou métaphysiques, il ne se place pas dans l'absolue impossibilité d'en connaître jamais tous les termes.

D'où viennent les erreurs de la philosophie ancienne et moderne ? De l'ignorance ou de l'abandon de la véritable méthode. C'est pour l'avoir méconnue qu'on a confondu avec divers ordres de vérités, les divers ordres de preuves, et que, par suite de cette confusion, on n'a pas appliqué à chaque vérité la seule preuve qui lui fût propre. De là l'incomplète connaissance de la vérité ou sa complète négation ; de là l'idéalisme et le sensualisme ; de là le doute universel ou le scepticisme.

Aux faits de la nature qui ne peuvent se prouver que par des expériences certaines et bien observées, appliquez la voie d'autorité et le témoignage qui ne conviennent qu'aux faits de l'homme ou réciproquement ! Dès cet instant, vous pouvez tenir pour certain que vous n'admettrez bientôt plus qu'une de ces deux classes de faits ; ou bien encore, si votre raison veut aller au fond des choses, vous les envelopperez toutes les deux dans le même doute et dans la même négation.

Ne demandons pas à la nature plus qu'elle ne nous a donné. Quand, dans un sujet quelconque, fait de la nature, de l'homme ou de l'art, nous avons le genre et le degré de preuve que ce sujet comporte, tenons-nous en là. Nous avons toute la certitude désirable, plus d'exigence nous entraînerait infailliblement dans l'erreur.

C'est par nos sens externes que nous avons l'expérience de tout ce qui concerne les corps; c'est par le sentiment intime que nous avons celle de tout ce qui existe en nous, et de tout ce qui s'y passe : je connais par expérience l'existence du sentiment, puisque j'ai le sentiment de l'existence. La volonté, la liberté, la pensée, sont des phénomènes dont j'ai l'expérience journalière, et qui prouvent que je suis un être pensant, libre et voulant.

S'il en est ainsi, la métaphysique n'est donc pas la science des abstractions, et quand Voltaire et ceux de son école, par une incroyable légèreté, attribuant à la métaphysique proprement dite les extravagances de certains métaphysiciens, nous ont dépeint comme un ténébreux fantôme, comme une brillante chimère, cette science de toutes la plus réelle et la plus claire, ou bien encore l'ont sans façon assimilée à la proverbiale folle du logis, à l'imagination ; disons hardiment, ou qu'ils n'ont pas su ce qu'ils disaient, ou qu'ils ont feint de méconnaître ce qu'il y a de plus incontestable pour tout homme qui raisonne et qui pense : les faits intérieurs, les faits de consciosité, comme les appelle Leibnitz, ou comme on les appelle aujourd'hui, les faits de conscience.

« Je sais, continue Portalis, que l'on se plaint tous les jours dans le monde de l'obscurité de la métaphysique. Mais ces plaintes ne devraient être dirigées que contre l'obscurité et l'ineptie des prétendus métaphysiciens. La métaphysique n'est point obscure ; elle sera constamment la plus claire des sciences, si nous savons nous résigner à ne lui donner pour fondements que les faits dont nous avons l'expérience, et à ne pas vouloir expliquer ce que nous ne pouvons connaître. »

On a beaucoup loué le célèbre enthymème de Descartes, lequel, après tout, n'est que la plus simple expression, la réduction à une forme logique déterminée de la pensée de l'Évêque d'Hypone. Or, pourquoi le *cogito, ergo sum* est-il non-seulement pour les cartésiens, mais encore pour tous ceux qui en comprennent le vrai sens, et ne cherchent pas, comme Condillac, entre autres, à lui en prêter un qui n'est pas, à coup sûr, celui que lui donna Descartes, pourquoi est-il la première, comme aussi la plus fondamentale affirmation de l'âme humaine ? N'est-ce pas parce que la pensée est un fait de conscience qui, de même que tous les autres faits de cette nature, ne pourrait être contesté sans ruiner au même instant tout l'édifice de la raison de l'homme?

Qu'est-ce donc, à vrai dire, que la métaphysique, telle que l'entend Portalis, telle que nous le montre le véritable esprit philosophique, — non cette métaphysique, indigne de ce nom, qui s'égare dans la recherche de l'origine et de la nature impénétrable des choses, mais bien cette métaphysique ramenée par l'observation et par l'expérience aux principes et aux faits qui doivent lui servir de base? « Elle est, dit Portalis, la science des vérités essentielles qui sont à la portée de tout le monde. »

Sans doute, peu d'hommes sont capables, par leur situation ou même par le caractère de leur esprit, de se livrer aux méditations nécessaires pour suivre Newton dans ses découvertes. Mais tout homme, en s'étudiant soi-même, peut devenir plus ou moins métaphysicien.

En métaphysique, les philosophes les plus profonds ne connaissent et ne peuvent connaître que ce que les hommes les plus simples savent déjà sans s'en douter, ou du moins ce qu'ils peuvent facilement observer.

Et quelle est la raison de cette vérité singulière? C'est que la métaphysique, à la différence des autres sciences, de la physique, par exemple, est essentiellement basée sur l'expérience personnelle de chaque homme, sur la perception et le sentiment de tous les faits dont notre âme est le théâtre, — expérience, perception, sentiment, qui sont l'apanage nécessaire et commun à tous les hommes, le fondement et la condition de toutes nos facultés intellectuelles, si bien que la métaphysique du philosophe, qui est la métaphysique d'observation, ne peut, sous peine d'erreur, nous rien apprendre que ne nous ait déjà appris la métaphysique naturelle, la métaphysique de tous, la métaphysique d'expérience.

Or, cette métaphysique, qui n'est pas, il est vrai, celle de l'école, ne va point au-delà des faits; ces faits, pour elle, sont la mesure et la limite de sa sphère; elle relève de l'expérience. C'est ce qu'on oublia trop souvent dans l'antiquité, ce dont on ne parut presque pas se douter dans le moyen âge, ce que n'ont pas toujours pratiqué les plus grands génies, tels que Descartes et Leibnitz.

C'est que l'esprit philosophique n'est rien moins qu'un esprit de système ! Étudiez l'histoire de la philosophie moderne, et voyez tout ce qu'il a fallu de travaux, de méditations, de disputes, et, disons-le, d'écarts, pour arriver à la seule méthode philosophique !

Ici, relevons une erreur échappée à Portalis, quand il affirme que Locke et Condillac ont constamment suivi la méthode expérimentale.

Le vrai fondateur, le père de la philosophie expérimentale, c'est l'auteur de l'*Instauratio magna*, Bacon de Verulam. Ce grand homme essaya le premier de secouer le joug du despotisme scolastique, et s'il ne parvint pas à rompre les fers de la philosophie contemporaine, du moins, eut-il l'honneur de l'entreprendre. Descartes devait, mais par une autre voie, achever ce qu'avait commencé Bacon. Le *Novum organum* imprima aux sciences naturelles un mouvement égal, sinon supérieur, à celui que le discours sur la méthode imprima à la métaphysique. Locke, Condillac, Helvétius, abusant de la méthode baconienne, poussèrent jusqu'au matérialisme de Démocrite et d'Épicure les tendances sensualistes de leur maître ; de même que Malebranche, Leibnitz, Spinoza, exagérant le spiritualisme cartésien, faillirent, de conséquence en conséquence, être entraînés dans l'abîme du panthéisme éléatique.

La philosophie en était là, quand s'inaugura dans le monde une philosophie nouvelle, spiritualiste sans idéalisme, expérimentale sans matérialisme, une philosophie faite à l'image de l'homme, et, si je puis ainsi parler, corps et âme comme elle. Vous avez nommé la philosophie écossaise.

Son plus grand mérite est d'avoir dépouillé de toute erreur, et porté à son plus haut degré de perfection, la méthode expérimentale, ébauchée par Bacon, suivie par Descartes, outrée par Locke et Condillac. Son mérite plus grand encore, à notre avis, c'est d'avoir reconnu, pour point de départ nécessaire de la philosophie, l'observation sensible et l'observation intérieure, l'invincible croyance au monde invisible et au monde visible, l'inébranlable certitude de l'existence de l'esprit et de la matière. Quoi qu'il en soit, il n'est pas vrai de dire avec Portalis, sans réserve et sans restriction, que c'est le véritable esprit philosophique, et conséquemment, ce qui est, suivant lui, la véritable méthode qui a constamment inspiré les travaux de Locke et de Condillac sur l'entendement humain; et il n'est pas plus exact de soutenir que Locke a ouvert une route nouvelle, et que nous devons à son plus fidèle disciple, en France, la véritable génération de nos connaissances, le développement successif de nos idées, l'analyse fidèle des opérations de notre âme. — S'il en était ainsi, il faudrait regarder comme une irréfragable vérité cette sentence si connue du vrai fondateur du sensualisme : *Nihil est in intellectu quod non prius fuerit in sensu*, ou, en d'autres termes, avancer avec Portalis, en contradiction sur ce point avec lui-même, et d'accord avec Locke et Condillac, que les sens fournissent, préparent le fond des idées, et que l'entendement les forme; comme si une idée pouvait exister à l'état informe, comme si son existence pouvait être un instant séparée de sa manière d'être! Heureusement, sous la plume de Portalis, cet imprudent éloge est moins une preuve de son adhésion au sensualisme (nous avons prouvé qu'il n'était pas sensualiste), que l'effet de la réaction anticartésienne produite par l'empirisme, et l'expression exagérée de la reconnaissance de l'auteur pour les incontestables services rendus à la philosophie par les deux chefs du sensualisme au dix-huitième siècle. — Certes, nous nous plaisons à le dire, les écrits de ces deux philosophes, soit par les vérités qu'ils enseignent, soit même par les erreurs dont ils sont entachés, n'ont pas été inutiles à la science. On admirera longtemps encore la rare sagacité, la patiente pénétration avec lesquelles ils ont décrit, analysé, classé les facultés et les opérations de l'entendement. Loin d'adresser à Locke les acerbes accusations des *Soirées de Saint-Pétersbourg*, nous aimons à reconnaître en lui le philosophe qui, le premier parmi les modernes, s'est principalement appliqué à sonder les profondeurs de l'intelligence humaine. Souvent ses observations sont aussi neuves que vraies; il vous mène plus loin que ses devanciers dans la région la plus reculée de la psychologie, et, s'il n'est pas toujours assez heureux pour découvrir la vérité, au moins est-il toujours assez loyal pour ne pas la voiler à nos yeux quand il la découvre lui-même. — Son livre, en un mot, n'est pas d'un sophiste, mais d'un philosophe; et, pour parler avec Montaigne, c'est un livre de bonne foi; mais, ce que nous ne saurions taire, c'est que chez lui comme chez Condillac, l'esprit d'analyse, porté à l'excès, est souvent devenu un instrument d'erreur; que, s'il nous a fait connaître avec clarté quelques-unes des facultés de l'âme, il n'en a pas toujours bien connu la nature, et qu'à son insu, en renouvelant parmi nous, quoique sous un point de vue tout nouveau, les sensations de Démocrite, il a donné naissance au scepticisme de Hume, au doute léger et frondeur de Voltaire, au sensualisme de Condillac et d'Helvétius, au matérialisme de Lamettrie et à l'athéisme de d'Holbac.

Si, en effet, toutes nos idées viennent des sensations, les sensations ne pouvant donner à l'intelligence que ce qu'elles ont, le particulier, le variable, le fini, — toutes les grandes idées déposées au fond de l'âme humaine, l'universel, l'immuable, l'infini, — ne sont plus que des illusions ou des chimères; dès lors, vainement Locke et Condillac essaieront-ils, par d'heureuses inconséquences, ou par l'ascendant de croyances irrésistibles, de s'arrêter sur les bords de l'abîme, que malheureusement recèlent leurs doctrines, — la logique, avec ses lois inexorables, devait nécessairement y précipiter leurs aveugles adeptes.

Instruit par leur exemple, Portalis sait éviter

leurs écarts, bien qu'il semble poser, lui aussi, en principe, que la sensation est la source de toutes nos idées, que les sens les produisent, et qu'il appelle *idée*, l'image, le vestige, la trace qui reste dans notre âme après la sensation de l'objet dont, par un effet immédiat, la sensation nous atteste la présence. Cependant, en distinguant comme il le fait, avec netteté et précision, la sensation, impression nécessaire, fatale des sens, indépendante de la volonté, faisant naître entre l'âme et l'objet qui l'affecte une relation, un rapport qui n'est nullement un acte de la volonté, mais bien une institution de la nature, une suite de la constitution de notre être, — en distinguant, dis-je, la sensation, ainsi définie, d'avec ce qu'il appelle les *perceptions immédiates*, pure opération de l'esprit, qui, aidées des notions sensibles, forment ces résultats ou ces nouvelles idées volontaires, dépendantes de notre volonté, fruit du développement des facultés de l'âme à l'occasion des sens, et, pour parler avec lui, du travail de l'esprit sur ces perceptions immédiates qui composent les notions sensibles, — Portalis nous paraît être resté à une égale distance du système platonicien des idées innées, tel que l'a soutenu le Platon de la France, Malebranche, et du système aristotélicien de la sensation, tel que l'a expliqué à sa manière, le continuateur français de Locke, quand il a défini l'idée : « une sensation transformée. »

Une autre chose, non moins digne de remarque, et qui prouve que les hautes intelligences, si diverses que soient entre elles les voies qu'elles parcourent, peuvent pourtant se rencontrer sur le même terrain, quand leur point de départ est le même, c'est que dans plus d'un endroit, Portalis qui, très-certainement, ne connaissait pas le mouvement philosophique de l'Écosse, et très-probablement ignorait jusqu'au titre des ouvrages publiés au delà de la Manche par Tornbull et par son illustre disciple Reid, s'exprime sur l'origine des connaissances humaines d'une manière presque identique à celle du plus célèbre représentant de l'école écossaise.

Dans la suite de ce travail, nous aurons plus d'une fois occasion de rappeler, mais en passant seulement, cette ressemblance singulière et jusqu'ici inaperçue.

Et, pour en donner de suite un exemple, ne dirait-on pas que la page que l'on va lire, est littéralement extraite des ouvrages de Reid ou de Dugald-Stewart? L'auteur passe en revue les différents rapports que la raison découvre entre les idées. Il explique les lois de leur dépendance, de leur subordination et de leur connexité. Il pose, à sa manière, la base de tout raisonnement; il nous montre ce qu'il appelle les trois sources de la connexité des idées ou de leur association : l'identité, la ressemblance, la contiguïté de temps et de lieu, l'enchaînement des effets et des causes. Il fait observer avec raison que, dans la recherche de ces différents rapports, nous devons distinguer : l'évidence, qu'il nomme le résultat immédiat de la perception du sentiment ou de celle de l'esprit, laquelle dispense de toute preuve ; la certitude qui ne s'acquiert que par des preuves, et la simple présomption qui ne s'appuie que sur des vraisemblances ou sur des probabilités. Puis, après avoir défini la preuve, tout moyen intermédiaire employé pour aller d'une vérité connue à une autre vérité cherchée, et nous découvrir la connexité réelle qui existe entre cette seconde vérité et la première, il arrive aux divers objets de la connaissance humaine, et il s'exprime en ces termes :

« Les différents objets de nos connaissances n'appartiennent point à un seul et même ordre de choses ; ils ont été rangés dans certaines classes distinctes : les faits de la nature, les faits de l'art, les faits de l'homme. Les faits de la nature embrassent tout ce qui est en nous et hors de nous, indépendamment de nous-même..... Tout ce que l'on peut dire ou écrire relativement à ces différentes espèces d'objets se réduit à des raisons concluantes, à des expériences certaines, à des témoignages irréprochables ; mais on sera forcé de convenir, par exemple, que la voie de l'autorité et du témoignage est la première et la plus naturelle des voies, quand il s'agit de la recherche des faits de l'homme, tandis que les expériences certaines et bien observées sont la base principale de nos connaissances dans la recherche des faits de la nature. »

Il y a donc en nous, hors de nous, et dans l'un et l'autre cas, indépendamment de nous, par la seule force des choses, — des faits, phénomènes ou substances, que nous ne pouvons connaître que par des expériences certaines et bien observées, c'est-à-dire par des expériences fondées sur l'observation et par une observation fondée sur l'expérience. D'où la conséquence que, pour arriver à la connaissance de ces faits, l'homme n'a que deux guides : l'observation et l'expérience. C'est là toute la méthode de Portalis, et c'est aussi celle de Reid. Reste à savoir comment se fait cette observation, comment s'opère cette expérience, quand il s'agit de constater et de décrire des faits purement internes, des faits psychologiques. — Portalis va nous l'apprendre.

« En remontant à l'origine de nos connaissances, n'avons-nous pas appris à en discerner les véritables principes? N'avons-nous point reconnu que les principes ne sont point nos préceptes, nos abstractions, nos généralités, mais les faits simples, au delà desquels nous n'avons plus aucune donnée, et qui sont comme la première pierre de l'édifice, des faits tels que les qualités sensibles de la matière dans la physique, les perceptions immédiates dans la métaphysique et dans la morale, les affections communes qui constituent le cœur humain? N'avons-nous pas compris que s'il est utile pour obvier à la limitation de nos faibles intelligences, de classer les objets, de généraliser nos idées, et de les réduire en maximes, il est également indispensable de les analyser pour nous assurer de la vérité de nos résultats, et que c'est la preuve d'une règle d'arithmétique par une autre? »

Nous le demandons avec confiance à tous ceux qui ont lu avec attention le *Timée* de Platon, l'*Essai* analytique d'Aristote, l'*Essai* sur l'entendement humain de Locke, les *Essais* de Leibnitz sur le même sujet, le *Traité* de l'*Origine* des connaissances humaines de Condillac, et enfin les *Recherches* sur l'entendement, et les *Essais* sur les facultés intellectuelles de Reid, de toutes les doctrines professées par ces philosophes, quelle est, à leur avis, celle dont Portalis se rapproche le plus? Assurément, ce n'est pas de celle de Platon. Portalis n'est rien moins que partisan des idées innées; nous verrons même plus tard qu'il reproche injustement à Descartes d'en avoir soutenu le système. Ce n'est pas d'avantage de celle d'Aristote; pour lui, l'idée n'est pas une forme, une représentation, une image, et, par ce qu'on a lu plus haut, on a dû facilement comprendre qu'il est l'adversaire déclaré de la doctrine péripatéticienne ; serait-ce la doctrine de Locke? Mais Locke n'admet pas comme lui deux sources de connaissances, la sensation et le sens intime, ou la conscience, et il ne parle que très-confusément de perceptions immédiates, d'expérience intime, de faits de conscience. D'ailleurs Portalis repousse formellement les idées représentatives du philosophe anglais. Pour Leibnitz, il est, aux yeux de Portalis, ce qu'est Platon lui-même. Quant à Condillac, dont il partage assez souvent les idées en ce qui touche l'analyse des opérations de notre intelligence, impossible d'assimiler son système sur l'origine des idées avec celui de notre auteur. Condillac, nous l'avons déjà dit, n'est que la conséquence de Locke, et nous savons que Portalis en rejette le principe.

Reste la doctrine écossaise. Nous soutenons qu'entre cette doctrine et celle de l'auteur de l'*Esprit* philosophique, il y a analogie frappante, rapport intime, quelquefois même identité ; non que nous voulions, en aucune manière, élever Portalis à la hauteur de Reid ; nous connaissons l'énorme distance qui sépare la tâche du critique de celle du fondateur d'un système philosophique ; il faudrait être bien insensé pour confondre de fugitifs aperçus, des idées éparses çà et là, sans un but systématique et préconçu, avec un enchaînement logique et longtemps médité de propositions rigoureusement déduites les unes des autres, et longuement développées dans le but avoué d'une doctrine nouvelle. Nous disons seulement que, dans le livre de Portalis, il y a comme le germe du système du sens commun de l'école écossaise, et qu'à ce titre il mérite, sans contredit, l'honneur, sinon d'une comparaison, du moins d'un rapprochement avec la philosophie d'Edimbourg.

Or, voici en peu de mots le résumé de la doctrine de Reid sur l'origine des idées.

Les idées représentatives de Locke, d'où étaient tour à tour sortis l'idéalisme de Berkeley et le scepticisme de Hume, et que Locke avait considérées comme la condition fondamentale, *sine qua non*, de toute connaissance, ne reposent que sur une hypothèse, fort ancienne, si l'on veut, mais enfin sur une hypothèse. La perception, ou plutôt la représentation des objets extérieurs par le moyen de certaines images intellectuelles qui les reproduisent, et qu'on a appelées *impressions* ou idées, voilà sa base. Cette hypothèse, généralement admise par tous les contemporains de Locke, renverse toute philosophie, toute religion, toute vertu et même le sens commun, et on la retrouve plus ou moins dans tous les systèmes sur l'entendement humain. De là, nécessité de rejeter cette hypothèse, et de ne rechercher que les faits; de là, ces admirables recherches sur l'entendement où, le premier de tous les philosophes, Reid, appuyé sur le sens commun, démontre, et par l'analyse et par la dialectique, que la seule condition de la perception externe, et, partant, de la connaissance réelle des objets extérieurs, est, avec une impression faite sur les sens, la puissance de connaître, l'intelligence que la Providence a donnée à l'esprit humain, et que toute philosophie qui n'admet d'autre faculté que la sensation, telle que celle de Hobbes et de Gassendi, y ajoutât-elle l'hypothèse des idées représentatives, comme celle de Locke, Berkeley, Hume et Condillac, est une philosophie condamnée à l'impuissance, et qui n'est qu'une sorte de paralogisme.

Je sens, voilà un fait! Je perçois l'objet senti, voilà un autre fait! — Mais sentir et percevoir sont deux faits différents et distincts, et supposent en nous deux facultés tout aussi différentes et distinctes.

Ces deux facultés sont la sensation ou l'acte du *sentir*, qui précède chronologiquement l'action du *percevoir*, et la sensation qui nous fait juger, par un instinct spontané, impérieux et irrésistible, que l'objet de la sensation existe réellement hors de nous, aussi bien que la faculté de sentir existe au dedans de nous.

Toute chose a ses lois dans la nature. L'entendement aussi a ses lois, qui ne sont autres que celles de ses facultés. Mais quelles sont ces lois? Nous ne saurions les comprendre, mais nous les connaissons : elles sont les principes constitutifs de notre nature, les instincts de notre conscience; elles composent le sens commun de l'humanité; elles se manifestent à nous par des faits dont la philosophie, comme la physique, comme la chimie et les sciences naturelles, doit être la fidèle expression, si elle veut ne pas être un ridicule et dangereux labeur; et le sens commun qui part des faits pour arriver à la croyance invincible des objets dont l'existence est annoncée par la sensation et connue par la perception ou l'intelligence, est notre pouvoir naturel de connaître et de juger.

Tel est l'unique fondement de la philosophie écossaise; tel est aussi, ne craignons pas de l'affirmer, le fondement de la philosophie de Portalis.

Et remarquez que ce que nous disons de l'origine des idées, nous le disons également de la méthode. Dans la pensée de Portalis, comme dans les ouvrages de Reid et de Dugald Steward, la spéculation isolée des faits, l'induction à *priori*, ce ne sont là que des vierges infécondes, et que l'observation réfléchie des faits internes ou externes peut seule féconder. — Pour Portalis, comme pour les chefs de l'école écossaise, pas de véritable méthode philosophique en dehors de la méthode expérimentale, c'est-à-dire, fondée sur l'expérience des faits de conscience ou du monde sensible, et non sur cette expérience qui effleure à peine les notions superficielles de son objet, mais qui pénètre jusqu'à ses qualités les plus cachées et à ses caractères les plus intimes. — A leurs yeux, les hypothèses, les conjectures, les théories sont les œuvres de l'homme, et non celles de Dieu, et pour connaître ces dernières, il faut les observer, les analyser sans rien retrancher, sans rien ajouter aux résultats que donnent l'observation et l'analyse. — Pour tout dire, en un mot, Portalis, qui le déclare en maints endroits et sans la moindre équivoque, met dans l'expérience, telle que nous la connaissons maintenant, l'instrument et le critérium de toute bonne philosophie, et d'après lui, la philosophie sans expérience n'est qu'un rêve sans réalité.

Verba, prætereaque nihil.

Nous l'avons dit : notre intention n'est pas de présenter ici, sur deux plans parallèles, les principes de Reid et de Portalis, sur l'origine des idées et les conditions de la connaissance et de la certitude. Ce serait là, assurément, un curieux et même utile travail, mais qui nous mènerait trop loin. Nous devons donc, quoiqu'à regret, nous borner à quelques citations et à quelques indications générales, qui nous paraissent résumer nettement sur ce point toute la pensée de notre auteur.

Si on y réfléchit bien, sous des noms différents, on trouvera dans son livre le fond des principales idées du philosophe écossais. Qu'est-ce, en effet, que ces idées *simples* ou *élémentaires* qui, dégagées de toutes nos combinaisons intellectuelles, répondent directement aux premières impressions que nous recevons des objets, — si ce n'est ce que Reid appelle les *aperceptions directes de la conscience,* aperceptions accompagnées d'une croyance irrésistible à la réalité de leur objet? Qu'est-ce que ces notions sensibles, ces perceptions immédiates, indéfinissables, parce qu'elles sont marquées au coin de la plus resplendissante évidence, insusceptibles de preuves, parce qu'elles servent de preuve à tout, et auxquelles l'esprit philosophique, aidé de l'observation et de l'analyse, nous habitue à lier nos connaissances par la bonne direction de nos combinaisons intellectuelles, produits de l'activité de notre esprit? Ne sont-ce pas là des persuasions, des croyances, des convictions naturelles, résultats nécessaires des principes constitutifs de notre intelligence? Ce que Reid nomme *principes de sens commun,* Portalis ne le reconnaît-il pas sous le nom d'*éléments de la constitution originaire de l'entendement humain?* Et ne croyez-vous pas entendre Reid lui-même, quand Portalis, récapitulant tout ce qu'il a précédemment avancé sur la question qui nous occupe, vous dit ces belles paroles?

« Nous avons la conscience de nos facultés; mais en connaissons-nous la nature? Nous avons le sentiment de nos idées; mais avons-nous l'idée du sentiment? Avons-nous même celle du pouvoir qui forme et qui lie toutes nos idées? Il ne saurait donc nous appartenir d'organiser à fantaisie la raison humaine, et de sonder les ressorts cachés qui la constituent. Nous avons des sensations, donc nous avons la faculté de sentir; nous avons des volontés, donc nous avons la puissance de vouloir; nous avons des idées, des conceptions, donc nous avons la faculté de penser et de concevoir. Mais dire que, parmi ces conceptions et ces idées, il en est qui ne sont point acquises, et qui font partie de la constitution fondamentale de notre être, c'est faire une hypothèse aussi arbitraire que la vision en Dieu de Malebranche et les idées innées de Descartes. Or, pourquoi recourir à des hypothèses, quand on peut utilement consulter l'expérience? pourquoi recourir surtout à des hypothèses que l'expérience dément?

« Mais nous ignorons ce que c'est que l'intelligence, ce que c'est que la raison elle-même, et quelles sont les sources secrètes de la pensée. Il n'y a pas problème, mais mystère; et vouloir, par des suppositions gratuites, par des mots vides de sens, expliquer ce qu'il ne nous est pas donné de comprendre, ce n'est point expliquer ce mystère, c'est chercher orgueilleusement à le dissimuler. »

Et ailleurs : « Les faits sont les véritables matériaux de nos connaissances. C'est par l'observation des faits et par l'analyse de nos idées qu'il faut débuter dans nos recherches. Un fait est-il ou n'est-il pas? La question est toujours précise. D'un ou plusieurs faits bien constatés et bien vérifiés, que faut-il conclure? La raison est forcée de *se réduire* et de se tenir entre les points donnés. Hors de là, hors des faits, base unique de toutes nos connaissances, chacun porte avec lui l'invisible atelier des systèmes, chacun bâtit des hypothèses et devient artiste à sa manière. »

Artiste! le mot est admirablement trouvé. Malheur à qui, non content d'accepter la vérité telle que Dieu l'a faite, n'admet, sous ce nom trois fois saint, que ce qu'il invente ou fabrique lui-même! Il pourra être artiste; soit! mais, à coup sûr, il ne sera pas philosophe.

A ces citations, déjà trop nombreuses peut-être, ajoutons-en une dernière, qui nous donnera l'exacte mesure des rapports qui existent entre les méthodes et les doctrines de Portalis et de Reid.

Après avoir dit que l'expérience, c'est-à-dire, comme il l'explique lui-même, la sensation ou la conscience, est le seul lien de communication directe entre le *moi* et le *non moi*, et qu'à la différence des perceptions immédiates ou des idées simples et élémentaires, les idées, les jugements, les raisonnements, qui ne seraient rien sans la conscience, ne sont que des perceptions médiates plus ou moins complexes, il poursuit en ces termes l'exposé d'une philosophie qu'il ne nous paraît pas possible de ne point appeler *philosophie du sens commun :*

« Quand j'affirme que je sens le plaisir ou la douleur, que je vois l'étendue et les autres propriétés de la matière, j'ai le sentiment de ma volonté, de ma liberté, de ma pensée. J'affirme des *faits positifs,* qui n'ont pas besoin d'autre preuve que l'expérience que j'en ai. Ce ne sont pas les faits qui naissent de nos idées, ce sont nos idées qui naissent des faits. L'existence des corps et celle de tous les phénomènes extérieurs sont des faits positifs, que nos sensations constantes et uniformes démontrent. La volonté, la liberté, la pensée, sont des faits positifs, dont nous avons conscience. »

Reid avait enseigné aussi, pour détruire la théorie lockienne sur le jugement, que les idées, loin d'être, comme le pensaient Locke et Hutcheson lui-même, les matériaux de nos jugements, en sont les résultats.

Portalis continue : « Nous sommes passifs, quand nous sentons ; nous devenons actifs, après avoir senti..... C'est l'expérience qui alimente toutes nos facultés intellectuelles..... Il y a une conscience pour le Vrai, comme il y en a une pour le Bon et pour le Juste. Or, la conscience du Vrai, c'est la faculté de percevoir et de sentir ce qui est. »

Puis, revenant aux faits et à l'expérience : « Les faits positifs, ajoute-t-il, ne peuvent se prouver que par eux-mêmes, c'est-à-dire, par les sensations qu'ils produisent en nous, ou par la conscience que nous en avons ; ils n'ont point été abandonnés aux subtilités de notre raison. Tout homme sensé ne peut leur refuser son assentiment. On doit ranger, dans la classe des faits positifs, tous ceux qui sont l'objet de nos perceptions immédiates, et la nature des notions sensibles dont nous formons ensuite nos idées intellectuelles et abstraites. Ces faits positifs sont les vrais et les seuls fondements sur lesquels repose l'édifice entier de nos connaissances. Parlons toujours de ces faits, c'est-à-dire, parlons toujours de l'expérience qui est la société de l'homme avec la Nature, et n'allons jamais au delà. Nous n'y trouverions que terres et côtes inconnues, mers inabordables. Voilà toute la philosophie, voilà tout le code de la raison humaine ! »

Nous avons eu soin de faire remarquer plus haut que Portalis admettait deux sources de connaissances : la *sensation* pour les objets extérieures et physiques ; la *conscience* pour tous les objets qui ne peuvent être perçus par les sens.

Pour éviter toute confusion et toute équivoque, nous nous sommes hâté d'ajouter que la conscience, dans l'acception où ce mot est pris par Portalis, n'est autre chose que le *sens* ou le *sentiment* intime, la perception des objets internes et insensibles, et que la sensation et la conscience étaient, à vrai dire, les deux éléments de l'*expérience,* puisque, suivant lui, l'homme étant tout à la fois un être intelligent et physique, spirituel et matériel, la conscience devait être à son esprit ce que la sensation est à son corps.

C'est par là que, d'accord avec Reid, Portalis se sépare de la tourbe des philosophes, ou prétendus philosophes matérialistes, qui, se basant, eux aussi, sur l'expérience, mais sur une expérience à leur manière, sur l'expérience boiteuse, tronquée, des seuls faits de sensations externes, en d'autres termes, sur l'observation de faits purement matériels et physiques, ont hardiment, tranchons le mot, stupidement nié l'existence de tout autre fait.

Mais n'exagérons rien ! Malgré ce qu'on vient de lire, la pensée de Portalis avait besoin de quelque explication.

Voici celle qu'il nous en donne lui-même :

« Tous les sectateurs du matérialisme partent du principe général posé par Lamettrie, que tout ce qui n'est pas phénomène, science des choses, tout ce qui n'est pas fondé sur l'observation et sur l'expérience, est étranger à la philosophie.— J'en conviens ; j'ai établi moi-même ce principe, mais avant que de raisonner il faut s'entendre.— J'appelle *phénomène*, tout fait bien constaté. — J'appelle *science des choses*, la science des faits. — Je regarde *l'observation* et *l'expérience* comme les seuls moyens de constater et de vérifier ces faits, et conséquemment de s'instruire. — Jusque-là, nous devons tous être d'accord.— Il ne s'agit plus que de s'expliquer sur sur ce qu'il faut entendre par le mot *fait*. Il nous serait impossible de restreindre l'application de ce mot aux phénomènes *physiques*, c'est-à-dire, aux phénomènes que nous apercevons par nos sens *extérieurs ;* car les idées qui se forment dans notre esprit, les raisonnements que nous en déduisons, sont des faits, et, par conséquent, des phénomènes que nous ne connaissons que par le *sentiment intime*, et dont pourtant nous sommes aussi sûrs que du fait même de notre existence. »

Ailleurs, à propos de métaphysique, il définira le fait : tout phénomène, et généralement tout ce qui existe, d'une manière positive et sensible pour nous.

« Il est donc des choses dont nous avons la *conscience*, l'expérience, et qui ne tombent pas sous nos sens extérieurs. — Pourquoi ces choses seraient-elles étrangères à la philosophie, puisque la certitude qu'elles donnent et qui s'identifie avec la conscience du moi est plus immédiate, et moins contentieuse (contestable sans doute) que celle que nous donnent les objets physiques? »

Et répondant ensuite à l'objection de ceux qui, confondant l'*occasion* ou la *cause* d'un phénomène avec sa *nature*, ne veulent voir dans les phénomènes de la conscience, que les phénomènes physiques, et prétendent avec Buffon que toutes les opérations de l'âme ne sont que des *sensations continuées*. « Je conviens, leur dit-il, que nos idées *viennent* originairement de nos *sensations*. Je conviens encore que notre corps est organisé de la manière la plus convenable à notre intelligence. Mais cela ne prouve pas que nous ne sommes que matière; cela prouve seulement que nous ne sommes pas de purs esprits. »

Très-bien! pourrait-on répondre à Portalis; — mais prenez garde! si vous accordez que nos idées viennent originairement de nos sensations, en quoi votre doctrine diffère-t-elle de la doctrine de Locke ou de Condillac?

« Il y a loin, réplique Portalis, du raisonnement à une pure sensation. Si *toutes* nos idées, *tous* nos raisonnements, *toutes* nos opérations les plus *intellectuelles* ont un côté sensible, il est exactement vrai que toutes nos perceptions les plus *sensibles* ont un côté *intellectuel*.

« L'homme qui n'aurait que des *sensations* et qui, conséquemment, n'éprouverait que des *im-*

pressions passagères, ne ferait que se heurter contre les objets, sans pouvoir jamais ni les comparer, ni les connaître. — Tout est passif dans les sensations; — toutes les opérations de l'esprit sont spontanées. — Les sensations sont l'ouvrage de la nature; les jugements, les raisonnements sont l'ouvrage de l'homme, de l'intelligence humaine. »

Donc, d'après Portalis, il n'est pas vrai de dire que toutes nos idées, sans exception, nous viennent originairement des sensations ou des sens. — Il y a dans l'esprit de l'homme un principe *actif* qui agit au dedans de lui-même, qui opère avec spontanéité, compare avec effort, et qui connaît, en vertu de son activité intérieure ou de sa réflexion. — Ce principe, appelons-le comme l'école écossaise, et comme l'a plus tard appelé l'école éclectique, appelons-le *raison*, et nous voilà en plein spiritualisme.

Mais que dis-je? n'est-ce pas ainsi que l'appelle Portalis? — Loin d'être la cause, la source, les générateurs ou les producteurs des idées ou de la pensée, les sens extérieurs ne sont que les ministres intermédiaires des relations qui existent entre nous et les objets matériels qui sont hors de nous; et la *raison*, c'est Portalis qui parle, la *raison*, faculté essentiellement active, ne peut travailler utilement que sur les matériaux qui lui sont fournis par les sens.

Ainsi les sens ne font qu'une chose : à l'instar de l'instinct, ils fournissent les matériaux nécessaires à la raison.

Donc, ils ne sont, si j'ose ainsi m'exprimer, que les *pourvoyeurs,* les *entremetteurs* de la raison. — Organes de nos sensations, ils sont l'occasion de nos idées : rien de plus, rien de moins.

Et de fait, que seraient nos sens extérieurs, sans ce principe, ce sens intérieur, qui seul sent, qui seul pense, qui seul raisonne, qui seul veut, et que Portalis nomme indifféremment *esprit, âme, raison, intelligence?*

Ce qu'ils seraient? un instrument impuissant, inutile, ce que sont les sens d'un cadavre ou d'une brute!

Si les sens peuvent quelque chose, c'est à la condition d'être commandés, dirigés, contrôlés, jugés par l'intelligence, cette maîtresse faculté de l'homme, comme aurait dit Montaigne, qui constitue son caractère distinctif.

Mais qu'est-ce que l'intelligence de l'homme?

Pesons sérieusement la réponse de Portalis; elle est le symbole de sa foi purement psychologique.

« Les sens *préparent* les idées, l'entendement (ou la raison) les forme, l'imagination les peint, la mémoire les conserve, l'attention les fait remarquer, la réflexion les remue et les compare, le jugement les distingue ou les confond, les sépare ou les unit; enfin, le raisonnement les déduit les unes des autres ; il lie tous les anneaux de la chaîne et en garantit la solidité.

« Telles sont les opérations qui constituent ce que nous appelons l'intelligence humaine ; or, ces opérations ne sont que des *faits* qu'il suffit d'observer. »

Il nous semble que nous avons pleinement justifié notre assertion, de prime abord paradoxale, touchant l'analogie des doctrines philosophiques de Portalis avec celles du Disciple de Tornbull sur la connaissance. Il nous serait facile d'appliquer le même procédé d'examen à d'autres points des enseignements du philosophe provençal et du philosophe écossais, tels que, par exemple, en psychologie, — l'impuissance radicale du raisonnement et de l'induction à établir les premiers principes de la raison, — la théorie de la formation du langage, — celle du jugement, — la distinction de la sensation et de la perception que, soit dit en passant, Portalis a quelquefois confondues, ou paru confondre, — les idées de phénomène et de substance, — l'impossibilité de prouver l'existence de Dieu par les seules idées de temps et d'espace, — telles encore, en esthétique et en morale, que — le goût, — le sentiment du beau, — la liberté, — les principaux mobiles de nos actions, etc., etc. Sur tous ces sujets, nous serions certain de découvrir entre nos deux philosophes les mêmes rapports, la même ressemblance, et presque la même identité de doctrines que sur la théorie des idées et sur la méthode ; tout cela présenté dans un ordre parfait, exposé avec de brillants développements, distribué avec art, composant un ensemble harmonieux et complet, — là, indiqué plutôt qu'expliqué, disséminé çà et là sans lien rigoureusement logique et comme par lambeaux, au fur et à mesure que la réfutation d'une erreur, la dénonciation d'un paradoxe, l'analyse d'une proposition de psychologie, de théodicée ou de morale, y forcent l'auteur à nous dire ses opinions et ses doctrines personnelles.

Voilà, il est bon de le remarquer, ce qui nous donne la raison du décousu et même de l'apparent désordre de nos précédentes citations. Voilà encore pourquoi nous nous sommes permis d'insister, trop longtemps peut-être, sur l'importante théorie des idées et de la connaissance, et sur la méthode de Portalis.

On ne nous accusera pas sans doute d'avoir également insisté sur les rapports de la philosophie de Portalis avec celle de Reid. — Indépendamment du haut intérêt qu'offre toujours la comparaison de deux grandes intelligences, on voudra bien considérer que, pour apprécier, en connaissance de cause, une production philosophique qui embrasse dans son ensemble l'examen critique de toutes les branches de la science, nous devions, avant tout, poser les bases de la philosophie entendue dans le sens de Portalis, c'est-à-dire examiner si l'homme est capable de connaître, ce qu'il connaît, comment il connaît, — questions capitales et dont vous chercheriez vainement la solution en dehors de la véritable théorie des idées et de la méthode philosophique.

Poursuivons.

VII

Dans le chapitre V, où il nous décrit rapidement le développement de l'esprit philosophique appliqué à la physique générale, et, comme conséquence de ce développement, les progrès des siècles modernes dans les sciences naturelles et expérimentales, Portalis démontre fort bien que les efforts de la liberté philosophique, dégagée des entraves du despotisme aristotélicien, préparèrent les « progrès réels de l'entendement. » Mais il ne s'en dissimule pas les écarts et les excès, et, faisant allusion au système singulier, pour ne rien dire de plus, de la cosmologie de Descartes, à la substance unique de Spinoza, aux *monades* de Leibnitz et à la statue de Condillac, il fait sagement observer que si, dans plus d'une circonstance, on s'est servi des progrès faits dans une science particulière pour régenter trop impérieusement toutes les autres sciences, quelquefois aussi une conception hardie, une grande pensée, une nouveauté piquante, a suffi pour imprimer une nouvelle impulsion aux esprits et pour tout changer.

Ici encore, nous retrouverons le philosophe de l'expérience et de l'observation, le disciple de Bacon, de Newton et de Reid. Je n'en veux pour preuve que sa critique, aussi sensée que concluante, de l'hypothèse des mondes et des tourbillons de Descartes.

« Descartes était géomètre profond : son génie lui fit découvrir les rapports de la géométrie avec la physique. Mais à l'époque où il vivait, on n'était pas encore assez avancé dans la connaissance des faits de la nature, pour que cette grande découverte, depuis si féconde en conséquences utiles, pût subitement produire tout son effet. Le goût des spéculations et des notions abstraites dominait encore trop ce philosophe lui-même : « Que l'on me donne du mouvement et de la matière, disait-il, et je ferai un monde ! » Ce qui signifie, en d'autres termes : Je bâtirai une hypothèse. Peut-il donc être jamais question de créer un monde? Ne s'agit-il pas uniquement d'étudier celui que nous habitons? Ce mot de Descartes devint l'écueil de la science. Chacun met sa propre sagesse à la place de celle de l'Auteur même de la Nature. Au lieu d'extraire un monde intellectuel du visible, on voulut régler le monde visible d'après le monde que l'on construisait à sa fantaisie. On croyait avoir suffisamment accrédité une *hypothèse*, quand on l'avait arrangée dans des proportions géométriques, ou quand on avait déduit géométriquement les conséquences dont on avait besoin. On raisonna, on calcula ce qu'avant tout il eût fallu observer. »

Nous regrettons de ne pouvoir citer davantage ; mais il nous faudrait citer tout ce chapitre, et nous aimons mieux en recommander la lecture.

C'est là surtout que Portalis se montre partisan et défenseur de cette méthode expérimentale qui part de la conscience et des sens, pour arriver à la vraie connaissance du monde immatériel et physique. C'est là qu'interrogeant les annales des peuples et l'histoire de la philosophie, il prouve, par les préjugés vulgaires et par les vains systèmes de ces philosophes purement spéculatifs que séduisit toujours la stérile chimère d'un seul principe, universel explicateur des choses, — la nécessité de l'observation des faits, ce grand art dont Bacon nous trace les règles dans son *novum Organum*, que Descartes mit en pratique dans ses *Méditations* immortelles, et dont Newton fit voir l'application féconde dans l'étude des mondes.

Un poëte qui avait autant de goût que de raison a dit :

> Est modus in rebus : sunt certi denique fines,
> Quos ultra citraque nequit consistere *verum*.

Cela est vrai en philosophie, comme en littérature, comme en toutes choses ; cela est de sens commun. Portalis le savait fort bien, quand il écrivait les lignes qu'on va lire :

« Je sens que, selon la qualité des sujets et des preuves, non-seulement la certitude écarte le doute, mais qu'elle écarte encore la possibilité même de toute hypothèse contraire au fait ou à l'objet prouvé ; cela se vérifie toutes les fois qu'une telle hypothèse impliquerait contradiction. Mais cette espèce de certitude n'est attachée qu'aux sciences exactes ou à quelques objets susceptibles d'une démonstration géométrique ou équivalente. Nous serions bien malheureux, si nous croyions être obligés de douter dans toutes les occasions où nous ne la rencontrons pas. Que deviendraient les sciences qui importent le plus à notre instruction et à notre félicité ? L'univers entier ne serait bientôt à nos yeux qu'une vaste et vaine décoration de théâtre. Nous argumenterions de ce qui n'est pas et de ce qui ne peut être, pour contester ce qui est ; nous méconnaîtrions notre situation et notre nature ; désormais le raisonnement ne serait employé qu'à détruire la raison même. »

Mais le scepticisme évident, avoué, le scepticisme de Pyrrhon et de Sextus, et ce scepticisme déguisé qui, sous le nom menteur de dogmatisme, ne laisse pas que de révoquer en doute, par l'injuste exigence de preuves que ne comporte pas la chose à prouver, les vérités les plus certaines et les plus importantes, telles que les vérités religieuses et morales, — conduisent, par une pente insensible, aux absurdes doctrines des Anaxarque, des Pyrrhon, des Arcésilas et des Carnéade, chez les anciens, — et chez les modernes, aux captieux sophismes des Bayle, des Hume, des Berkeley, et même, à certains égards, des Kant et des Hégel.

Convenons néanmoins que telle est l'infirmité de l'humaine nature, ou, pour nous servir d'une expression consacrée par le titre d'un traité philophique de l'évêque d'Avranches, telle est la *faiblesse* de l'esprit humain que, sur plus d'un objet digne de ses recherches, il lui est impossible, ou tout au moins fort difficile, d'atteindre à cette certitude qui est le repos de l'intelligence dans le sein de la vérité. Alors, comment contenir, dans les limites de la nature, ce désir immense de tout découvrir et de tout connaître qui dévore l'âme humaine? et qu'enseignera, sur ce point, l'esprit philosophique?

Il nous dira qu'à défaut de démonstrations ou de preuves capables de fonder la certitude, nous sommes obligés de recourir aux conjectures, aux vraisemblances, aux probabilités, qui ne peuvent autoriser que de simples présomptions, et qu'il serait absurde d'exiger des preuves ou des démonstrations, là où l'on ne peut obtenir que des vraisemblances et des conjectures. Mais il nous dira aussi qu'il serait dangereux de se contenter trop timidement de simples conjectures et de simples vraisemblances, alors qu'on peut obtenir des démonstrations ou des preuves proprement dites; et que nous devons continuer nos recherches et suspendre notre jugement, jusqu'à ce que nous ayons assez d'éléments assurés pour le prononcer, à moins que la nécessité des circonstances ne nous force à prendre un parti, ou à rendre une décision.

Aussi, voyez ce qui arrive quand on s'écarte de la voie que nous fraye l'esprit philosophique, et qui n'est autre chose que la voie de l'observation et de l'expérience! Aux faits constants, certains, universellement admis, on préfère le doute, la conjecture, l'opinion; on sort du domaine de la réalité pour entrer dans celui du possible; on se jette dans le monde des suppositions et des hypothèses. Sans parler ici des sciences métaphysiques, source inépuisable de théories et de systèmes, bornons-nous aux sciences naturelles et expérimentales, dont le but, comme le mot l'indique, est tout entier dans l'observation de la nature et dans l'expérience. « Ne pouvant ni tout ignorer ni tout connaître, incessamment travaillés par une insatiable ambition de savoir, pendant longtemps nous nous sommes repus de vains systèmes; à défaut de causes connues, nous avons eu recours aux causes finales; nous avons fait des suppositions, nous avons créé des fluides, des matières subtiles, des qualités occultes, des agents invisibles; sans consulter la nature, et, en s'éloignant d'elle, on a supposé des définitions et des principes arbitraires qui ont été regardés comme autant de découvertes, et on n'a pas vu que ces prétendues découvertes n'avaient rien de réel, et qu'elles étaient comme les ombres qui s'allongent au déclin du jour. »

Telle n'est pas la marche, tel n'est pas le procédé de l'esprit philosophique. Pour lui, la crédulité du philosophe qui s'éprend de ces brillantes chimères, car la plupart des hypothèses ne sont généralement que cela, est aussi peu digne d'éloges, aussi peu raisonnable, que la crédulité fondée sur les préjugés ou la superstition du peuple. C'est que l'esprit philosophique est un esprit de circonspection et de prudence; il fait la part de chaque chose; il n'exagère rien; il pèse tout; il consiste essentiellement à se tenir dans ce sage milieu, qui est à l'intelligence ce que la vertu est au cœur. Le doute absolu et l'affirmation absolue, s'ils ne sont pas le résultat et la conséquence d'une intuition naturelle, d'un examen raisonné, ou d'un enseignement incontesté, — sont pour lui, dans tous les cas, deux extrêmes opposés qu'il faut également éviter, parce qu'ils sont également dangereux. Qu'est-ce, en effet, que le sceptique? Qu'est-ce que le dogmatique? Semblable à Dalembert, se demandant un jour sérieusement : Pourquoi y a-t-il quelque chose? le sceptique repousse toute affirmation, toute croyance, et dit toujours : Pourquoi cela serait-il? Le dogmatique, au contraire, ne doutant jamais de rien, et toujours prêt à s'abandonner à tout vent d'opinion et de conjecture, s'écriera sans cesse : Pourquoi cela ne serait-il pas? Le premier, dit Portalis, ne croit rien, parce qu'il résiste aux preuves; le second n'a pas besoin de preuves pour croire; l'un méconnaît la nature, l'autre met à la place des phénomènes de la nature les rêves de son imagination.

Au reste, qu'on ne pense pas qu'il y ait entre ces deux sortes d'hommes une différence profonde, une diamétrale opposition. Toutes deux dans l'erreur, elles doivent nécessairement se rencontrer en quelque chose. Il en est des erreurs comme des vérités; un lien étroit les unit ensemble; et, en empruntant un mot ingénieux de Bacon, on pourrait dire qu'il n'y a pas plus d'îles dans le domaine des unes que dans le domaine des autres.

Il est entre elles plusieurs points de contact. C'est ainsi que l'homme qui doute de tout et l'homme qui ne doute de rien, se ressemblent en ce qu'ils sont tous les deux plus près des fables que de la vérité. Et la raison de ceci est fort simple. Qu'est-ce que l'erreur? c'est le néant, ce qui n'est pas, comme la vérité est l'être, ce qui est. Or, que fait le sceptique? il rejette ce qui est, tandis que l'homme trop crédule admet ce qui n'est pas. Dès lors, n'est-il pas évident que si celui-ci vogue nécessairement dans l'immense région du possible, celui-là voguera dans celle des fictions? Mais ces deux régions sont souvent, à tout prendre, une seule et même région. De là cette remarque qui nous rappelle celle, si connue, de Cicéron sur un sujet analogue, que, sur les choses même les plus simples, on n'a jamais vu tant d'opinions singulières et absurdes que dans les siècles où le scepticisme a été le plus en honneur; de telle sorte qu'il n'est pas seulement vrai de dire, avec tout le monde, que la superstition est la mère de l'incrédulité, mais encore, avec Lavater, qu'elle en est la fille, comme le despotisme est tout à la fois le père — et le fils de l'anarchie.

Il y a donc un moyen terme à prendre entre le doute insensé du sceptique et l'affirmation téméraire du dogmatique. Ce moyen terme, l'esprit philosophique nous le montre dans l'art des conjectures, qui consiste à distinguer le vrai rigoureux d'avec ce qui n'est que le vrai apparent. Toutes les fois que l'homme ne pourra pas, par les voies ordinaires, arriver à la certitude, il devra, en attendant que le jour de la vérité se fasse à ses yeux, examiner sérieusement l'objet de ses recherches, écarter avec soin toute supposition arbitraire, — et enfin, ne s'appuyer que sur les faits; car, de toutes les manières de raisonner, la plus raisonnable, celle qui approche le plus de la certitude, c'est de juger par le rapport qui est entre les effets, de celui qui doit être entre les causes.

VIII

Rien n'est si opposé à l'esprit de système, si différent lui-même de l'esprit systématique, que l'art de conjecturer sagement. L'esprit de système veut tout expliquer; l'esprit de vérité, qui est l'esprit philosophique, sait s'arrêter devant les faits. Pour apprécier sainement les faits, pour les systématiser, pour en former un corps de science, il faut que, par une exacte et sûre analyse, on soit déjà parvenu à connaître tous ces faits, et à saisir tous leurs rapports entre eux. La connaissance de ces rapports ou de cette liaison des faits, voilà ce qui constitue la vraie science; car le raisonnement est la liaison des idées, et la liaison des idées ne doit être que la liaison des faits.

Or, rien n'est plus difficile que de lier des faits entre eux, et d'en saisir les rapports intimes. Tantôt nous ignorons complétement, ou nous ne connaissons qu'imparfaitement ces faits et leurs rapports, tantôt nous sommes radicalement impuissants à les connaître. Vous savez le rapport qui existe entre la pesanteur des corps et l'attraction des planètes. Fort bien! Mais savez-vous avec autant de certitude le rapport de la pesanteur avec l'attraction des tubes capillaires? L'aimant attire le fer, et le pôle attire l'aimant. A merveille! Mais, par cela même, connaissez-vous les rapports qui unissent, dans le même corps, des propriétés si différentes, et l'observation et l'expérience peuvent-elles vous révéler le principe de leur union?

Malheureusement, l'homme né pour la science, parce qu'il est intelligent, se livre trop souvent à une sorte d'intempérance de connaître, *cupido sciendi*. Tout ce qui a des bornes le gêne et l'humilie : il aime les généralisations si rarement légitimes, parce que rarement il lui est donné de tout voir. Des généralités aux abstractions, des abstractions aux hypothèses, il n'y a qu'un pas, et ce pas, à défaut des faits observés, analysés et expérimentés, l'esprit de système, l'orgueil, la vaine gloire, la demi-science, se chargent de le lui faire franchir.

Ainsi sont nés le système de Buffon sur la théorie de la terre, et celui de Lamettrie sur la prétendue communauté d'origine de l'homme et des bêtes; ainsi, tant d'autres systèmes qui n'ont de fondement que dans l'imagination de leurs auteurs.

Portalis voit avec raison la cause de tant d'erreurs dans la *manie*, dans la fureur de certains philosophes à vouloir tout savoir, tout affirmer, quand ils devraient se contenter de doutes et de conjectures.

« Il ne faut pas mépriser les conjectures : elles sont le crépuscule du jour de la vérité ; il faut les apprécier ; elles doivent aider nos recherches et nous commander notre assentiment. Nous devons prolonger nos doutes, toutes les fois que, sans inconvénient et sans danger, nous pouvons suspendre ou refuser notre adhésion. — Nous raisonnerons avec Fontenelle sur la pluralité des mondes. Nous n'imiterons pas Gassendi, qui la rejette à cause du silence de la révélation; mais nous dirons que la pluralité des mondes ne sera jamais pour nous qu'une simple probabilité. »

Tout ce que Portalis ajoute touchant l'art de conjecturer, les objets auxquels peuvent s'appliquer différents degrés de probabilité ou de conjectures, le rôle de l'esprit philosophique s'exerçant sur diverses conjectures relatives à un même objet, et enfin la différence dans leur nature et dans leurs effets de la conjecture et de la preuve, accuse autant la haute raison du philosophe que la sagacité profonde du jurisconsulte.

Avec quel bon sens, avec quelle sûreté de jugement, ne trace-t-il pas les justes limites de l'esprit humain !

« Avant la grande révolution cartésienne, il faut bien l'avouer, souvent, pour employer une expression vulgaire, on se paya de mots vides de sens ; les *formes purement verbales* tinrent trop longtemps lieu du fond des choses, et plus d'un philosophe, habile dans les connaissances des *formes substantielles*, ne s'avisa nullement de rechercher jusqu'où pouvaient aller les investigations de la raison. »

Portalis, avec sa pénétration ordinaire, saisit l'origine de ce désordre intellectuel ; il la trouve dans la folle prétention de tout définir et de tout connaître ; il pense avec raison que plus nous connaissons de propriétés dans un sujet, plus il nous est difficile de discerner celle qui est le principe des autres. Il remarque que le bon esprit se révèle à la manière réservée et circonspecte avec avec laquelle il définit, et c'est à ce propos qu'il observe si judicieusement que le secret de notre force réside dans l'appréciation de notre faiblesse.

Or, ce secret, le dix-huitième siècle l'a connu à l'égard des sciences naturelles. Le premier de tous les siècles modernes, il a été assez fort pour comprendre et proclamer les limites de sa puissance ; le premier de tous, il a pratiqué les sages conseils de Bacon. La méthode expérimentale a présidé à la plupart de ses investigations scientifiques. De là, son incontestable supériorité sur tous les siècles, ses devanciers.

Comparez, en effet, sous le rapport scientifique, le dix-huitième siècle à tous ceux qui l'ont précédé ! Comparez-le aux seizième et dix-septième siècles, illustrés eux-mêmes par tant de découvertes, et par tant de progrès dans la carrière des sciences. Quelle différence ! On dirait que l'heure de l'émancipation scientifique de l'esprit humain n'a sonné que dans ce siècle, beaucoup plus digne d'être renommé le siècle des sciences que le siècle de la philosophie. Lisez dans notre chapitre l'énumération, imparfaite sans doute, de toutes les découvertes et de tous les progrès qu'a fait faire aux sciences l'esprit d'observation et d'expérience, c'est-à-dire, l'esprit philosophique. Astronomie, géographie, chimie, médecine, botanique, anatomie, architecture, tout lui doit un nouvel essor. Que de savants illustres dans le seul dix-huitième siècle !

Encore une fois, lisez Portalis ! Rien n'est plus intéressant, rien n'est plus chaleureux que les pages où il semble entonner l'hymne de cet esprit philosophique qui donna un nouvel être aux sciences expérimentales, en nous apprenant à négliger de fausses spéculations et de vaines hypothèses, et qui usa des forces de l'intelligence en nous enseignant à les ménager.

Mais, l'esprit philosophique n'embrasse pas qu'un seul ordre de connaissances; les sciences exactes ou mathématiques n'échappent pas plus à son action que les sciences naturelles et expérimentales. C'est même, à certains égards, dans le domaine des sciences exactes qu'il exerce son principal empire.

C'est ce que Portalis avait compris. Mais, pressé par le besoin de traiter de l'influence de l'esprit philosophique sur la métaphysique, considérée, moins comme science universelle des principes, que comme connaissance de l'esprit humain, science de Dieu et de l'homme, il a cru pouvoir se contenter d'énoncer en termes généraux ce que se doivent mutuellement l'esprit philosophique et les sciences exactes. J'avoue qu'on serait presque tenté de lui en faire un reproche. Mais un peu de réflexion suffit pour le justifier. En parlant de la métaphysique, c'est-à-dire d'une science qui, suivant lui, doit suivre la marche et la méthode des sciences exactes, il a réellement, et d'un seul coup de pinceau, dépeint les effets de l'esprit philosophique sur les sciences exactes et sur la métaphysique.

IX

Ici encore va se révéler à nous ce caractère d'affinité avec l'école écossaise, que nous avons signalé dans la philosophie de Portalis. Esprit élevé, Portalis semble n'avoir pas entendu, des hautes régions d'où son regard a plané sur son siècle, les bruits produits dans la société française par certaines doctrines sensualistes et matérialistes, aussi bien que sur les spirituelles mais peu raisonnables tirades de Voltaire contre la science des sciences. Fidèle à cette modération philosophique, preuve infaillible d'un bon sens consommé, il ne se laisse imposer ni séduire par aucun nom, par aucun préjugé, par aucune prévention, par aucune passion. Assez érudit pour juger par lui-même de la valeur scientifique des doctrines et des systèmes, assez sage pour faire la part des hommes et des choses et des temps, il ne s'attache qu'à ce qui ne varie pas, — aux lois de l'esprit humain, à l'observation des faits de conscience. Après le chapitre qui traite de la révélation, c'est ici la partie la plus finie comme aussi la plus importante de son livre, celle partant sur laquelle nous devons principalement insister.

Convaincu que rien ne peut mieux faire connaître notre auteur que lui-même, nous le laisserons parler, autant que nous le permettront les étroites limites que nous nous sommes imposées.

Suivant sa méthode ordinaire, il commence par jeter un coup d'œil rétrospectif sur l'histoire de la métaphysique depuis le moyen âge, et ne tenant pas assez compte des travaux des scolastiques, il nous représente la métaphysique de l'école comme un vain tissu de puérilités, comme la science imaginaire des êtres de raison. A l'entendre, ce n'est que depuis Descartes que, débarrassée enfin des arguties qui la défiguraient, elle a repris son véritable rang. « On avait mal à propos imaginé, dit-il, que l'observation et l'expérience, dont on a si bien reconnu depuis la nécessité dans toutes nos recherches, lui étaient absolument étrangères. La métaphysique, à l'instar des autres sciences, n'est-elle donc pas fondée sur des faits? J'appelle *faits* tous les phénomènes et généralement tout ce qui existe d'une manière positive et sensible pour nous. Or, les faits, quels qu'ils soient, peuvent-ils être découverts, peuvent-ils être bien connus autrement que par l'observation et l'expérience qui nous les rendent présents et sensibles. »

Mais de quelle observation, de quelle expérience veut-il parler? Donne-t-il à ces expressions le sens spiritualiste de l'école écossaise, ou bien, avec Locke et Condillac, entend-il par là l'action de l'intelligence demandant aux sens, au monde sensible, l'origine des idées et la clef des connaissances?

Écoutons-le lui-même ; il va les expliquer :

« Point d'équivoque sur les mots observation et expérience ! l'observation n'est que l'attention méthodique que l'on porte sur un objet quelconque. Or, certainement, les objets immatériels comme les objets physiques sont également susceptibles de cette attention réglée et soutenue, qui est une des principales sources de nos connaissances acquises. L'expérience est la preuve d'un fait par le fait même, c'est-à-dire, par l'impression directe qu'il fait sur nous, et qui atteste sa présence et sa réalité. »

Sans doute, et nous croyons l'avoir fait remarquer — de prime abord, grâce à certaines expressions sensualistes, Portalis semble appartenir à l'école de Locke. Mais si l'on pèse ces expressions, si l'on en analyse les conséquences, si on les compare à l'ensemble de ces idées ; si, surtout, on les met en présence de ce qu'il dit plus tard dans sa réfutation des conceptions *à priori* de Kant, on s'aperçoit bientôt que dans ses mains la doctrine de l'auteur de l'*Essai*, à laquelle il n'a manqué, pour être complétement vraie, que de ne pas spiritualiser, en quelque sorte, la matière aux dépens de l'esprit, a subi des modifications, ou mieux des transformations profondes.

Qu'est-ce, en effet, pour Portalis, que la *sensation*, ce mot si souvent employé par la philosophie du dernier siècle, et si rarement bien défini par elle et par notre auteur?

Est-elle simplement l'effet immédiat, l'impression immédiate que produit sur notre âme l'objet extérieur, et l'idée n'est-elle que l'image, la trace, le vestige, la représentation laissée par cet objet dans l'âme? Mais alors, comment expliquer ces perceptions *immédiates*, ces résultats de l'activité de l'esprit humain, qui nous découvrent, nous montrent ou nous apprennent à reconnaître la vérité, la vérité tout entière, sociale, religieuse, politique, en un mot tout ce qui compose la connaissance humaine? La réflexion à laquelle Locke a fait jouer un grand rôle dans la formation et l'acquisition des idées, et dont Portalis ne dit pas un seul mot, — la réflexion, cette action de l'âme se repliant sur elle-même, et sur l'impression produite en elle par la sensation, pourra-t-elle jamais, si la sensation n'existe pas, ne réveille pas les perceptions immédiates de l'intelligence et les instructions spontanées de la raison, lesquelles, comme l'a si bien démontré le philosophe de Kœnigsberg, et comme Portalis l'a reconnu lui-même, dérivent de l'expérience sensible, mais n'en découlent pas, — pourra-t-elle jamais, disons-nous, s'élever aux notions *insensibles* de l'esprit, de la substance, de l'infini, du beau, de la morale, du droit,—idées éminemment distinctes de toutes notions sensibles, en dehors et au-dessous de toutes ces sensations matérielles, que Portalis appelle *perceptions immédiates,* et auxquelles quelques années plus tard, il eût donné sans peine avec l'école spiritualiste du dix-neuvième siècle, la dénomination d'*intuition* de la raison?

Disons-donc que sur cette grande et fondamentale question de l'origine des idées, Portalis, justement effrayé des désastreuses conséquences que le sensualisme français avait logiquement déduites des principes de Locke, a exposé, incomplétement, il est vrai, et non sans obscurité, nous l'avouons, mais assez clairement pour ne laisser aucun doute sur sa pensée, plus spiritualiste au fond qu'en la forme, une doctrine qui, bien comprise, nous ramène à l'école écossaise, et nous fait déjà soupçonner la solution que, de nos jours, le spiritualisme a si éloquemment proclamée par la bouche de son illustre chef.

Quoi qu'il en soit, continuons l'examen de la psychologie de Portalis.

X

Nous voici en présence d'un homme que l'Allemagne a surnommé son Aristote, avec plus d'orgueil que de raison selon nous ; génie vaste autant que profond, qui, longtemps spectateur immobile des combats à outrance que se livrent tour à tour, en France, en Angleterre, en Allemagne, d'une part, des docteurs spiritualistes de Platon, de Descartes, de Malebranche, de Leibnitz, de Berkeley, — d'autre part, les doctrines sensualistes d'Aristote, de Bacon, de Gassendi, de Locke, et le scepticisme de Hume, — résolut enfin de descendre lui-même dans la lice, et osa concevoir et exécuter en partie le haut projet de réformer et de refondre la philosophie moderne.

Nous sommes en face du philosophe de Kœnisberg ! Entendez-le vous dire avec une incroyable audace que la métaphysique est à refaire, ou, pour mieux dire, à créer ; que jusqu'à lui on n'a pas même su la définir, parce qu'on a méconnu ses véritables bases ! A ses yeux, Platon, Aristote, saint Thomas et Duns Scott, Bacon et Descartes, ont à peine entrevu la véritable solution du problème de la connaissance, et n'ont pas même su se la poser.

Que vient donc faire, après ces grands penseurs, l'auteur de la *Critique de la raison pure?* Vient-il détruire l'édifice monumental, et plus de vingt fois séculaire, qu'élevèrent à la philosophie le disciple de Socrate et le fondateur du Lycée? La scolastique, n'aura-t-elle, pour lui, rien de respectable, rien de sacré? Et les continuateurs modernes des deux grands philosophes grecs verront-ils leurs immortels travaux balayés comme une vile poussière par les travaux de ce nouvel Hercule?

Sans doute il en aura la prétention, il osera même l'affirmer; mais, hâtons-nous de le dire, il sera impuissant à le faire.

Quid dignum feret hic tanto promissor hiatu?

Il louvoiera tout simplement entre les idées innées et les idées acquises; il cherchera à les concilier entre elles; il se placera, tour à tour, entre Platon et Aristote, entre Locke et Malebranche, — avec cette différence pourtant que, tout en admettant avec les sensualistes que les sens sont le principe, le germe et la source de toutes les connaissances, il existe dans l'homme, préalablement à ce mode, ou mieux à cet instrument de connaissance, l'entendement, l'intellect, la faculté de connaître, qui renferme en elle certaines lois, certaines *catégories*, certaines *formes*, d'après lesquelles elle se développe et entre en acte. L'entendement ainsi constitué a des conceptions pures, des idées *à priori*, c'est-à-dire, des notions distinctes et indépendantes de toute connaissance expérimentale et de toute idée acquise. Jusque-là, vous le voyez, rien de neuf.

Qu'on lise Platon, Descartes, et surtout ses illustres disciples ou continuateurs, Fénelon, Malebranche et Leibnitz! Sous des noms différents, on trouvera les mêmes idées dans le *Traité de l'existence de Dieu*, dans la *Recherche de la vérité*, et dans les *Nouveaux essais sur l'entendement*. Qu'on lise surtout un philosophe plus renommé que connu, et en qui on a tort de ne voir trop souvent que le théologien et l'ange de l'école, — *Saint Thomas*, ce fécond génie qui brille comme un météore dans la nuit, moins noire qu'on ne croit, du moyen âge, — cet homme vraiment extraordinaire, prodigieux, qui remua, agita comme en se jouant, et presque toujours résolut avec succès la plupart des questions qui, avant lui et après lui, ont occupé la pensée humaine! —Qu'on lise son immortelle *Somme* de théologie, sa *Somme* contre les gentils, et principalement son traité, si peu étudié, des questions *sur la vérité*, et l'on se convaincra sans peine que, sur l'origine des idées, le saint et angélique docteur s'est rencontré plus d'une fois avec Kant, ou, ce qui nous paraît plus exact et plus vrai, a *été rencontré* par le philosophe prussien !

Mais s'il en est ainsi, qui ne s'écrierait avec notre auteur? « Quand on annonce avec tant de prétention que l'on va révéler aux hommes des vérités jusque-là dérobées à leur raison, pourquoi ne reproduire que des systèmes usés? — Vainement, nous dit-il, qu'entre les deux méthodes philosophiques modernes, celle de Locke qui a suivi Aristote, fondateur de l'empirisme et par suite du scepticisme, et celle de Leibnitz qui a suivi Platon, le fondateur du dogmatisme et par suite de l'idéalisme, il y a place pour une troisième méthode qui préserve des écueils de l'une et de l'autre, les apprécie et les juge, et que cette méthode qui est la sienne, c'est la méthode critique. Cette méthode, nous le verrons bientôt, n'est autre chose qu'une méthode sceptique, et en cela, il faut bien l'avouer, Kant est certes bien loin d'avoir le mérite de l'invention. »

Mais, voyons ce que devient, sous la plume de Portalis, ce système de la *raison pure* si vanté en Allemagne, et depuis plus de trente ans si prôné parmi nous.

Il accorde volontiers à Kant que l'entendement existe antérieurement à la connaissance, mais seulement comme *faculté*, comme *puissance*, ne pouvant se réduire, se transformer en *acte* qu'à l'aide des sens, que par l'auxiliaire des sensations, comme l'œil existe avant tout regard particulier, comme l'ouïe existe avant l'audition de tout son ou de tout bruit déterminé.

« L'œil est organisé pour voir, l'oreille pour entendre, l'esprit a tout ce qu'il faut pour penser. Ce que nous appelons organisation, quand il s'agit d'exprimer la forme de quelqu'un de nos sens, nous l'appelons faculté, quand il s'agit d'exprimer quelqu'une des manières d'être dont notre âme est susceptible. Mais le mot *organisation* dans l'ordre physique, et le mot *faculté* dans l'ordre intellectuel, ne signifient l'un et l'autre qu'une disposition ou une aptitude à telle ou à telle autre fin. Sans doute, il faut avant tout que cette disposition ou cette aptitude existe; car, pour voir il faut n'être pas aveugle, et pour penser il faut n'être pas inintelligent. Mais s'il est vrai que l'intelligence, c'est-à-dire, la faculté de penser et de connaître soit *à priori*, il l'est également que toutes nos idées sont acquises. »

Nous connaissons peu de pages aussi claires et aussi vraies sur la question de l'origine des idées que ces lignes, en quelque sorte échappées par mégarde à la plume de Portalis. Si Descartes, de qui elles reproduisent fidèlement la doctrine, avait toujours eu soin d'établir entre la faculté de penser et la pensée, entre la faculté de connaître et la connaissance, cette distinction, si fondamentale, si nette, si saisissante, nous doutons fort qu'entre les mains de ses disciples et de ses adversaires, ses ouvrages fussent jamais devenus l'instrument de vives querelles et l'occasion d'interminables discussions.

L'homme n'a donc pas d'*idée innée*, mais seulement la *faculté innée* d'avoir des idées, et quoi que puisse dire Kant, ou bien ces *conceptions pures*, ces *formes primitives*, ces *lois*, ces *idées à priori*, ces conditions essentielles de l'entendement sont, ce qu'on connaissait très-longtemps avant lui, des idées innées, ou bien ce ne sont que de vains mots, vides de sens.

Au surplus, à quoi bon cet inutile et périlleux voyage du philosophe allemand vers une terre à jamais fermée à l'esprit humain? Pourquoi vouloir, voyageur téméraire, pénétrer dans les impénétrables profondeurs de la pensée? Souffle divin, la pensée de l'homme est pour l'homme un mystère, comme toutes les œuvres de Dieu contemplées dans leur origine et dans leurs principes. L'intelligence humaine est un rayon de l'intelligence divine : plaignons l'homme qui voudrait en scruter l'inaccessible foyer! De même que l'intelligence dont elle est l'aliment, la vérité ne vient point de la terre, elle descend du ciel; l'homme ne la crée pas, il la reçoit toute formée; la vérité, c'est Dieu. L'homme peut la sentir, la connaître, en développer la notion par l'effort de son intelligence, mais la comprendre, la connaître à fond, la voir sur cette terre telle qu'elle est dans le sein de Dieu, *facie ad faciem*, jamais!

Or, la vérité, comme l'intelligence, se révèle à nous et en nous par des faits internes ou externes qu'il ne s'agit que d'observer, et auxquels il nous est défendu de substituer nos propres impressions et nos propres idées.

« Nous avons la conscience de nos forces intellectuelles : ne soyons pas assez téméraires, pour vouloir en pénétrer la nature. Nous voyons par notre propre expérience et par celle des autres, que les idées ne s'acquièrent que successivement; que l'enfance est plus susceptible d'impressions qu'elle n'est capable d'idées; que les raisonnements et les pensées de la jeunesse ne sont pas les pensées et les raisonnements de l'âge mûr; qu'enfin les facultés de notre âme se déploient et se fortifient par l'étude, comme celles du corps se déploient et se fortifient par l'exercice et par l'âge. Nous concluons, ajoute-t-il avec raison, que nos idées ne sont point innées, qu'elles ne sont point *à priori*, qu'il n'existe pour tout ce qui concerne nos idées aucun principe *à priori*, autre que ce germe, ce principe général d'intelligence que nous apportons en naissant, et qui nous rend aptes à les former et à les combiner; principe dont nous ne connaissons point l'essence ni la source secrète, mais dont nous pouvons observer le développement, la marche et les progrès. »

Ainsi, l'observation, l'observation des faits, toujours l'observation, basée sur l'expérience interne et externe! Là est le seul moyen de nous garantir de ces folles entreprises, de ces écarts d'imagination, de ces conceptions éphémères qu'on décore du nom de système. Pas d'idées innées, si on prend ce mot dans la même acception que Platon, que saint Augustin, saint Anselme et Descartes! Ce qu'il y a d'inné en nous, c'est la faculté de penser et de connaître, faculté véritablement innée en nous, en tant que naturellement adhérente à notre âme, antérieurement à toute manifestation et à tout développement quelconque par l'expérience, et en tant qu'elle est aussi inséparable de la connaissance que le corps l'est de l'âme dans ce vivant composé d'esprit et de matière, qui est l'homme.

Inutilement dirait-on que la preuve qu'il existe des idées *à priori* ou innées, c'est que l'expérience ne nous montre les choses que telles qu'elles sont, sous telles formes particulières, dans telle partie déterminée de l'espace ou du temps, limitée qu'elle est forcément au fait expérimenté ou observé, — tandis que la raison, dépassant les bornes de l'expérience, s'élève du particulier au général, du contingent au nécessaire, de l'attribut à la substance, du fini à l'infini, du relatif à l'absolu, voit les choses non-seulement telles qu'elles sont, *in natura*, mais encore telles qu'elles pourraient être, abstraction faite de toute limite d'espace ou de durée, et pour tout dire en un seul mot, perçoit les idées générales, fond commun de la raison humaine.

Qu'importe? s'écrie Portalis, si tout ce beau système ne repose que sur une hypothèse! Prouvez donc, tout d'abord, qu'il est une seule idée originale et vraie que nous ayons inventée par les seuls efforts de la raison, isolée de tout secours de l'expérience, c'est-à-dire de la *raison pure!*

Vous prétendez que l'expérience, ne pouvant s'étendre au delà du fait affirmé, est nécessairement bornée, restreinte, dans les limites du fait expérimenté, tandis que la pensée est illimitée et ne s'arrête que devant l'infini! Je vous l'accorde. Mais n'est-ce pas des objets limités et finis que l'esprit s'élève, comme d'un marche-pied, vers les objets illimités et infinis, de même que du réel nous montons au possible, du phénomène à la substance, de l'effet à la cause, du temps à l'éternité? Et dans nos conceptions les plus sublimes, fruit de notre essor le plus hardi vers l'Immatériel, l'Infini, l'Absolu, faisons-nous autre chose que combiner, réunir, comparer, par la seule force de la pensée, les formes ou les choses qui, fournies par l'expérience, tombent sous le regard du corps de même que sous le regard de l'âme.

Prenons l'homme tel qu'il est, et non tel que nous le rêvons. Voyez ce qui se passe dans l'enfant et chez les peuples enfants ! En eux nous apparaît le début de la vie matérielle tout comme de la vie intellectuelle de l'homme.

Eh bien! montrez-moi trace en eux de ces principes, de ces axiomes, de ces conceptions, de ces idées *à priori*, produits de votre imagination plutôt que de la raison pure? Qu'apercevez-vous dans leur intelligence? Des idées particulières, excitées par l'expérience ou par la sensation. Je vous défie d'y voir autre chose !

Et ne dites pas que, par cela seul qu'elle ne peut sortir des limites d'un fait particulier et individuel, l'expérience est fatalement incapable d'enfanter des idées générales et absolues !

« Ce serait raisonner comme si l'homme n'avait que des sensations, sans avoir la faculté de les comparer. Il est certain qu'alors chaque sensation demeurerait isolée, et l'homme, uniquement passif après l'acte comme dans l'acte même, ne découvrirait aucun rapport, et ne découvrirait jamais d'ensemble. »

Or, bien évidemment, cette faculté de comparer et de juger n'appartient pas aux sens; elle est un acte de l'intelligence; elle est l'action de l'esprit sur les objets dont l'existence lui est révélée par l'expérience. Doué d'intelligence et de sensibilité, l'homme compare et juge, comme être intelligent, les impressions ou les sensations extérieures ou intérieures qu'il reçoit comme être sensible.

En somme donc, nous n'apercevons dans les différents êtres que les qualités qui nous les rendent sensibles. Ce n'est donc point par des idées *à priori*, mais par l'expérience, que nous jugeons de ce qui existe; ce n'est donc point par les idées d'espace et de temps, comme le prétend l'auteur de la *Critique de la raison pure*, que nous concevons la réalité et l'existence d'une chose quelconque. Ces idées, comme les axiomes géométriques, comme les nombres, comme tous les principes absolus des sciences, ne sont donc que des idées réfléchies par le sentiment ou l'expérience qui les fait naître, et conséquemment des idées acquises.

A entendre Portalis, et déjà on a pu le prévoir, tout serait faux dans la métaphysique de Kant, parce que tout y est absolu. Ce système aurait l'impardonnable tort de n'être qu'un vain rêve, et peu s'en faut qu'il ne lui applique le classique *œgri somnia* du poète latin.

Kant ne serait qu'un sophiste. Il suppose toujours ce qui est en question : « Il raisonne comme si nous avions dans notre tête les modèles ou les prototypes éternels d'après lesquels tous les êtres existent, et que nous puissions juger, indépendamment de l'expérience, des propriétés essentielles ou non de ces êtres. — « Or, quelle plus grande absurdité ? »

Mais, « il ne s'agit pas de bâtir des systèmes, il faut observer les faits. » — Eh! qu'est-il besoin de démontrer que les idées générales n'ont rien de commun ni avec les archétypes de Platon, ni avec les idées innées de Descartes, ni avec la vision en Dieu de Malebranche? Est-ce que dans toutes les langues les mots qui expriment les généralités et les abstractions ne sont pas les derniers en date? Or, qu'est-ce que la parole, sinon la physique expérimentale de l'esprit? Donc « les idées générales et abstraites ne sont que des idées acquises. »

Dès lors, si, comme le veut Portalis, qui se fait ici, sans s'en douter, l'écho affaibli du *nominalisme* outré de l'école sensualiste, les idées générales ne sont que des noms, des mots indiquant des idées collectives, *flatus vocis*, — de simples opérations de notre âme éprouvant le besoin de synthétiser, de classer, de distribuer, de formuler la foule de ses pensées et la multitude de ses connaissances; si l'idée générale n'est que le produit, le résultat de ce procédé technique et grammatical de l'intelligence que l'on désigne sous la dénomination d'abstraction ou de généralisation, — il est tout simple de conclure que, pour *former* et *acquérir* des idées générales, ce sera assez pour l'homme d'avoir la faculté de réunir, de classer et de comparer les idées particulières. De là dériveront les idées de *genre* et *d'espèce*, de forme, de couleur, etc., etc. Nous ne saurions admettre cette réfutation par trop sensualiste des *idées à priori* et des catégories du philosophe allemand.

Kant n'appelle *idées à priori*, formes essentielles de l'entendement, conceptions primitives de l'intelligence, que ces notions absolues, universelles, nécessaires, que nous devons à la seule raison, et que jamais les sens ne pourront nous donner. Ces notions, elles se présentent à tous les esprits, ou plutôt elles sont dans tous les esprits, marquées du double sceau de la nécessité et de l'universalité, et il est impossible de les concevoir sans ce double caractère.

Or, telles ne sont pas celles que décrit ici Portalis. A cet endroit de son ouvrage, comme un peu plus bas, en parlant des axiomes de géométrie, il confond deux ordres d'idées essentiellement distinctes entre elles : les idées *abstraites* et les idées *particulières*, les idées *collectives* et les idées *générales* proprement dites.

Nous admettons que les idées *collectives* sont des notions communes à des objets différents, mais offrant entre eux des rapports d'identité, d'analogie ou de ressemblance, comme les idées de classe, de genre, d'espèce. Ces idées ne sont pas autre chose qu'un procédé logique, destiné à venir en aide à la faiblesse de notre intelligence. — Quant aux idées *abstraites*, nous accordons qu'elles sont, comme le veut Portalis, le produit de l'analyse ; qu'elles commencent par être particulières, individuelles, et qu'elles finissent par devenir communes ou générales, dès qu'on les considère comme produites ou reproduites par un grand nombre d'objets, entre lesquels existe un élément ou caractère commun.

Mais il est une seconde sorte d'idées abstraites qui ne sont ni ne peuvent être individuelles ; qui, au contraire, sont incompatibles avec toute notion d'individu, de choses individuelles. Ce sont les idées d'infini, de temps, d'espace, de cause absolue, de substance. Ces idées-là, on les appelle improprement abstraites ; car, quoi qu'en pense Portalis, comment, par quel procédé singulier, impossible, faire sortir l'invariable du variable, le nécessaire du contingent, l'absolu du relatif, l'infini du fini, la substance des phénomènes, la cause de son effet ? Qu'aux sens, qu'à la sensibilité appartiennent le variable, le contingent, le relatif, le fini, les phénomènes, les effets, cela se conçoit ! Tout cela est du ressort des sens, tout cela participe de la nature de leur action ! Mais alors, la logique le veut, donnez à un pur acte de l'entendement, aux intuitions spontanées de la raison, à une faculté, peu importe son nom, mais spéciale et propre à l'esprit humain, la conception, l'idée de l'immuable, du nécessaire, de l'infini, de l'absolu ! *Cuique suum !*

Et, de bonne foi, que sont ces conceptions et ces idées ? Assurément, elles sont générales ; car elles ne s'appliquent à aucun objet particulier, et on peut affirmer sans témérité, qu'elles sont, par essence, inconditionnelles, indépendantes de tout objet matériel et sensible, sans type dans le monde des sens, sans image dans aucun des êtres créés, en d'autres termes, absolues. Elles constituent l'intelligence humaine ; elles en sont la condition ; elles en forment la substance. Sans elles, l'intelligence n'existerait pas ; elles en sont la *forme*. Kant les appelle les principes nécessaires, universels de la pensée, les principes constitutifs, les conceptions *à priori* de la raison, en tant qu'indépendantes de l'expérience et en tant qu'existant en puissance, en dehors de toutes données expérimentales ou empiriques avec lesquels elles peuvent bien commencer, mais desquelles elles ne tirent pas leur origine, nul effet n'étant plus compréhensif, ni plus puissant que sa cause. — Platon les appelait *idées éternelles*, *prototypes*, *modèles*, *paradigmes* de l'intelligence divine et de l'intelligence humaine ; Aristote, *formes logiques* de la raison ; Zénon, simplement *généralités*. — Or, ces idées, et c'est là tout ce que Kant demande, l'expérience, condition, non de leur existence, mais de l'apparition de leurs phénomènes dans la conscience humaine, l'expérience ne peut en aucune façon les fournir. — Elle n'en est ni la cause, ni l'origine. L'idée de *temps* absolu ou d'*éternité* existe indépendamment de toute idée de durée relative, et lui est antérieure. — Il en est de même de l'idée d'espace, dont l'intelligence conçoit nettement l'existence en dehors de la création tout entière, et de tous les effets, changements, modifications, phénomènes, se produisant dans l'univers physique. — De même encore, l'idée de *cause* absolue, de *justice* absolue, etc., etc.

Or, étayé tout à la fois sur l'observation et sur le sens commun, nous soutenons avec Kant, et avec Reid lui-même, qui, lui aussi, a reconnu sous des termes différents les mêmes vérités nécessaires et absolues, — que toutes ces idées ne sont pas de purs noms, des mots fantastiques, des fantômes exhumés de la métaphysique scolastique, n'indiquant qu'une certaine opération de l'âme qui aurait l'effet de généraliser plusieurs objets ayant des rapports entre eux, — opération variable et contingente comme ces objets eux-mêmes. Ce sont, au contraire, des réalités nécessaires, invariables, absolues, antérieures à toute autre idée, à toute existence et à tout mode d'existence du sujet pensant, et ne pouvant conséquemment résulter d'aucun fait, d'aucune circonstance expérimentale, — réalités éternelles et éternellement vivantes comme Dieu, — reflets mystérieux de son Verbe incréé sur l'esprit humain.

Mais ces idées générales sont-elles tellement indépendantes des sens et de l'expérience, qu'elles préexistent dans notre esprit à toute impression sensible, autrement que comme des facultés, des puissances intellectuelles, préexistent à l'exercice et à l'acte de ces facultés, — exercice et acte qui, de toute évidence, peuvent être soumis à certaines conditions nécessaires, quoique distinctes de leur nature?

Ouvrez la Critique de la raison pure, et vous lirez à chaque page que ces idées ou conceptions primitives, *à priori,* bien que logiquement antérieures, ainsi que nous l'avons dit, à toute expérience, ne se révèlent, chronologiquement parlant, à la conscience, que postérieurement à l'expérience, — non qu'elles en découlent comme de leur source, mais parce qu'elles en dérivent comme de leur occasion, ou, pour emprunter le langage de Malebranche, de leur *cause occasionnelle;* et c'est ce que la langue allemande exprime avec beaucoup de justesse par l'adjonction des prépositions *mit* (cum, avec) et *aus* (ex, de) au substantif *erfahrung,* expérience.

C'est donc à tort que Portalis, usant à l'égard de Kant du même procédé que le philosophe de Stagyre à l'égard de Platon, l'accuse de raisonner comme si nous avions toujours dans notre esprit les modèles et les exemplaires de tous les êtres, et qu'il nous fût possible de juger des qualités et de l'essence des choses, sans le secours de l'expérience. Et s'il est vrai que Kant suppose quelquefois comme prouvé, nous le reconnaissons, ce qui est en question, ne serait-il pas juste de dire que, de son côté, Portalis suppose quelquefois autre chose que ce qui est en question?

Affirmons donc, en nous résumant sur ce point, qu'il n'eût pas si rigoureusement critiqué la logique transcendentale du professeur de Kœnigsberg, si, emporté moins loin par le mouvement de réaction qui, au moment où il écrivait, achevait de frapper d'un trop absolu discrédit la philosophie de Descartes au profit de celle de Locke, il n'eût cru apercevoir au fond du système de Kant ce qui n'y était pas, et ce que bien d'autres après lui ont également cru y voir, — « la chimère » des idées innées.

Il dit lui-même quelque part que les facultés de notre entendement sont des facultés *à priori*, et que nous les apportons en naissant; ce qui ne l'empêche pas d'enseigner que nous *acquérons* toutes nos idées. Or, si les idées *acquises* ne sont pas autre chose que nos facultés en *acte*, comme il le confesse plus d'une fois, on ne comprend pas pourquoi il ne conviendrait pas aussi que ces idées, qui n'existent qu'à la condition d'être vivifiées par ou avec l'expérience, ne sont pourtant pas des idées innées.

Portalis avoue encore qu'il n'est pas un métaphysicien qui n'accorde que nous apportons en naissant ce souffle divin, ce principe d'intelligence que l'expérience développe plus tard chez chacun de nous. Mais voilà précisément la doctrine de Kant!

Qui ne voit donc que c'est pour ne l'avoir pas assez bien comprise ou assez attentivement étudiée, que Portalis a pu avancer, après un tel aveu, que si par ces mots, *conceptions pures, lois, formes, conceptions à priori* de l'intelligence, Kant veut exprimer des *idées formées*, des *notions générales*, des propositions synthétiques, comme des axiomes de géométrie, alors on sera en droit de lui demander quelle est la base de son système?

Eh quoi! dirons-nous respectueusement à Portalis, vous demandez à Kant la base de son système! Mais cette base, il vous la montre, suivant nous, trop longuement, dans votre radicale impuissance, si vous ne marchez appuyé que sur l'expérience, d'aller jamais au delà du fait expérimenté, ou, ce qui est la même chose, du fini, du du variable, du contingent. Donc, dès là qu'une savante analyse des éléments primitifs de la connaissance due à l'expérience le force de chercher hors de la sphère purement expérimentale ces idées générales, qui, vous ne pouvez le nier, dominent la raison tout entière, et sont, si j'ose ainsi parler, la forme et l'enveloppe de toutes les idées particulières, il admet, en vertu des lois de la plus inflexible logique, ce que tout vrai philosophe doit admettre, des notions, des idées indépendantes, par leur nature, de toute expérience.

S'il fallait en croire Portalis, Kant aurait voulu organiser à sa fantaisie la raison humaine.—Je ne nie pas que ce subtil métaphysicien n'ait poussé beaucoup trop loin la critique de la raison. — Mais ce n'est point de cela qu'il s'agit. — Qu'importe que, par une contradiction flagrante avec le sens commun, il ait nié la réalité *objective* de Dieu, du temps, de l'espace, des phénomènes? Qu'importe qu'après tout, le dernier mot de sa philosophie soit, comme le prouve surabondamment Portalis, un idéalisme mitigé qui cache un véritable scepticisme? Il n'est pas moins certain qu'il affirme la réalité *subjective* des idées absolues, nécessaires, universelles. — Or, ces idées existent-elles ou n'existent-elles pas avec leur caractère essentiel d'inconditionnalité et d'indépendance? Voilà la question, et nous savons comment il nous faut la résoudre.

Au lieu donc de nous retracer exclusivement la théorie sensualiste de Locke et de Condillac sur les idées générales, théorie incomplète sous plusieurs rapports et fausse sous tant d'autres, — ce qui, à la rigueur, résulterait des modifications que lui apporte Portalis, il fallait nous prouver que Kant, méconnaissant l'immense distance qui sépare un problème d'un mystère, le compréhensible de l'incompréhensible, a voulu, par sa doctrine sur l'ordre théorique et pratique de nos connaissances, et en prenant pour point de départ des hypothèses sans fondement, expliquer l'inexplicable, sonder les insondables abîmes de la volonté divine.—Cela posé, il était facile d'établir qu'en prétendant ainsi à la gloire d'être plus sage qu'il n'est permis à l'homme de l'être, il avait oublié ce sentiment aussi raisonnable que chrétien de notre faiblesse, — qui arrache à tout homme véritablement sage, le cri désespérant de saint Paul : *O altitudo!*

Sans doute, Kant a commis bien des erreurs! Qui en doute? et, d'ailleurs, quel philosophe en est exempt? Mais, encore une fois, là n'est pas la question. S'est-il trompé, lorsque, prenant en sous-œuvre les théories de Platon et d'Aristote, de Descartes, de Leibnitz et de Locke, il est laborieusement parvenu à des résultats, sinon nouveaux, tout au moins atteints par une voie nouvelle? Voilà ce qu'il fallait prouver; et c'est ce que Portalis n'a pas fait.

En général, dans son appréciation et dans sa réfutation du système métaphysique de Kant, il n'a pas toujours assez tenu compte de l'expérience, si peu exclusive de ce système que sans elle, d'après le philosophe prussien, les idées *à priori* sont en nous comme si elles n'y étaient pas. Si on prenait à la lettre quelques passages de son exposition de ce système, on dirait que, contrairement à ce qu'il avait d'abord annoncé, il oublie de ranger Kant entre Platon et Aristote, Descartes et Leibnitz, et qu'il consentirait volontiers à lui accorder une place entre Berkeley et Hume. — Comment se fait-il qu'à propos du transcendentalisme kantien, il nous parle à chaque instant des idées innées de Descartes et de la vision en Dieu de Malebranche?

Incontestablement, les idées de Kant se rapprochent de leurs idées. — Mais, ne nous y trompons pas, elles ne leur ressemblent qu'imparfaitement. Or, avant tout, pour s'épargner plus d'une méprise et plus d'une erreur, il fallait les distinguer et les dégager de tout ce qui n'était pas elles. — Pour ne l'avoir pas fait, tout en croyant combattre Kant, Portalis n'a souvent combattu que Descartes et Leibnitz, et abstraction faite de quelques pages qui lui sont directement adressées, on pourrait penser qu'il réfute aussi bien Platon que Malebranche.

Outre le chapitre VII que nous venons d'analyser, on lira avec intérêt le chapitre suivant où il réfute les conséquences de la métaphysique de Kant. Mais là, au milieu d'une foule d'observations pleines de justesse et de profondeur sur les dangers de la synthèse, sur les avantages de l'analyse, sur les facultés de l'âme et sur les fonctions de la raison, à peine trouvera-t-on quelques lignes sur la logique transcendentale.

Ce n'est pas que l'auteur n'eût pu nous parler tout à son aise des jugements synthétiques *à priori* et des jugements analytiques *à posteriori*, des conceptions pures de l'entendement (*begriffe*), des *intuitions de la raison*, de l'*aperception empirique* et de l'*aperception pure*, en un mot, des *jugements négatifs, affirmatifs, extensifs, hypothétiques, disjonctifs,* des *noumènes* et des *phénomènes.*

Nous pensons qu'il lui eût peu coûté de mettre sous nos yeux, avec une clef destinée à nous en ouvrir le ténébreux sanctuaire, toute la terminologie kantienne; et ce qui n'eût pas été moins important et n'eût pas davantage excédé ses forces, il aurait pu, s'il l'avait voulu, nous présenter un résumé complet de tout le système de logique du penseur allemand.

Peut-être aussi serait-on bien venu à dire qu'il est, en général, beaucoup plus heureux dans la réfutation des erreurs que dans l'exposition des systèmes.

Assurément, il était difficile de mieux repousser les folles prétentions de ces philosophes téméraires qui, abusant étrangement de leur raison, entreprennent, à l'aide de quelques idées générales et de quelques conceptions solitaires, lesquelles ne sont que de gratuites hypothèses, d'embrasser, indépendamment de toute donnée pratique et de tout fait certain, d'embrasser, dis-je, toutes choses dans le sein d'une vaste synthèse, l'homme, le monde, Dieu. Le chapitre VIII tout entier peut être, à juste titre, regardé comme un morceau de la plus saine philosophie : pensée et style, fond et forme, tout y est également remarquable. On sent bien vite que Portalis y parle de choses qui lui sont familières et qu'il a longtemps méditées. — On voit qu'il s'y plaît à nous initier aux plus intimes secrets de sa pensée sur les systèmes purement hypothétiques, et nous regrettons presque qu'il ait consacré tant de vues et d'observations judicieuses à la critique d'une doctrine dont il avait admirablement compris la portée, mais dont, nous devons l'avouer, il n'avait pas toujours aussi bien saisi les principes.

Au reste, rien de plus naturel que la lacune que nous venons de signaler. Quand Portalis esquissait ainsi le vaste système de Kant, cette lacune était absolument inévitable.

C'était en 1797, à une époque où la philosophie kantienne était encore complétement inconnue en deçà du Rhin. Peut-être même ignorait-on en France jusqu'au nom du philosophe prussien. Et, en effet, nous ne sachions pas qu'aucun ouvrage français ait paru sur la doctrine du criticisme avant celui que publia Villers en 1801, et l'Essai d'une exposition succincte de la Critique de la raison pure, par le hollandais Kinker, traduite et publiée en français la même année.

Tout nous porte donc à croire que, le premier parmi nous, Portalis a tenté de nous faire connaître, imparfaitement, il est vrai, un système de philosophie qui, chez nos voisins d'outre Rhin, opéra, jusqu'à un certain point, dans la métaphysique, la même révolution que Copernic avait opérée dans l'astronomie. C'est là, ce nous semble, une initiative glorieuse pour notre auteur, et que nous nous félicitons de signaler, pour la première fois, au monde philosophique de la France.

Portalis, qui ne nous paraît pas avoir pu lire le système de Kant dans l'ouvrage allemand de celui-ci, avait été contraint de l'étudier dans l'exposé sommaire, mais fidèle, écrit en latin par un disciple de Kant, Fisseldeck Schmitt, sous le titre de : *Philosophiœ criticœ secundum Kantium exposito systematica*. Et si l'on considère ce que dût ajouter à l'obscurité de la pensée de Kant et à celle plus grande encore peut-être de son style, l'obscurité de l'abrégé de Schmitt,—loin d'imputer à Portalis les lacunes de son exposition, on lui saura gré d'avoir, avant tout autre, soulevé un coin du voile qui dérobait à nos regards la doctrine du solitaire de Kœnigsberg.

XI

. Jusqu'ici Portalis nous a décrit l'influence de l'esprit philosophique sur la méthode, sur les sciences naturelles, sur la métaphysique. La philosophie de Kant l'a amené à nous parler des écarts de la raison dans le domaine de cette science, et, chemin faisant, à combattre l'idéalisme.

Maintenant, par une transition toute naturelle, il nous entretiendra de l'abus que la philosophie sensualiste a fait de nos découvertes et de nos progrès dans les sciences physiques; et il commencera par nous parler du matérialisme, considéré comme premier effet de cet abus. C'est le sujet du chapitre IX, qui roule presque en entier sur l'examen critique du matérialisme.

Il y débute par nous dire ce que nous devons de lumières et de bienfaits aux sciences physiques. On ne peut nier qu'elles ne nous aient guéri d'un grand nombre d'erreurs, de préjugés et d'hypothèses; tout ce qui tient à l'influence du corps sur les opérations de l'âme a été mieux connu, mieux apprécié. Depuis que les sciences ont été mieux cultivées, l'étude de l'homme physique n'a pas peu contribué aux progrès de la métaphysique. Il n'est pas jusqu'à Malebranche, lui que son imagination égara si souvent, qui ne lui doive d'excellentes pages sur les *erreurs* des sens, la partie la plus solide, sinon la plus brillante de sa *Recherche de la vérité*. Grâce aux sciences naturelles, ajoute-t-il moins justement peut-être, nous avons mieux analysé nos passions, nos habitudes, nos facultés ; nous avons eu une connaissance plus complète de l'homme, et nous avons fondé l'existence de Dieu sur des preuves moins abstraites et plus concluantes.

Mais après avoir payé ce juste tribut d'éloges à la science moderne, il lui reproche avec Leibnitz d'avoir poussé trop loin la réaction contre le spiritualisme excessif de Platon, et de n'avoir pas toujours distingué ce qu'il n'est pas permis de confondre, la matière et l'esprit, et les rapports réciproques de l'âme avec le corps et du corps avec l'âme.

Fontenelle avait osé dire qu'en regardant la nature de près, on la trouve moins admirable qu'on ne l'avait cru, parce qu'alors elle est comme la *boutique d'un ouvrier*. Portalis blâme vivement, et nous l'en louons, ce mot spirituel, mais paradoxal, comme tant d'autres, du coryphée des beaux-esprits du dix-huitième siècle. « Fier des machines qu'ils ont inventées, dit-il de concert avec Leibnitz, aux philosophes modernes, vous avez cessé d'avoir une assez haute idée de la majesté de la nature, et c'est à tort que vous prétendez que les choses naturelles et les choses artificielles ne diffèrent que du grand au petit. L'homme, lui aussi, ne diffère de Dieu que du petit au grand ; mais entre l'homme et Dieu, comme entre la nature et l'art, il y a une immensité, il y a l'infini.

Ce n'est certes pas ainsi que les Galilée, les Képler, les Copernic, les Pascal, les Euler, se livrèrent à l'étude du monde physique. Pour eux comme pour tous les vrais philosophes, la connaissance de l'univers matériel ne fut qu'une préparation à de plus hautes pensées ; ils s'élancèrent jusqu'à l'auteur des temps et des mondes, à mesure que leur génie semblait les faire toucher aux bornes de l'espace et aux extrémités de la création.

Pourquoi donc, s'écrie-t-il ensuite, avec l'accent d'un homme qui déplore d'autant plus amèrement l'abus de la raison, qu'il en exalte davantage le légitime usage, — pourquoi faut-il que nos découvertes mêmes soient devenues des piéges, et que de nouvelles erreurs aient trouvé leur source dans un nouvel accroissement de lumière ? Telle est notre condition : le bien ne saurait exister pour nous sans quelque mélange de mal. A force d'étudier la matière, nous nous sommes habitués à ne reconnaître qu'elle ; l'ordre moral ou intellectuel a été absorbé par l'ordre physique. Autrefois, une fausse métaphysique spiritualisait les corps ; une métaphysique, plus dangereuse encore, matérialise aujourd'hui les esprits. On ne voit plus que des fibres et des organes où nous avions cru jusqu'ici trouver des facultés ; on veut expliquer les actes de notre volonté et de notre liberté par les lois de la mécanique ; on se refuse à distinguer l'homme parmi les différents êtres que la nature embrasse. Dieu, selon ces écrivains, ne peut pas même figurer comme être de raison, et un athéisme systématique, fruit d'un matérialisme absolu, remplace tous les dogmes de la théologie naturelle.

XII

Après avoir ainsi stigmatisé les monstrueux abus de la science, tels que les étale ce gigantesque monument, cette tour de Babel, que le dix-huitième siècle baptisa orgueilleusement du titre d'*Encyclopédie*, Portalis n'avait qu'à suivre la pente logique de son sujet, pour arriver au panthéisme éléatique du fameux philosophe juif de Hollande, et il en prend occasion pour rechercher les causes de l'incrédulité et de l'athéisme.

. Nous trouvons ici une page qui mérite d'être tout entière citée.

Aujourd'hui, sous le nom de philosophie *positive*, un système s'est élevé parmi une multitude d'autres systèmes, qui, si on l'examine de près, n'est pas sans une analogie avec les élucubrations géométrico-philosophiques de Spinosa.

« Ce n'est pas, dit Portalis, que l'idée d'une substance matérielle unique soit nouvelle : cette idée dominait chez les premiers hommes, qui tirèrent leurs premières opinions de leurs sens. Elle a été renouvelée dans le dernier siècle par Spinosa. Mais chez les premiers hommes, l'idée d'une substance unique ne fut qu'une opinion grossière qui précéda nos premières connaissances, qui se mêla plus ou moins à celles qu'on acquérait successivement, mais qui perdait tous les jours de son influence, à mesure que l'on s'élevait à des notions plus intellectuelles, et qui finit par n'être plus que le partage de la multitude. La même idée, renouvelée par Spinosa, a été, non comme chez les premiers peuples, l'absence complète de toute métaphysique, mais l'abus des idées abstraites de modifications et de substance, c'est-à-dire l'abus de la métaphysique elle-même. — Le matérialisme et l'athéisme de cet auteur sont des opinions si contentieuses et si subtiles qu'il n'y a que les sophistes qui puissent s'en accommoder.

Les matérialistes et les athées de nos temps modernes se sont élevés sur les débris d'une métaphysique usée, d'une métaphysique trop longtemps dégradée par les inepties de l'école. Ils ont voulu bâtir leur fausse philosophie avec les riches matériaux amassés dans les sciences naturelles; ils ont fait un système d'autant plus dangereux, qu'en le liant à la masse de nos idées acquises dans ces importantes sciences, ils l'ont présenté comme une conséquence née des vérités et des découvertes par lesquelles notre siècle surpasse tous les autres. La vanité a été séduite; la *fureur de tout expliquer*, dont on ne guérira jamais entièrement les hommes, a été satisfaite, et la physique, dans laquelle nous nous distinguons avec tant d'éclat, et qui nous laisse tant d'*espoir* de faire des découvertes nouvelles, est devenue cette science-reine à laquelle nous avons impérieusement exigé que les autres vinssent prêter foi et hommage. »

Au milieu de ces réflexions que, pour notre part, nous ne pouvons accepter, comme nous dirions au palais, que sous bénéfice d'inventaire, mais qui, sauf quelques exagérations et quelques inexactitudes de détail, renferment ce qui a été écrit de plus sérieux et de plus sensé sur la genèse de certains systèmes philosophiques, tant des dix-septième et dix-huitième siècles que de nos jours, il nous est impossible de ne pas en relever une tout aussi opportune aujourd'hui qu'elle l'était à la fin du siècle dernier.

La *fureur* de tout expliquer ! Déjà Portalis avait appelé notre attention sur la *manie* de tout savoir et de tout comprendre, cet écueil redoutable de toute métaphysique qui n'est pas chrétienne. A côté de cette manie, il fait à bon droit figurer la fureur de tout expliquer, cet autre écueil, non moins dangereux, encore, pour tout homme qui sépare la science de la religion.

Oui, la fureur de tout expliquer ! Voilà, en toute matière spécialement dans l'ordre des sciences naturelles, voilà l'incurable maladie de l'esprit humain ! maladie ancienne, invétérée, qui date du berceau même de l'humanité ; fléau dévastateur qui, depuis le jour où l'homme a mis en œuvre sa faculté de connaître, n'a cessé d'exercer des ravages, et qui, au dix-huitième siècle surtout, attaqua la plupart des philosophes, sans en excepter les meilleurs esprits eux-mêmes ; car Locke était religieux, Condillac était religieux, Buffon, il nous serait facile de le démontrer, Buffon était religieux.

Et cependant de quelles erreurs, directement ou indirectement subversives de toute religion et de toute morale, certaines parties de leurs systèmes, ou quelques unes de leurs opinions, ne sont-elles pas devenues, ou ne pourraient-elles pas devenir la cause ?

Mais, pour nous en tenir aux dangers des sciences physiques, quand elles ne sont pas imprégnées, pénétrées de ce que Lactance a si bien nommé l'*arome* de la religion, et quand le véritable esprit philosophique ne les dirige pas, rappelons-nous ce qui advint à Bonnet de Genève.

Métaphysicien et naturaliste distingué, il voulut, emporté par son amour pour les sciences physiques et métaphysiques, tenter une chose impossible. Il essaya d'appliquer à l'anatomie, science physique, s'il en fut jamais, une méthode et des principes exclusivement propres à la métaphysique, qui est, par excellence, la science de l'esprit. Par l'homme intellectuel et moral, il voulut *expliquer* l'homme matériel et physique. Singulière entreprise, qui ne tendait à rien de moins qu'à renverser les lois fondamentales de la nature et l'éternelle raison des choses, en subordonnant les facultés de l'âme au mouvement et au développement des organes matériels!

Et cependant Bonnet aussi était religieux, et, qui plus est, il aspirait de bonne foi à occuper un rang élevé parmi les défenseurs des doctrines spiritualistes et chrétiennes!

Mais « heureusement, remarque Portalis, qui connaissait à fond la vie et les œuvres de ce savant distingué, heureusement, il n'entrevoyait pas les conséquences d'un système qui, en dernière analyse, réduit tout aux lois de la mécanique et du mouvement. Ses contemporains et ceux qui sont venus après lui n'ont plus vu dans la nature que l'homme physique, et ils n'ont reconnu d'autre Dieu que la nature elle-même. »

XIII

Rien de plus triste et de plus affligeant que le spectacle que présente aux regards du penseur et du critique, l'histoire scientifique et littéraire de la seconde moitié du dix-huitième siècle en France.

Et, en effet, un matérialisme grossier et abject, enseigné dans une espèce de jargon scientifique; — un scepticisme énervant, démoralisateur;— un athéisme effronté, — telles sont les trois grandes divisions des systèmes philosophiques, nés en partie de l'abus des connaissances physiques, tous plus ou moins reflétés dans les ouvrages de morale, d'histoire, de politique, d'éducation, et jusque dans les productions de la littérature légère, dans les romans, les nouvelles, les contes, etc.

Que penser d'un siècle où un médecin (je ne dis pas un littérateur), étranger à toute instruction philosophique, et n'ayant pour tout talent que l'audace du paradoxe et le cynisme du langage, osait faire imprimer ces lignes, dévorées avec frénésie par tout ce qu'il y avait alors en France de beaux esprits, d'esprits forts, de sophistes?

« Tout ce qui n'est pas phénomène, cause, effet, science des choses (bien entendu, physiques et matérielles), ne regarde en rien la philosophie, et vient d'une source (la théologie) qui lui est étrangère. Écrire en philosophe, c'est enseigner le matérialisme. — L'hypothèse d'un ordre moral n'est que le fruit de la politique, comme les rois et les bourreaux. »

Est-ce clair? Voilà qui s'appelle parler ouvertement et sans ambages! — On nommait cela *liberté d'écrire;* — nous, nous l'appellerions plutôt *liberté de délirer*.

Quel siècle encore que celui où, dans un livre que, par le plus étrange et le plus ironique contresens, il avait intitulé *De l'esprit*, un homme aux mœurs honnêtes, en apparence du moins, aux manières distinguées, — doué d'une belle intelligence, ne craignait pas d'enseigner, dans le seul but de plaire à ses concitoyens, en sacrifiant à leurs goûts dépravés et à une mode perverse, que l'organisation physique fait toute la différence de l'homme et de la bête, et que toute la supériorité de l'homme vient de la flexibilité de ses doigts et de ses mains ?

Or, notons bien ceci, c'est la judicieuse remarque de Portalis, or, Diderot, d'Argens, Priestley, Hume, Frédéric le Grand, Dalembert et Voltaire n'ont fait, après tout, que proclamer à leur façon et sous un voile hypocrite, mais assez transparent, les mêmes principes, les mêmes paradoxes, les mêmes énormités. — Et, chose lamentable et que nous voudrions taire, à part quelques cris isolés, échappés de quelques consciences effrayées de pareilles doctrines et subjuguées par l'évidence des doctrines contraires, à part les aveux arrachés par la force des choses à quelques bouches sincères en faveur de ces vérités morales et religieuses qu'il n'est pas plus facile de nier que la lumière du soleil, — tous les systèmes philosophiques du dix-huitième siècle, sauf celui de Rousseau, ne sont, à peu de choses près, que des variantes plus ou moins dissimulées de ceux des Lamettrie et des Helvétius.

Mais sur quoi donc repose le matérialisme? Sur ce principe de l'*homme-machine*, que tout ce qui n'est pas phénomène est non avenu pour un *vrai* philosophe.

Comme on l'a remarqué sans doute, et Portalis en convient lui-même, ce principe ne diffère presque en rien, mais quant à sa formule seulement, du principe d'expérience donné par notre auteur comme base de la vraie méthode philosophique. Mais, hâtons-nous de le dire, il cache une déplorable équivoque que Portalis s'est chargé de lever.

— Vous prétendez que tout ce qui n'est pas phénomène, tout ce qui n'est pas fondé sur l'observation et l'expérience est étranger à la philosophie ! Soit ! mais ne jouons pas sur les mots ! Il y a l'observation externe et l'observation intime. La première est fille des sens extérieurs ; la seconde de ce sens intérieur que j'appelle conscience.

Connaissons-nous nous-mêmes, nous-mêmes tout entiers !

« Au sentiment de notre existence physique se joint un autre sentiment, celui du principe pensant que nous portons en nous, et auquel nous ne pouvons attribuer aucune des dimensions, aucune des qualités sensibles que nous apercevons dans les corps. »

Que Voltaire ne nous dise donc pas, en surenchérissant sur la devise de Montaigne, de Charron, et de Lamothe Le Vayer : « *Je pense et je suis corps;* je n'en sais pas davantage ! »

« Je réponds qu'il en dit plus qu'il n'en sait. Je l'estimerais plus sage, s'il eût dit seulement : « Je « pense et j'ai un corps; » car on sent que l'on *a* un corps, et non que l'on *est* corps, et il n'a pas seulement le tort d'avoir plus dit qu'il ne savait, mais on peut lui reprocher encore celui de ne s'être pas suffisamment observé, ou de s'être menti à lui-même, lorsqu'il dit affirmativement : « je pense et je *suis* corps. »

Mais quoi? le matérialisme osera-t-il nier que l'*organisation* ou l'organisme de l'homme soit doué de sentiment ou conscience et de pensée? Et s'il est forcé d'admettre ces deux choses, dont la dernière surtout nous est manifestée par une série de faits ou phénomènes internes qui n'ont rien de commun avec la substance étendue et matérielle, poussera-t-il l'extravagance jusqu'à, je ne dirai pas supposer avec le téméraire Locke, mais affirmer que la pensée *pourrait* bien *être* un attribut, une qualité, un phénomène de la matière?

Oui, sans doute! Affecté de ce myopisme intellectuel qui dictait à Lucrèce, l'un de ses plus fameux patriarches, des vers qui ont acquis pour lui la puissance d'un axiome, il ne verra rien au delà des évolutions de la pensée se déroulant en même temps et suivant comme pas à pas les révolutions du corps, croissant et décroissant avec le corps lui-même. Et, sur cet imparfait aperçu, sans s'inquiéter du *comment* de la *pensée de ce corps*, il ne craindra pas de conclure que cette pensée *est* un de ses attributs.

Sophisme qu'un pareil raisonnement! Un peu de logique le détruit de fond en comble.

Premièrement, il transforme en une conclusion dogmatiquement affirmée, le doute qu'on avoue ne pouvoir pas résoudre.

En second lieu, il confond et identifie des choses d'un ordre distinct et séparé.

Troisièmement, il suppose, ce qui est faux, que

tous les faits relatifs à chacune de ces choses ont été scrupuleusement observés.

« Comme vous, dit excellemment Portalis, je rencontre la pensée dans des corps organisés; mais deux choses peuvent être unies, sans s'identifier et sans se confondre. »

Le principe qui pense dans l'homme, est très-distinct du corps même que ce principe anime.

« La conscience du moi est une, indivisible. Elle a des degrés, et non des parties, de l'intensité et non de l'étendue, de certains caractères et non de certaines formes. Ce que je dis de la conscience s'applique à la volonté, à la pensée : j'affirme alors, d'après tous ces faits dont j'ai l'expérience, que le principe qui sent, qui veut, qui pense et que j'appelle *esprit*, n'est pas le même que celui qui me présente des formes, de l'étendue, des parties, et que j'appelle *matière*, puisque ces deux principes ou ces deux sujets nous offrent des propriétés différentes, et même incompatibles.

« On objecte que nous ne connaissons pas toutes les propriétés de la matière. — Qu'importe? il peut y avoir dans la matière plus que ce que nous y voyons; mais du moins ce que nous y voyons existe. Or, il ne faut pas se permettre de supposer des choses qui puissent impliquer contradiction avec celles que l'on connaît. »

Après cela, insistera-t-on? Ne pouvant démontrer la certitude de l'identité de ces deux genres de substances, se rabattra-t-on sur un simple et timide doute?

On dira peut-être : L'homme pense et il se sent penser ; mais le sentiment, mais la pensée, qu'est-ce qui prouve que de même que le mouvement qui est inhérent aux corps, ce ne sont pas de purs effets de notre organisation? « Connaissons-nous toutes les propriétés de la matière? » Locke n'a pas osé affirmer que la matière est incapable de penser. Pouvez-vous affirmer, vous, que l'esprit seul en est capable? Pour nous, nous n'avons pas plus de peine à accorder la pensée à la matière que vous n'en avez, vous, à concevoir l'idée d'une substance autre que la matière.

—N'équivoquons pas sur les mots! Les mots importent peu, là où il ne s'agit que des choses. Oui ou non, les termes *matière* et *esprit*, corps et âme, expriment-ils des *substances* ou des sujets, de propriétés et d'attributs différents, — divers, opposés, incompatibles, si bien qu'on puisse légitimement conclure de l'opposition et de l'incompatibilité de l'attribut, à l'opposition et à l'incompatibilité du sujet ou de la subtance? Si oui, à quoi bon discuter plus longtemps? La matière, le corps, n'est ni l'esprit ni l'âme, et c'est tout ce je voulais de vous!

Cela étant, prétendra-t-on encore que l'esprit, si tant est qu'il y ait des esprits, est soumis aux mêmes phases que le corps, et qu'à supposer qu'il en diffère, il est à présumer que cette différence n'est autre que celle qui existe entre une substance et un phénomène, entre la nature d'un être et ses modifications?

Autant vaudrait dire qu'outre leurs attributs et leurs phénomènes, les substances créées diffèrent entre elles non par leur propre nature, mais seulement par celle de leur réciproque influence.

Cette influence, sur laquelle Cabanis a jugé convenable de composer tout un long ouvrage, on ne peut la nier, elle est un fait. — Mais ce fait, que prouve-t-il? L'identité du corps avec l'esprit? Pas plus que celle de l'esprit avec le corps!

« L'influence du corps sur l'âme, et de l'âme sur le corps, prouve leur union, et non leur identité. L'union n'offre qu'un mystère; l'identité impliquerait contradiction. »

Est-ce tout? — Accablons le matérialisme sous le poids d'un argument qui le force de se retrancher, en désespoir de cause, dans le silence ou dans l'absurde!

L'homme n'est pas seulement un être sensible et pensant; il est encore un être volontaire et libre. — La liberté et la volonté sont autant de son essence que la pensée, et nous concevons à merveille qu'un philosophe comme Portalis les dénomme « deux grands attributs du moi humain. »

Par elles, par le concours simultané de ces facultés que nous pouvons sans inconvénient confondre en une seule, l'homme meut, quand et comme il lui plaît, les organes de son corps, en même temps qu'il dirige à son gré les opérations de son esprit, et, vrais autocrates de nous-mêmes, « nous réglons tout selon notre bon plaisir. » Bien plus, semblables à Dieu lui-même, nous jouissons sur nous-mêmes d'un pouvoir, image du sien. « Nous exerçons un pouvoir intérieur et actif » qui renferme quelque chose de divin, puisqu'il appelle à l'existence les conceptions les plus compliquées de notre entendement et toutes les actions de la vie humaine, « comme le Créateur a donné l'être à toutes les merveilles de la nature. »

Mais comment résister au désir de partager avec nos lecteurs le plaisir que nous avons goûté à la lecture plusieurs fois répétée du morceau suivant? Il est écrit tout d'une haleine? Et, si, d'après la définition de Longin, le sublime est véritablement le son d'une grande âme, il est, à coup sûr, sublime de pensée et de style, et une sorte d'argument personnel à Portalis à l'appui du double élément qui compose la personne humaine. Vulgarisateur, avant tout, de ses propres idées, nous manquerions notre but, si nous ne transcrivions ici textuellement, sans rien y changer, l'une des plus belles pages de notre littérature philosophique.

« Sous la main du sculpteur le marbre respire;

le peintre vivifie la toile; par l'habileté d'un savant architecte, un bel édifice nous offre une belle idée; sous la plume d'un observateur philosophe, la nature entière n'est plus qu'une vaste et grande conception. Sans cesse nous transportons hors de nous la conscience du moi, pour l'appliquer à tout ce qui nous environne. Nous personnifions tout. Par un regard perçant de notre intelligence, nous démêlons dans chaque objet les nuances les plus fines, les plus imperceptibles, j'en atteste la perfection à laquelle les langues des peuples civilisés de l'Europe ont été portées. Nous débrouillons le chaos. Nous composons et nous décomposons nos idées pour les recomposer encore. A l'image de Dieu, nous disons : *Que la lumière se fasse! et la lumière se fait.* A notre voix, le néant même prend un nom, et vient, pour ainsi dire, se placer à côté de l'être. Sans l'homme, l'univers serait sans témoin; et, au milieu de l'univers, l'homme se croirait seul, s'il ne vivait pas avec l'homme. Nous avons formé des sociétés, bâti des villes et publié des lois. Nous atteignons par la contemplation les objets que nous ne pouvons atteindre par notre industrie. Nous avons créé les sciences et les arts. Le souffle de vie qui nous anime se répand sur tout ce qui existe. Nos sentiments, nos pensées et nos volontés pénètrent, changent et ébranlent le monde. Le mouvement n'est que repos, tout est passif auprès de notre activité. La lumière des corps n'est qu'une ombre à côté du rayon céleste qui perce, analyse et modifie la lumière même. Enfin, l'âme humaine est une espèce d'Olympe d'où partent, à chaque instant, ces conceptions brillantes, ces élans sublimes, ces volontés fortes, ces feux qui sillonnent le ciel, éclairent la terre et vivifient la nature entière.

Conçoit-on que le matérialiste puisse se refuser à cet ensemble de choses, qu'il puisse regarder comme de pures machines des êtres qui ont créé la mécanique et ont expliqué le mécanisme de l'univers? Conçoit-on qu'au mépris de l'expérience, au mépris de tout ce qu'il sent, de tout ce qu'il voit, de tout ce qu'il entend, de tout ce qu'il pratique, au mépris de la langue qu'il parle, et dont chaque expression le dément, il puisse méconnaître l'homme dans l'homme, et ne fonder sa propre existence que sur le désaveu perpétuel de lui-même? »

Ah! de grâce, rendons-nous à l'évidence! Non, vous ne parviendrez jamais à me convaincre que cette volonté, cette liberté, cette puissance, soient des attributs ou des modifications de la matière, cette chose qui, toujours et partout, a été synonyme d'inertie, d'apathie et de passivité!

Au fond de toutes les intelligences que n'aveugle ni le préjugé ni la passion, dans toutes les langues, dans toutes les religions, nous trouvons exposée ou supposée, comme le *substratum* de toute théodicée, de toute morale et de toute politique, l'idée primitive, incontestable, universellement incontestée, d'une substance distincte chez l'homme de tout ce qui est corps et matière,—« de ce principe intellectuel et moral qui constitue le moi humain. » C'est là le point de départ de toutes nos pensées, la condition de toutes nos aspirations, l'origine de tous nos arts, en tant qu'expression idéale des objets matériels et sensibles.

Nous avons des besoins et des sensations, mais nous avons aussi des passions et des sentiments. Besoins et passions, sensations et sentiments, c'est là tout l'homme philosophiquement étudié, l'homme avec les phénomènes de son corps, l'homme avec les phénomènes de son âme,—matière et esprit, corps et intelligence, être un dans sa nature, double dans sa substance, composé de deux éléments divers assez étroitement unis pour vivre d'une vie commune et concomitante, assez diversement liés pour vivre d'une vie distincte et séparée.

De là vient que, « si nous cherchons à donner un corps à toutes nos idées, » c'est-à-dire, à notre âme, en tant que *pensante,* « nous cherchons aussi à donner une âme à tous les corps, » en tant qu'êtres matériels.

C'est ainsi que dans la chaîne mystérieuse des êtres nous touchons, anneau intermédiaire, tout à la fois divin et humain, à ses deux extrêmes anneaux,—au Créateur, pur esprit, intelligence sans limites et sans bornes,—et à la créature, pure matière et dépourvue de toute intelligence, même la plus bornée et la plus limitée.

Après ce qu'on vient de lire, je me demande si je dois faire au lecteur l'injure de réfuter, même en courant, une objection d'autant plus ressassée qu'elle est moins solide, et d'autant plus vulgaire que, dans l'origine, et même, à l'heure qu'il est, elle a été surtout formulée par les physiciens et les anatomistes.

Mais, puisqu'elle a été renouvelée par des savants contemporains, puisqu'elle s'est plus d'une fois rencontrée sur les lèvres d'un éminent professeur, et, qu'en dernière analyse, c'est à elle qu'en dépit des magnifiques enseignements du spiritualisme moderne, certains phrénologues demandent encore le fondement de leurs systèmes, peut-être ne sera-t-il pas inopportun d'en dire quelques mots.

Qu'ont à faire avec les sciences naturelles en général, et en particulier l'anatomie, les questions purement métaphysiques, et principalement les questions concernant l'esprit et la pensée?

Lisons la réponse de Portalis et sa prédiction, depuis lui cent fois réalisée, de l'impuissance des sciences physiques à combattre, en quoi que ce soit, les vérités métaphysiques.

« Les progrès que nous avons faits dans l'anatomie et ceux que nous ferons dans la suite ne pourront jamais rien prouver en faveur du matérialisme. On découvrira de nouveaux vaisseaux et de nouvelles fibres que celles que nous connaissons. On apercevra un nouveau jeu et de nouveaux rapports dans les organes... Eh bien! que saura-t-on de plus sur la nature du sentiment, de la pensée, de la volonté? Un savant anatomiste me dit très-affirmativement qu'à la suite de tel mouvement physique dans les organes je dois éprouver telle affection morale. Mais pourra-t-il me dire ce que c'est que cette affection en elle-même, et comment elle a pu être produite par un mouvement donné? »

Vantons-nous tant que nous voudrons des progrès de l'anatomie. Ce n'est pas nous qui les nierons ou qui nous en affligerons. Le progrès en toutes choses est l'honneur et la gloire de l'esprit humain, et le Dieu des chrétiens aime à se proclamer le *Dieu des sciences*. Mais sachons bien que le scalpel, pas plus que tout autre instrument scientifique, ne nous découvrira jamais les impénétrables secrets de cet être qui, par la partie la plus intime de lui-même, échappe à toute analyse et à toute investigation. — L'anatomie ne nous apprendra rien au delà des bornes de notre organisme. Or, l'organisme n'est que la forme matérielle et sensible de l'homme.

Demandera-t-on encore ce que c'est que le principe de la conscience et de l'intelligence que l'on appelle esprit ou âme? « Je l'ignore, répond franchement Portalis. Mais sur cet objet l'anatomiste ne peut pas plus éclairer le métaphysicien que le métaphysicien l'anatomiste. » Ce qu'il importe de savoir, c'est, ainsi que nous l'avons déjà dit, et quoi qu'en pense Locke, c'est que les attributs de l'esprit ne soient pas confondus avec les attributs de la matière. Et c'est là ce que tous les fauteurs de matérialisme, Lamettrie en tête, sont obligés d'avouer, quand on les somme de prouver, moins que cela, de concevoir que les parties de la matière, si ténues, si déliées, si subtiles qu'on les imagine, puissent jamais ou sentir ou penser.

C'est à regret que nous glissons sur la discussion de Portalis contre les partisans de Lamettrie et d'Helvétius. Son argumentation est limpide, vive, incisive, pressante. Il y aborde franchement et courageusement les objections les plus spécieuses, — tellement spécieuses, que nous ne pensons pas que Cabanis ni Broussais en aient soulevé de plus spécieuses qu'elles; il les détruit une à une par des raisons invincibles, connues avant lui sans doute, mais qu'il a eu le talent de rajeunir et de revêtir d'une forme nouvelle. Mais, comme partout où il réfute les adversaires du véritable esprit philosophique, son style, habituellement simple, calme et sans ornement, se colore, s'anime et s'échauffe. Sa pensée s'élève invinciblement jusqu'au ton oratoire. On sent qu'en repoussant par les armes d'une dialectique qui sied si bien au philosophe, avocat et jurisconsulte, une doctrine qui répugne au sens moral de l'humanité, son âme noble et généreuse se trahit, pour ainsi dire, elle-même. Je cherche le froid dissertateur : je ne trouve plus que l'orateur chaleureux qui prend en main la cause de l'intelligence et de la moralité humaines.

Ne serait-ce pas parce que, de toutes les questions que peut agiter l'homme, celle qui a trait à l'existence et à la distinction des attributs de son être, des deux substances dont il est composé, la plus importante pour lui est sans conteste celle d'où dépend la règle de sa vie, la direction de ses actes, son éternelle destinée.

Aussi avec quel soin, avec quelle complaisance Portalis ne démontre-t-il pas la présence, dans l'homme, d'un principe spirituel, indivisible et immortel, essentiellement distinct de la partie matérielle de son être, par lequel seul il lui est donné de sentir, de concevoir et de connaître, — avec quelle joie et quelle satisfaction profonde, le lecteur, après avoir parcouru le résumé de son argumentation contre les chefs avoués du matérialisme moderne, arrive avec lui à cette conclusion aussi surprenante que juste : « Les matérialistes ne conçoivent pas que la matière puisse penser, et pourtant, par le plus complet bouleversement des principes de toute saine dialectique, ils affirment qu'elle pense ! »

Et, après l'avoir entendu démontrer qu'en vain le matérialiste voudrait se réfugier, comme dans un suprême asile, dans l'objection si souvent répétée, que nous ne connaissons pas toutes les propriétés de la matière, — qu'il est heureux de l'entendre encore s'écrier, avec l'accent de la plus légitime et de la plus certaine victoire :

« Mettons le vice de ce système à découvert. — Nous avons vu qu'après avoir avoué qu'ils ne conçoivent pas que la matière puisse penser, ils affirment qu'elle pense. Demandons leur raison et de leur doute et de leur affirmation. — La raison de leur doute est fondée sur la différence et l'incompatibilité que nous remarquons nous-mêmes entre les propriétés connues du sentiment ou de la pensée, et les propriétés également connues de la matière. — S'ils affirment ensuite, malgré cette différence, malgré cette incompatibilité manifeste, que la matière pense, c'est qu'ils supposent dans la matière des propriétés autres que celles que nous y connaissons. Mais pour que ces autres propriétés, que nous en connaissons pas, pussent rendre la matière compatible avec la pensée, il faudrait, de l'aveu du matérialiste lui-même, qu'elles fussent d'une nature opposée à celles de toutes les propriétés que nous rencontrons certainement dans tous les corps connus. — Des qualités opposées ou incompatibles supposent-elles le même principe, ou le même sujet? — D'après quoi savons-nous qu'il existe une matière? — D'après la connaissance que nous avons du fond même de la substance à laquelle nous donnons le nom? On n'oserait le prétendre. Nous affirmons l'existence de la matière d'après les qualités positives que nous apercevons dans les corps. Nous affirmons l'existence d'un principe qui n'est pas corps, d'après des qualités ou des faits incompatibles avec les qualités et les faits dont les corps nous offrent l'observation et l'expérience. Par l'observation et l'expérience, nous ne voyons dans la matière que ce qui tombe sous les sens, et nous sommes tous d'accord que ce qui tombe sous nos sens, l'étendue, la forme, la couleur, etc., ne saurait nous représenter ce que la conscience nous découvre dans nos opérations intellectuelles. Si nous analysons la matière par la pensée, nous arrivons à la divisibilité à l'infini... L'hypothèse des monades, des atomes et d'autres éléments indivisibles, sort de la sphère de toutes les choses connues dans l'ordre physique. Quels sont donc ces éléments qui n'ont plus ni étendue, ni parties...? Quels sont ces principes dont la manière d'être est si peu assortie aux propriétés que nous regardons comme essentielles dans tous les corps? Nous voilà donc arrivés au point où, pour faire de l'esprit un simple attribut de la matière, on est forcé de spiritualiser la matière elle-même!

« Nous n'éprouvons pas le même embarras quand nous analysons les opérations de notre âme. — Elles aboutissent toujours à ce sentiment intime, à cette conscience du moi, essentiellement une, que nous ne pouvons concevoir sous aucune forme physique, et qui sans division, sans incertitude, vivifie toute notre existence, et nous constitue pour ainsi dire nous-même dans nous-même. »

Ou nous nous trompons étrangement, ou il était difficile de résumer avec une simplicité plus lumineuse tout ce qui a été écrit de plus sensé et de plus solide sur la distinction de l'âme et du corps, et si on songe que cette page, que ne répudierait aucun de nos spiritualistes contemporains, est sortie de la plume d'un homme qui, on l'a vu, avait bu à la source logiquement sensualiste, intentionnellement spiritualiste des systèmes de Locke et de Condillac, on est forcé de convenir que Portalis n'a dû qu'à son bon sens et à sa raison chrétienne d'éviter l'écueil du matérialisme implicitement contenu dans les principes de ces systèmes.

XIV

Mais ce n'était pas assez de combattre le matérialisme des philosophes, si toutefois ce n'est pas prostituer ce titre que de l'accorder à des hommes comme Lamettrie, d'Holbac, Robinet, et bien d'autres, que nous n'aurons garde de tirer d'un oubli justement mérité. Portalis ne pouvait passer sous silence ce que je nommerais volontiers le matérialisme des *savants,* et par *savants* je désigne tous les hommes qui cultivent spécialement les sciences naturelles et exactes, ou, plus clairement, qui ne s'occupent que de la matière ou des nombres, — médecins, naturalistes, physiologistes, mathématiciens, sociologues, etc.

Alors, comme aujourd'hui, et peut-être, grâce au développement inouï des sciences dans notre siècle, aujourd'hui plus qu'alors, il existait dans tous nos centres intellectuels, et surtout à Paris, à Londres et à Berlin, toute une classe d'hommes, déjà bien connus du temps de la Bruyère, qui les flagella de son chapitre *Des Esprits-forts* — hommes très-instruits d'ailleurs — qui, plongés qu'ils sont dans l'étude, dans le maniement de la matière, finissent par n'admettre que ce qui se voit, se touche, se pèse, se mesure et se compte. — A ces hommes, dont le sens intellectuel s'est, pour ainsi parler, matérialisé, et animalisé, ne parlez ni d'âme, ni d'esprit! — Qui a vu l'âme? qui a touché l'esprit? — Or, pour eux, ce que l'œil ne voit pas, ce que ne palpe pas la main, est non avenu et n'a pas de réelle existence.

En vain essaieriez-vous d'élever leur pensée à la hauteur du plus simple raisonnement métaphysique! Vous ne le pourrez pas. Que leur demandez-vous de sortir un instant de la sphère des choses matérielles et visibles? Cette sphère, c'est tout pour eux, et le reste n'est rien! Incapables, ce semble, de saisir la différence si profonde qui sépare la notion de corps de la notion d'esprit, ils confondent obstinément ces deux choses, et leur intelligence déchue se concentre tout entière dans l'analyse de l'*organisme* et dans l'étude de l'*organisation* physique de l'homme, — cette *machine* un peu mieux organisée peut-être que les êtres qui l'environnent.

Or, cette organisation ou cet organisme et ses propriétés merveilleuses, il ne leur en faut pas davantage pour expliquer et la supériorité de l'homme sur les *autres* animaux et les opérations de son intelligence. — Jeu des organes, mouvements du cerveau, correspondance des fibres avec la pulpe cérébrale, — voilà, vous disent-ils, voilà qui donne le mot du prétendu mystère de la sensation et de la pensée: L'homme est organisé pour la pensée, comme la bête pour l'instinct, et de même que vous n'expliquerez jamais l'instinct, de même vous n'expliquerez jamais la pensée.

— Il y a, dans un pareil raisonnement, pour les gens si nombreux qui ignorent jusqu'aux principes les plus élémentaires de la métaphysique, quelque chose de sophistique que l'esprit philosophique n'a pas de peine à renverser. Portalis le savait, et bien qu'il eût déjà sapé par la base tout le fantastique échafaudage du raisonnement matérialiste, il ne dédaigne pas, pour lui donner le coup de grâce, de se prendre corps à corps avec le matérialisme scientifique.

Vous prouvez, par l'anatomie comparée, par exemple, que l'homme a plus de fibres que les animaux. Mais, prouvassiez-vous que leur organisation est tout à fait différente de la nôtre, que pourriez-vous en conclure?

Faut-il dire avec Helvétius que notre âme est dans nos mains? Mais la nature a accordé des mains aux singes, et il est des hommes qui naissent sans mains! Ces hommes cessent-ils pour cela d'appartenir à l'espèce humaine, et les singes sont-ils des hommes?

Direz-vous encore avec d'autres auteurs que l'âme n'est que la parfaite harmonie de nos organes et de nos fibres, le résultat de notre organisation, une loi particulière à l'organisme humain? Mais qu'importe! ces organes, ces fibres, ce résultat, cette loi, tout cela n'est-il pas matière, propriété matérielle, rapport matériel? Tout cela n'est-il pas essentiellement distinct de notre faculté de sentir, de penser, de vouloir? Tout cela n'est-il pas à l'esprit ce qu'est la parole à la pensée? Sans doute, la pensée se manifeste au dehors par la parole, par la parole qui est, en quelque sorte, une émanation de la pensée, l'esprit fait matière, descendant du sanctuaire de l'intelligence dans le dômaine des sens. Mais la pensée et la parole en sont-elles moins deux choses distinctes et séparées par leur nature et par leur origine? « L'origine de la parole n'est réellement qu'un mode de communication de nos idées à nos semblables. D'autres organes facilitent ou établissent la communication du dehors avec l'intérieur, comme la parole ouvre celle de l'intérieur avec le dehors. Mais les organes et les fibres, et en général toutes les parties de notre organisation sont *instrument*, et non cause efficiente de ce principe que nous appelons *âme*. L'organisation est plus délicate et plus parfaite dans l'homme, parce que le *principe* qui anime l'homme exige un *instrument* plus délié; mais il sera éternellement vrai de dire que l'esprit est au corps ce que la vie est au mouvement, ce que la pensée est à la parole. »

La question de l'âme ainsi vidée, et nous croyons

que pour tout homme éclairé et de bonne foi, elle est sans réplique, il s'en présentait une autre qui à une étroite affinité avec elle ; je veux parler de l'âme des bêtes, question à la fois plaisante et sérieuse, suivant que les bêtes seraient de pures machines, comme l'ont avancé Descartes et Buffon, ou bien, quoiqu'à un degré de beaucoup inférieur à l'âme de l'homme, que d'après Bougeant et Bonnet de Genève, elles seraient douées de quelque intelligence. Question jadis très-débattue, et tour à tour reprise ou abandonnée, selon que ceux qui l'agitaient étaient plus ou moins intéressés, pour soutenir leurs systèmes psychologiques ou physiologiques, à relever ou à rabaisser l'intelligence humaine ! question enfin plus curieuse qu'utile, et l'une de celles que Dieu a livrées aux disputes des philosophes et des savants, sans qu'il leur soit possible d'en découvrir la véritable solution !

Portalis n'en dit qu'un seul mot, et c'est pour nous apprendre qu'examinée à la lueur de l'esprit philosophique, elle est sans influence sur celle de l'immatérialité et de l'immortalité de notre âme, et que nous manquons des éléments nécessaires pour la résoudre.

Fût-il prouvé que les bêtes ont, elles aussi, un principe distinct du corps, évidemment ce principe, et, si vous le voulez, cette âme, n'aurait ni les aptitudes ni la destination de l'homme, et c'en serait assez pour interdire à tout vrai philosophe de confondre leur âme avec la sienne.

Mais que peut-on affirmer sur cette question? Rien de certain, parce que, quoi qu'on fasse, on en sera toujours réduit à des hypothèses.

Eh! qu'importent nos rapports de ressemblance avec les animaux? Entre eux et nous, il n'en existe pas moins des différences essentielles, profondes, qui nous en distinguent. La principale de ces différences, celle, dit Portalis, de laquelle toutes les autres pourraient dériver, « c'est la perfectibilité », non la perfectibilité infinie de Pierre Leroux et de Condorcet, mais la perfectibilité indéfinie, apanage d'un être borné et fini, « la perfectibilité qui, dans l'espèce humaine, n'est pas seulement le caractère propre de chaque individu, mais celui de l'espèce entière. »

Mais, dira-t-on, est-il possible de nier dans la bête une certaine dose d'intelligence? Ne serait-ce pas se heurter contre le sens commun? Je vous l'accorde. Mais, que gagnez-vous à cette concession? « Qu'il est certain que ce principe intelligent est nécessairement d'une autre nature que celle des choses que nous désignons par le mot *matière*. » Voilà tout. Mais le sens commun nous défend d'aller au delà. Il n'est pas moins certain que votre âme est d'une autre nature que celle de l'âme des bêtes.

Au surplus, si elles ont une âme, « nous n'aurons jamais à nous en plaindre, et nous aurons toujours à nous féliciter de la supériorité de la nôtre. »

Quoi qu'il en soit, à propos de l'âme des bêtes, on ne pouvait raisonner ni avec plus de sens, ni avec plus d'esprit.

XV

Mais Portalis n'en a pas encore fini, avec les adversaires du spiritualisme ; — il lui reste à combattre le matérialisme de ces métaphysiciens, improprement appelés tels, qui, — tout en admettant que l'homme n'est pas tout matière, qu'il est un principe pensant, un principe qui sent, qui veut et qui a conscience de lui-même, et, par conséquent, tout en admettant la nature spirituelle de ce principe, — en rejettent l'immortalité, en ce sens que trompés, comme les purs matérialistes, par une fausse notion de l'influence réciproque de l'âme sur le corps et du corps sur l'âme, croient comme eux que les viscissitudes de l'un sont le signe des vicissitudes de l'autre, et qu'ainsi, quand le corps vieillit et meurt, l'âme vieillit et meurt avec le corps.

Raisonner ainsi, c'est méconnaître en réalité et

la distinction des deux substances qui composent l'homme, et la différence de la nature de ces deux substances. C'est raisonner comme d'Holbach, comme Destutt de Tracy et comme Cabanis.

Portalis avait déjà réfuté ce vain raisonnement renouvelé de l'épicuréisme romain. Nous ne reviendrons pas sur la manière dont il établit la distinction de l'esprit et de la matière, — la nature inerte, insensible de la matière, — et la nature pensante, intelligente de l'esprit.

Mais il avait un pas de plus à faire, pour démontrer que la ruine de la substance corporelle chez l'homme n'entraîne pas, philosophiquement parlant, la ruine de la substance spirituelle.

L'homme n'est pas que sensibilité et intelligence; il est encore activité, et c'est par elle qu'il est capable de cette perfectibilité dont nous venons de parler.

Or, l'activité n'est pas fatale comme la sensibilité, et à bien des égards, comme l'intelligence; — l'activité est volontaire et libre. — La liberté, la volonté, c'est là le signe de la royauté intellectuelle et morale de l'homme, sa prérogative et son privilége.

L'homme est libre, et sa liberté, pour n'être pas illimitée comme celle de Dieu, ne le rend pas moins souverain arbitre de sa destinée. — Cette liberté n'est pas seulement, comme l'a témérairement défini l'auteur de la *Palingénésie,* le pouvoir de faire ce qu'on fait; elle est encore le pouvoir de choisir, la faculté de faire ce qu'on veut, ou, pour parler le langage d'un jurisconsulte romain élevé à l'école du Portique, la faculté naturelle à chacun de faire ce qu'il lui plaît, à moins que la force (*matérielle*) ou la loi, cette force *morale,* ne s'y oppose.

« Je sens que je suis libre, a dit Bossuet : donc je le suis. » Niez cela, et vous êtes sceptique !

C'est qu'en effet, il nous suffit de contempler notre âme dans le calme des passions et dans le silence de tout sophisme, pour découvrir et reconnaître en elle « un principe intérieur, une force mystérieuse, une énergie intime qu'aucune force ne peut vaincre, qui nous rend supérieur aux hommes, à la nature, à nous-même, qui s'accroît par la résistance, et que l'on peut appeler à juste titre la toute-puissance humaine. »

Et que les Bayle, les Tindal, les Collins, les Hobbes et les Hume ne tentent pas d'ébranler cette vérité, pivot inébranlable de toute moralité humaine ! Tout homme a conscience de sa liberté, comme de sa pensée, et les sophismes de l'argumentation, si habile et si captieuse soit-elle, ne pourront jamais nous faire douter du sentiment de notre liberté.

L'homme est une force, une force libre; ne fût-il que cela, c'en serait assez pour qu'il eût le droit d'affirmer qu'il n'est pas soumis aux vicissitudes de la pure matière, laquelle, certes, personne n'osera le nier, n'est ni active ni libre.

Mais, il y a plus! De l'activité et de la liberté de l'homme émane une troisième faculté ou propriété, fille de la liberté et de l'activité, — la moralité.

Dès là que l'homme peut librement atteindre le but qui lui est assigné, dès là qu'il est dans sa nature de ne pas agir d'après les lois inflexibles, fatales, d'un instinct aveugle et *inconscient* de lui-même, mais conformément aux règles d'une raison qu'il lui est possible de violer, et qu'il lui est ordonné de suivre, — l'homme est un être essentiellement moral. Il y a donc pour lui ce qui n'existe pas pour la matière inorganique, ce qui n'est pas même pour l'animal sans raison, il y a un ordre moral, de même qu'il y a un ordre physique et intellectuel, et ces différents ordres ne sont que les aspects variés d'une seule et même nature, — de la nature humaine.

Je conçois que tout puisse finir avec la mort des organes de l'homme du matérialisme. Mais, j'en adjure toute conscience d'homme *moral!* non, tout ne périt pas avec le corps de l'homme, tel que nous le présente l'observation guidée par le véritable esprit philosophique!

A cet homme, à l'homme de Portalis, à l'homme du spiritualisme, à l'homme actif, libre et moral, comparez, si vous en avez le courage, l'homme brute, l'homme machine, l'homme sensation de Lamettrie, de d'Holbach et d'Helvétius.

A entendre ces contempteurs de la nature humaine, l'homme ne serait qu'un organisme, *peut-être* un peu plus parfait que celui de la bête, mais comme lui poussé par une irrésistible fatalité, comme lui sujet tout entier à la mort.

Écoutez maintenant le philosophe spiritualiste! L'homme est une intelligence unie, mais non identique à des organes corporels; il est une intelligence *incarnée*. N'ayant de l'animal que les formes sensibles et « *l'écorce*, » par son activité, par sa liberté, par sa moralité, il est tout aussi élevé au-dessus de la brute que la raison et l'intelligence le sont au-dessus de l'instinct.

Ainsi, d'une part, l'homme ravalé au niveau de la matière inerte ou sans intelligence, sans raison et sans moralité; — de l'autre, l'homme créé à l'*image* et à la *ressemblance* de l'Être incréé; — Ici l'homme découronné, abruti, d'un système abject et réprouvé par le sentiment de la dignité humaine. — Là, l'homme-roi, l'homme divin de la Genèse.

Entre ces deux *extrêmes,* notre choix est facile, et c'est celui de Portalis.

Qui nous convaincra d'erreur? Nous le faisons avec notre conscience, avec celle des hommes qui par leurs génies et par leurs vertus ont le plus honoré l'humanité, avec celle de tous les peuples, à toutes les époques de l'histoire !

Mais si l'homme est un être intelligent, actif, libre et moral, comment admettre que le principe immatériel *âme,* qui le fait tel, est régi, quant à sa durée, par les mêmes lois que son principe matériel, le corps ?

S'il en était ainsi, comment expliquer les ineffables aspirations de l'esprit humain vers l'infini, la notion certaine, permanente, invincible du bien absolu, de la vérité, de la justice absolue, cette soif, ici-bas inextinguible, du beau, du grand, du sublime, de l'idéal ? Et ces mouvements, quelquefois spontanés, quelquefois réfléchis, toujours désintéressés, de dévouement et de vertu, qui nous font mépriser tout ce qui est égoïste, sensuel, passager, — et ces efforts désespérés du génie pour réaliser dans la science, dans les arts, une perfection qui le fuit toujours et qu'il ne saisit jamais ;—et enfin cette loi du progrès incessant, indéfini, illimité, qui crie sans cesse à l'humanité : « Marche, marche, marche encore ! la fin de ton voyage est dans le sein de Dieu. » Toutes ces choses qui élèvent, qui grandissent, qui dilatent, qui glorifient l'humanité, essayez donc de les concevoir et, à plus forte raison, de les expliquer, si l'homme n'a pas d'autre destinée que la destinée de la brute !!!

Or, nous le répétons, toutes les erreurs comme toutes les vérités se lient et s'enchaînent par des liens logiques qu'il n'est pas permis de briser. On peut dire du matérialisme, considéré sous toutes ses faces, ce que l'évêque de Meaux a dit avec tant de vérité et de justesse d'un certain déisme : *qu'il n'est qu'un athéisme déguisé.*

Ce qui est vrai du matérialisme de Démocrite, d'Épicure et de Lucrèce, en un mot, du matérialisme antique, l'est également du matérialisme moderne. Les matérialistes de France, d'Angleterre et de Berlin, n'ont guère enseigné autre chose que leurs devanciers d'Athènes et de Rome. Qui en douterait, nous n'aurions qu'à le renvoyer au savant et consciencieux parallèle de l'école d'Athènes et de Paris, par le président de Riambourg.

XVI

Qu'est-ce, en effet, que la *nature* des modernes, dont nous rencontrons le *nom* sur toutes les bouches et dans tous les livres du dix-huitième siècle, et dont la *personne*, qu'on nous permette cette métaphore, ne se trouve nulle part en dehors de la matière? — Et ces forces mystérieuses inconnues, ce tout-puissant hasard qu'on juge plus simple et plus commode de substituer au nom trois fois saint de l'Être par excellence et créateur de tous les autres êtres, où sont-elles? Sont-elles créatrices ou simplement créées?

Ce sont là, bon gré mal gré, autant de voiles hypocrites jetés par des mains timides sur le front du vulgaire, pour cacher à ses yeux l'horrible nudité des systèmes athées.

Et il n'en peut être autrement. Le matérialiste, qui nie l'existence d'une substance spirituelle dans l'homme, ne saurait, sans inconséquence et sans contradiction, en admettre une dans Dieu. — L'une et l'autre ne se dérobent-elles pas à sa vue? N'échappent-elles pas l'une et l'autre au toucher?

En cela, ils sont parfaitement logiques. Dès l'instant où du corps humain, ce petit *cosmos*, ce micocrosme, comme disaient nos pères, on a rejeté toute idée de *mens* ou d'*anima*, pourquoi ne pas la rejeter aussi du grand *cosmos*, de l'univers entier?

Mais, dit-on, la nature se suffit à elle-même : pourquoi invoquer un autre être? Nous voyons la matière ; nous ne voyons pas Dieu !

C'est à cela qu'en résumé se réduit l'argumentation de l'athée matérialiste.

Portalis lui répond : « Sans doute, il ne faut pas multiplier les êtres sans raison. Mais de quel droit pouvez-vous m'accuser de les multiplier sans une rigoureuse nécessité, quand, témoin de l'ordre constant qu'atteste dans le monde cette immense et harmonieuse série de faits, de phénomènes et d'êtres dont je découvre les lois, mais dont j'ignore le principe, je cherche la première cause de cet ordre universel qui les domine et les gouverne ? »

Et, sans sortir du fond même de mon être, cette raison qui me donne la connaissance certaine d'une intelligence, cette volonté qui traduit à son gré en actes les conceptions de ma pensée, ne me fournissent-elles pas l'idée claire, certaine, indubitable d'un principe intelligent, qui n'est pas moi, et qui est au-dessus de moi, d'une cause toute-puissante, congénère à celle que je suis moi-même, enfin d'une existence suprême, source unique de ma propre existence ?

Donc, ou bien la raison n'est qu'un mot et qu'une illusion, ou l'homme qui cherche, de bonne foi, la cause première, la volonté créatrice et souverainement intelligente de son être, est irrésistiblement entraîné par le poids de sa conscience et de sa raison à courber sa tête devant une intelligence, une volonté, une cause suprême, c'est-à-dire devant Dieu !

Donc encore la nature ou, en d'autres termes, l'ensemble des êtres qui forment l'univers, ne se suffit pas à elle-même.

Donc enfin nécessité rationnelle, logique, inévitable, quand on veut savoir d'où l'on vient et où l'on va, de chercher, hors de tout ce que nous voyons et de tout ce que nous touchons, un être invisible, impalpable, immatériel, suprême !

Or, cet être, appelez-le comme il vous plaira, Jéhovah, Zeus, Jupiter, Dieu ! il est le créateur, le législateur et la fin de tous les êtres. Cela me suffit.

Il y a quelque chose. « Le néant ne saurait de lui-même se convertir en être. Il y a donc un être éternel, existant par lui-même, qui est *celui qui est*. »

Bornons là l'analyse de l'argumentation de Portalis contre les athées, et terminons-la en faisant observer que Portalis ne s'y occupe absolument que de l'athéisme des matérialistes. Cela s'explique. Nous avons vu plus haut qu'il a touché au spinosisme, dont il n'était guère question au dix-huitième siècle, — et le panthéisme indien ou allemand, cette forme plus raffinée de l'athéisme spiritualiste, ne devait que trente ans plus tard apparaître au milieu de nous.

Quoi qu'il en soit, le chapitre que Portalis a consacré à la réfutation de l'athéisme, résume d'une manière remarquable, avec précision et clarté, les principales difficultés des athées, et les réponses péremptoires que la raison philosophique opposa de tout temps aux blasphèmes de ces insensés *du cœur*, plus malheureux et plus à plaindre, parce qu'ils sont coupables, que les insensés de *l'esprit*. Car c'est de l'athée qu'il est écrit : l'insensé a dit dans son *cœur* : « Il n'y a pas de Dieu ! » On y respire çà et là comme un parfum des *Méditations* de *Descartes* et des plus belles pages de Fénelon sur l'existence de Dieu. Nous y avons même noté tels morceaux qui rappellent l'accent et le style de Jean-Jacques, celui-ci, entre autres :

« Qu'est-ce que cette intelligence que je place au-dessus et hors de la nature, et dont on a dit que le centre est partout et la circonférence nulle part? Je l'ignore, et je n'en suis pas humilié, car je m'ignore moi-même. Si on me demande comment une intelligence, comment une volonté a pu de rien faire quelque chose, et quels rapports il peut y avoir entre une intelligence et la matière, je répondrai que je ne le conçois pas. Mais j'ai, dans ma propre expérience, la preuve qu'avec une intelligence et une volonté, on fait des actes physiques; je ne trouve pas plus de difficultés à ce que les volontés du Créateur se changent en phénomènes, que je n'en trouve à ce que mes volontés se changent en actions. Ce que je sais bien, c'est que l'ordre physique ne serait pour moi qu'un océan sans rives, si je ne me réfugiais dans un ordre intellectuel et moral. »

Dans ces simples lignes, claires comme l'évidence, et saisissantes comme un axiome, nos lecteurs verront avec nous, outre la réfutation de l'athéisme proprement dit, le germe fécond de celle du panthéisme de Fichte et de Hégel.

On reconnaîtra encore le ton de l'argumentation du *Vicaire savoyard* dans le passage suivant, qui nous prouvera une fois de plus qu'il n'a manqué que le temps à Portalis pour revêtir son œuvre sur l'esprit philosophique du cachet du grand écrivain et du profond penseur.

« C'est uniquement dans l'activité de notre raison, et dans l'énergie de notre libre arbitre que nous avons puisé les idées de cause et de puissance : la nature n'existerait pas pour l'homme si elle ne le trouvait sensible, intelligent et industrieux. Il y a dans l'homme un principe actif, par lequel la nature sort une seconde fois du néant, et qui renouvelle, qui commence même pour nous le grand ouvrage de la création. Ce principe, ce souffle de vie que je rencontre dans l'homme, et qui, comme l'aimant, n'attend que la présence du fer pour manifester son pouvoir, me découvre un principe supérieur, dont l'homme ne m'offre que l'empreinte et l'image. — Ainsi l'homme qui dit : *Je pense, je sens*, prouve jusqu'à l'évidence cet être infiniment plus grand, sans limitation et sans moyen, qui a pu dire : *Je suis*. » Peut-être est-ce ici le moment de remarquer que, dès l'âge de dix-huit ans, il avait composé une courte réfutation de l'*Émile*.

Mais, s'il avait lu Rousseau, il n'avait pas moins

lu Pascal, à qui il emprunte quelquefois et ses pensées et sa manière, comme le prouve la conclusion de notre chapitre :

« Que l'athée cesse de nous objecter que Dieu serait plus incompréhensible que la nature ! la nature nous manifeste Dieu, et Dieu explique la nature. Si l'essence d'un être créateur et conservateur du monde passe les bornes de nos faibles conceptions, notre esprit est forcé de se soumettre aux preuves de son existence. — Dieu, considéré en lui-même, n'offre que des profondeurs impénétrables. Le monde, sans l'existence de Dieu, n'offrirait que des contradictions absurdes. Il faut opter entre le plus nécessaire et le plus consolant de tous les mystères, et la plus dangereuse ainsi que la plus insensée des erreurs. »

XVII

Je ne sais si je dois pousser plus loin l'examen de la partie purement philosophique du livre de Portalis. Nous connaissons sa doctrine sur tous les grands objets de l'intelligence humaine, l'homme, l'univers et Dieu. — Nous avons vu que cette doctrine est celle de tous les grands philosophes français de ce dix-septième siècle, qui eut, ce semble, pour mission de consacrer l'union des principes chrétiens et des méthodes philosophiques, en proclamant et en développant les traditions universelles de l'humanité.

Dès lors nous ne devons, pour ainsi dire, que glisser sur l'examen des chapitres qui sont les corollaires des chapitres déjà analysés. De ce nombre, est celui intitulé : *De l'Immortalité de l'âme et de la vie à venir*, vérité qui se déduit, comme la conséquence de son principe, de l'existence de Dieu et de l'existence et de la spiritualité de l'âme.

Tout au moins aurons-nous soin de ne fixer l'attention de nos lecteurs que sur les arguments nouveaux ou les vues nouvelles exposées ou réfutées à l'occasion des matières qui y sont traitées.

L'âme de l'homme est-elle immortelle, et, pour nous renfermer plus étroitement dans la sphère purement philosophique, survit-elle à la dissolution des organes physiques ?

Ainsi posée, la question n'est pas seulement de savoir si ce qui sent, pense, veut en nous; si ce principe simple, indivisible, et, partant, incorruptible; si des facultés essentiellement distinctes des qualités de la matière; si enfin cet être qui constitue le vrai moi humain peut ne pas se dissoudre et s'éteindre, quand le corps s'éteint et se dissout. Réduite à ces termes, sa solution se trouverait tout entière dans la proposition qui l'énonce. La question véritable, qui devait, comme on va le voir, ne pas laisser que d'embarrasser nécessairement un philosophe empirique, ce philosophe, fût-il Portalis lui-même, la voici : Comment peut-on, philosophiquement, s'assurer d'une vie à venir, dont nul homme vivant ne fit jamais et jamais ne put faire l'expérience ?

La réponse de Portalis, tirée de la certitude qui règne dans les choses du monde moral, et dont la connaissance certaine nous est acquise par l'expérience interne, de même que celle du monde matériel — et la certitude qui l'accompagne nous viennent de l'expérience externe, — contraste singulièrement avec la solution de l'école écossaise, laquelle, par une timidité qui est faiblesse, rejetant toute induction nécessaire et logique pour se borner, comme Reid et Steward, à la simple observation des faits soumis à l'expérience, déclarerait volontiers, avec son interprète français, Jouffroy, que la question de l'immortalité de l'âme est une question *prématurée*.

« On demande, dit notre auteur, comment un philosophe acquiert la certitude d'une vie à venir, dont personne n'a et ne peut avoir l'expérience ?

« Cette objection, plus spécieuse que solide, suppose que nous ne pouvons jamais avoir la certitude que des faits présents ou matériellement vérifiés. Mais ce principe n'est proprement et rigoureusement applicable qu'aux faits de l'homme qui dépendent toujours d'une volonté arbitraire, ambulatoire et incertaine. S'agit-il des faits de la nature, des phénomènes du monde physique? Nous avons, dans maintes occasions, la certitude de ce qui arrivera par la connaissance des lois, d'après lesquelles nous voyons se succéder les faits qui sont arrivés ou qui se passent journellement sous nos yeux. Cette certitude est fondée sur l'expérience d'un ordre constamment établi. Or, je soutiens que la même certitude ou, pour mieux dire, qu'une certitude plus grande que même le plus haut degré de certitude, se rencontre dans les choses qui appartiennent au monde moral, parce que l'ordre qui régit ces choses est fondé sur des règles, non-seulement constantes, mais immuables, et mille fois plus connues que celles par lesquelles le monde physique est gouverné. »

Puis, développant cette pensée, il affirme que, hors les objets en petit nombre qui touchent à notre conservation, l'étude du monde physique, création muette et morte, si, suivant sa belle pensée, les contemplations de l'homme ne lui donnaient une voix et la vie, n'est qu'une excursion sur une terre étrangère ; qu'il en est autrement de l'ordre moral où la conscience du moi anime toutes nos recherches, garantit tous nos résultats, à la différence des êtres purement matériels, espèce de nature aveugle qui est toujours à sa place, l'être intelligent et libre, arbitre de sa conduite, et capable de violer les lois qui le gouvernent, doit être responsable de ses actions. De là naît un ordre de choses entièrement distinct des lois qui gouvernent la nature; de là, l'ordre moral.

Mais comment connaître cet ordre? Comme nous avons connu Dieu, le monde, l'homme,—par l'observation des faits, par l'expérience. Qui oserait, en se contemplant lui-même, affirmer que l'homme, atome d'un jour placé au centre de ce vaste univers, sait pourtant s'en rendre indépendant? Impénétrable à tout, il pénètre toutes choses. Et l'homme qui, pareil à l'aigle planant au milieu des airs, promène librement sa pensée sur tous les objets que la pensée peut embrasser et que le sentiment peut atteindre, l'homme ne survivra-t-il pas à cette enveloppe mortelle! Le témoignage, le consentement universel de l'humanité n'est-il donc pas une assez forte preuve de l'immortalité de l'âme?

Que ceux qui sont tentés de révoquer en doute ce dogme traditionnel et sacré, prêtent du moins l'oreille à leur propre conscience; qu'ils ouvrent les yeux à cette lumière, reflet de la lumière divine qui éclaire jusque dans leurs plus intimes replis les phénomènes du monde psychologique, — astre invisible qui lance parfois des étincelles au dehors, mais qui est constamment attaché à un autre ciel qu'à celui qui touche tous nos sens! et cela fait, qu'ils nous disent, s'ils l'osent, que tout sur la terre est conforme à cet ordre moral, dont la conscience porte l'ineffaçable empreinte ; que tout concourt ici bas à la complète réalisation de cet idéal qu'une main divine sema dans toute intelligence humaine !

Ils ne l'oseront pas ! non, sur la terre, toutes les vertus ne sont pas récompensées, tous les crimes ne sont pas punis, et la conscience, témoin, juge, et non sanction suprême de l'âme, n'est pas l'unique enfer du méchant et la seule rémunération du juste.

Et qu'est-ce que le remords, si ce n'est le présage d'une inévitable justice ? Qu'est-ce que le repentir, si ce n'est la preuve et le gage d'une vie meilleure, où l'âme, fixée dans la vertu, en deviendra inséparable ? Sans doute, la conscience est presque toujours dans l'homme le signe et le lien de nos rapports avec la souveraine justice, avec la souveraine vertu, avec le souverain bien. Mais elle n'en est jamais le terme, ce terme est dans l'éternité !

Vainement dirait-on que ces arguments ne sont pas des preuves. Si ce ne sont pas là des preuves, où donc pourra-t-on en trouver ? L'induction, ce grand instrument de la raison humaine, est un moyen de raisonnement, un guide dans les voies de la vérité. Eh ! ne voyez-vous pas que dès l'instant où vous niez le procédé d'induction, vous détruisez, en quelque sorte, la raison par sa base, vous creusez sous vos pieds le tombeau de votre intelligence, vous devenez sceptique? Écoutez Portalis! vous croirez lire *de Mairan*, ou entendre Cousin sur un des plus féconds procédés de l'esprit humain, et de nouveau vous allez vous convaincre que disciple apparent de l'école sensualiste, Portalis, par cet instinct philosophique qui ne le quitte presque jamais, sait échapper à ses conséquences matérialistes, à l'aide de raisonnements dignes de Descartes et de Leibnitz.

« Ces arguments ne sont pas des preuves, disent les sophistes. Mais que faut-il donc? Nos besoins physiques ne sont-ils pas l'unique preuve de notre droit à toutes les choses nécessaires à notre conservation et à notre subsistance? S'avise-t-on pourtant de contester ce droit ou de le révoquer en doute? Or, la même relation n'existe-t-elle pas entre notre amour inné pour la vérité, et notre vocation à la découvrir et à la contempler un jour? entre nos sentiments, notre manière d'être et notre destination, entre le besoin que nous avons d'être heureux et notre droit à toutes les choses nécessaires à notre bonheur? Nos idées du juste et de l'injuste, le moi intérieur qui échappe à tous les regards humains, notre perfectibilité, nos affections morales, nos facultés intellectuelles, ne donnent-elles pas la conscience, et conséquemment la certitude de nos rapports secrets et impérissables avec l'auteur de toute perfection et la source de toute justice? J'affirme que le soleil se lèvera demain, par l'expérience que j'ai de sa marche. J'affirme que mon âme ne périra pas, par l'expérience que j'ai de ses relations. S'il existe quelque différence entre la première affirmation et la seconde, elle est tout à l'avantage de celle-ci. Car dans le cours périodique des astres et dans les autres phénomènes du monde physique, je ne vois que les jeux de la toute-puissance du Créateur. J'ignore les vues particulières de sa sagesse. Dans la grande question de l'immortalité, j'ai pour principe de conviction sa volonté même; le dépôt de cette volonté est dans mon propre cœur; elle se manifeste dans des liens sacrés par lesquels les êtres sensibles, libres, intelligents, sont nécessairement unis à cette justice primitive et essentielle qui a fondé l'ordre moral et qui peut seule en être la sanction. Niez l'immortalité de l'âme! tous nos rapports avec l'être suprême sont détruits; nous devenons étrangers à la sollicitude et à la puissance du Créateur; l'homme n'est plus qu'un mystère désespérant pour l'homme. Que l'âme soit immortelle, l'ordre moral est garanti, l'homme est expliqué, la Providence justifiée. »

Est-ce à dire pourtant que, comme toutes les grandes vérités de la philosophie, tout ce qui lie l'homme à Dieu, le fini à l'infini, le dogme de l'immortalité de l'âme dont Portalis nous a si énergiquement démontré la nécessité, et par suite la certitude, n'apparaisse pas à notre raison enveloppée de nuages mystérieux ? Non, sans doute ! Montaigne a dit avec raison : « Nous ne connaissons le tout de rien » et rien ne nous paraît plus insensé que la fameuse question de d'Alembert, à laquelle Portalis fait encore allusion ici : Pourquoi y a-t-il quelque chose ? Pourquoi ? Parce que Dieu l'a ainsi voulu, et que sa volonté est la raison des choses. Mais de comprendre cette raison, de connaître la cause de cette volonté, c'est de toutes les entreprises la plus hardie et la plus insensée ; car comment la raison finie de l'homme comprendrait-elle un jour la raison infinie de Dieu ? Notre esprit, il est vrai, est l'image de l'esprit divin ; mais l'image n'est pas l'identité, et quoi que nous fassions, entre l'homme et Dieu, il y aura toujours l'infini pour distance !

« Dans notre situation, qu'exige donc de nous une saine philosophie ? Que nous n'argumentions pas d'une vérité contre une autre, et que les choses qui nous sont inconnues ne nous fassent pas abandonner celles que nous connaissons. Au sein de l'obscurité qui nous environne, nous n'entrevoyons un faible crépuscule que par des fentes étroites et inégalement placées de distance en distance. Serait-il sage de les fermer, sous prétexte que nous nous efforcerions en vain de les élargir ? »

Pascal avait dit : L'homme est bien faible s'il ne sait où doit s'arrêter sa raison. C'est la même pensée, développée par Portalis avec cette clarté qui est le caractère distinctif de son style. Là est tout le secret de la saine philosophie. Nous verrons bientôt cette pensée dominer tout ce que Portalis nous dira sur les rapports de l'esprit philosophique avec la religion. Pour lui, comme pour Port-Royal, elle est la base de la philosophie religieuse, la raison philosophique de la nécessité d'une révélation.

XVIII

Arrêtons-nous un instant. Nous venons d'assister aux divers mouvements de l'esprit humain, dans le domaine de la métaphysique, pendant le dix-huitième siècle. Nous l'avons vu, tantôt enchaîné aux vieilles doctrines des philosophes grecs, de Platon, d'Aristote, de Démocrite et d'Épicure; tantôt entraîné par le courant d'idées nouvelles, ou, plus exactement, rajeunies par les méditations des disciples modernes de la philosophie antique. A l'école des uns, comme à celle des autres, nous avons appris que, sur la nature et l'origine de la connaissance et de la raison, il règne parmi ces philosophes une grande divergence d'opinions, et de nombreux systèmes. Chez eux, nous avons trouvé tour à tour des dogmatiques, des sceptiques, des matérialistes, des athées. A entendre les premiers, l'esprit humain participe, par le moyen des idées éternelles, à la science et à la véracité de Dieu même; affirmer n'est pas seulement un droit, mais encore un devoir pour lui. Les académiciens sont moins absolus qu'eux dans leurs affirmations, ou plutôt, ils rejettent indirectement toute certitude; pour eux, rien n'est vrai dans un sens absolu; car tout n'est que vraisemblable. Les pyrrhoniens doutent franchement de toutes choses. Les épicuriens n'affirment que la matière.

Mais malgré tant de divergences et tant de systèmes, tous s'accordent sur ce point important, capital, qu'une fois la certitude admise, si toutefois l'esprit de l'homme peut jamais y parvenir, il est logiquement, fatalement, nécessaire d'admettre que la raison peut, appuyée sur cette certitude comme sur un roc inébranlable, atteindre la preuve, la démonstration, et par suite arriver à la conviction et à la certitude des deux dogmes qui sont comme les pôles du monde métaphysique et moral, — l'existence de Dieu et l'immortalité de l'âme.

Philosophes anciens et modernes, tous, un seul excepté, conviennent que dès qu'elle est entrée en possession de la certitude, il est possible à la raison humaine de s'élever sur ses propres ailes jusqu'à l'affirmation philosophique de Dieu, de l'âme et des rapports de l'âme avec Dieu.

Il était réservé au prétendu réformateur de la philosophie moderne de nier cette possibilité, et de dépouiller la raison humaine d'une faculté sans laquelle, *théorétiquement* du moins, elle ne serait qu'impuissance, dérision et chimère.

Que faut-il penser d'une doctrine qui rejette la possibilité d'administrer des preuves certaines et philosophiques de l'existence de Dieu et de l'immortalité de l'âme?

Tel est à peu près le titre du chapitre, trop court à notre avis, dans lequel Portalis combat pied à pied les audacieuses et impies doctrines de la *raison pure* de Kant, dans leur application à la démonstration de l'âme et de Dieu.

Il est vrai que, ainsi que nous l'avons vu, il avait déjà rompu plusieurs lances contre un adversaire qu'il savait devoir rencontrer de nouveau sur le terrain de la preuve des deux dogmes fondamentaux de toute philosophie, de toute morale et de toute religion, et c'est pour cela, sans doute, que, dans sa première rencontre avec lui, il ne lui avait pas ménagé ses plus terribles coups. C'est pour cela aussi qu'à son exemple, nous avons cru devoir, contrairement à notre procédé favori, discuter en détail, et avec certains développements, les conditions essentielles de la connaissance.

Portalis avait prévu les conséquences forcées du système de Kant sur ce point.— Et voilà pourquoi il s'était tout d'abord appliqué à en détruire les principes. En démontrant que sans l'expérience et l'observation, l'esprit humain est incapable de connaître, il avait par cela même démontré que la certitude, qui n'est que la connaissance portée à son degré le plus élevé, devait échapper à ses stériles efforts.

Nous l'admettons, et pourtant les quelques pages de notre chapitre nous font regretter qu'il ne s'y soit pas livré à une plus longue discussion : le sujet était si grave, si fécond et si digne d'être contemplé sous tous ses aspects par un esprit aussi philosophique que le sien !

XIX

Suivant le philosophe de Kœnigsberg, toute démonstration ne repose que sur deux sortes de preuves : les unes, indépendantes de l'expérience, ne dérivent que de la raison pure ; ce sont les preuves *à priori* ; les autres, émanant de l'expérience, et impossibles sans elles; ce sont les preuves *empiriques* ou *à posteriori*.

Or, pour prouver l'existence de Dieu, la spiritualité et l'immortalité de l'âme, il faut le *concours* simultané de ces deux genres de preuves. Mais l'expérience, que nous découvre-t-elle, sinon de simples modifications de la substance, de simples phénomènes qui peuvent n'être qu'une sorte de métamorphose, qu'une fantasmagorie, qu'un rêve?

D'ailleurs, l'expérience, qui ne peut nous conduire au delà des objets qu'elle nous rend, en quelque manière, sensibles,—comment *concourra-t-elle* avec nos conceptions *à priori*, ces idées pures, invariables, nécessaires, éternelles?

Dès lors, la condition du double concours d'une donnée *à priori* et d'une donnée empirique n'étant point remplie, comment parvenir à la connaissance? comment arriver à la certitude et, par suite, à la preuve?

Ainsi donc, de toute nécessité, et malgré les protestations contraires de son fondateur, au bout du *transcendentalisme* kantien, s'ouvrent deux abîmes également profonds, l'idéalisme et le scepticisme, qui ne tardent pas, suivant les paroles du Sage, d'en attirer un troisième, le panthéisme idéaliste de Fichte qui touche par tant d'endroits au panthéisme naturaliste (ou matérialiste) de Schelling!

Portalis n'est nullement ébranlé par l'obscure et sophistique argumentation de Kant. Conséquent avec les prémisses de son système d'empirisme mitigé, il avoue, d'accord en cela avec le philosophe prussien et plus d'un bon esprit de notre temps, que la démonstration cartésienne de l'existence de Dieu, fondée en grande partie sur les préjugés des idées innées, n'est pas suffisamment concluante, à ne considérer que la forme de l'argument qui le fournit. Il admet encore, avec Kant, que l'existence d'un être nécessaire, infini, souverainement intelligent, pas plus que la spiritualité et l'immortalité de l'âme, n'est point rigoureusement prouvée, par cela seul que nous pouvons *à priori* nous former plus ou moins arbitrairement une idée quelconque de Dieu et de l'âme, ou de tous autres êtres qui n'auraient ou pourraient n'avoir qu'une fantastique existence. Mais ce qu'il lui conteste et ce que nous lui contestons avec Portalis, c'est que ces vérités ne soient pas suffisamment démontrées à notre raison par les faits mêmes qui en produisent l'idée dans notre esprit; c'est qu'aux yeux de tout philosophe, le sceptique excepté, il ne soit pas constant, certain, hors de tout doute sérieux, *démontré*, que la raison enseigne à tous les hommes la subordination nécessaire du raisonnement à l'expérience, sans perdre pour cela aucun de ses droits de légitime contrôle et d'examen réfléchi sur le produit de l'expérience et sur l'expérience elle-même.

Et, en effet, qu'est-ce que reconnaître ce contrôle ou cet examen du raisonnement par l'expérience et réciproquement? Est-ce, comme l'avance le philosophe prussien, méconnaître la force des idées *à priori*, qu'il appelle, lui, les idées fournies par l'expérience interne ou la conscience?

Non! répond Portalis, mais seulement s'abstenir de toute supposition, de toute hypothèse arbitraire; ne raisonner que d'après les faits fournis par l'expérience.

— Mais l'expérience a des bornes qu'on ne peut franchir sans danger?

Qui le nie? Mais la raison n'a-t-elle pas, elle aussi, des limites? Et ces deux bases, ces deux principes de la connaissance, l'expérience et la raison, si intimement unies entre elles qu'on ne peut les concevoir séparées l'une de l'autre, sans que la connaissance ou notre faculté de connaître tombe ensevelie sous leurs ruines, ne sont-elles pas, et dans leur nature et dans leur action, nécessairement limitées, comme tout ce qui appartient à un être fini et borné?

D'où vient ici l'erreur de Kant? de ce qu'il sépare, de ce qu'il fait *divorcer* l'intelligence d'avec les sens, la raison d'avec l'expérience. Son tort, qui prend sa source dans cet orgueil philosophique, qui ne sait pas même respecter le domaine infini, inaccessible de l'intelligence divine, et confond avec lui le domaine fini de l'intelligence humaine, — son tort est d'avoir trop accordé à la raison pure, c'est-à-dire à des abstractions, et pas assez à la raison pratique, c'est-à-dire unic à l'expérience.

Vainement prétend-il que l'expérience est si peu une condition essentielle de la connaissance qu'elle ne peut dépasser le cercle étroit des faits observés! Est-ce que jamais personne eut la pensée de soutenir que l'expérience seule, indépendamment de la raison, est capable de donner la connaissance? Pourquoi supposer chez ses adversaires des erreurs imaginaires pour se donner le vain, mais peu philosophique plaisir de les combattre?

Ne séparons pas ce que Dieu lui-même a uni, et ne tentons pas, nouveaux Titans, d'escalader le ciel. A l'esprit humain, tout comme au grain de sable, Dieu a dit : « Tu viendras jusque-là, tu n'iras pas plus loin ! »

Remarquons ici, pour être juste et complet, que Kant a si bien compris lui-même le vice de son argumentation dans ses rapports avec la vie pratique, que, reculant devant ses conséquences immorales, il est tout disposé, non plus à titre de philosophe, mais à titre de législateur, à les établir au nom de l'autorité politique et sociale, et, comme le dit très-bien Portalis, à les *décréter*.

Ce mot nous rappelle, et ce rapprochement singulier se sera présenté dans l'esprit de tous, que la Convention, en vertu d'un décret proposé par Robespierre, imposa au peuple français les doctrines de la *raison pratique*.

Quoi qu'il en soit, la réfutation de Portalis est solide, concise, entière.

« Je soutiens que les vérités de l'existence de Dieu, de la spiritualité et de l'immortalité de l'âme sont des vérités philosophiques, c'est-à-dire des vérités constatées par des preuves proprement dites. — Exactement parlant, rien de ce qui est ne peut être connu ni prouvé *à priori*. — L'existence est un fait, et un fait, quel qu'il soit, ne peut être fondé que sur ce que Kant appelle des preuves empiriques, c'est-à-dire sur l'expérience. Des idées et des preuves *à priori* supposeraient, non la science qui s'acquiert, mais une prescience de toutes choses, qui n'a jamais été ni ne peut être le partage de l'homme. »

Kant blâme trop légèrement le *fond* de la démonstration de Descartes.

Descartes n'a péché que dans la *forme*, sa démonstration est mal faite, sans être erronée. Il sentait fortement en lui l'idée d'un être nécessaire, mais il était trop imbu de son système des idées innées, pour entreprendre d'analyser cette grande idée et d'en montrer la génération. Descartes commence par où il aurait dû finir. Sans doute, l'existence d'un être nécessaire n'est pas prouvée par cela seul que nous pouvons nous former une idée quelconque d'un pareil être! Mais elle est prouvée par les faits qui produisent en nous cette idée, et qui lui prêtent un appui réel.

Où est donc la perfection, l'*omne punctum* d'une démonstration philosophique de ces vérités ?

Portalis la trouve dans l'union des preuves sensibles et des preuves abstraites, et il cite pour exemple l'excellent traité de l'existence de Dieu de l'admirable Fénelon. — Il aurait pu citer également le traité non moins admirable, quoique moins étendu, de la *Connaissance de Dieu et de soi-même*, du sublime Bossuet.

Kant affirme que l'expérience ne va pas au delà des faits qui en sont l'objet. — Il oublie que l'homme n'a pas que des sensations; que les sensations, qui ne sont que des impressions aveugles sur les sens, sont fécondées par la raison qui les voit, les juge, les transforme en pensées, et tire du fait sensible la preuve ou l'indication d'un nouveau fait qui ne l'est pas. — « Il n'est pas nécessaire que je trouve ce fait sous ma main : il suffit que son existence me soit démontrée par les faits que je connais et dont j'ai l'expérience personnelle. »

Sans en employer le mot, Portalis suit ici le procédé d'induction, ce moyen tout rationnel d'arriver à la vérité morale et intellectuelle, souvent aussi sûr et aussi efficace dans l'ordre des choses de la raison, que la déduction dans l'ordre des choses matérielles et sensibles.

Il compare les faits à ces pointes de rochers qui, au milieu d'une mer immense, marquent la position et la route, ou bien encore, à ces vents frais qui annoncent au navigateur la terre qu'il ne voit pas encore.

Comment un astronome prédit-il une éclipse, sans crainte de se tromper? D'après l'observation exacte des phénomènes qui ont précédé, accompagné ou suivi de précédentes éclipses.

« Ainsi Dieu est annoncé par l'univers. Les corps que je connais reçoivent et communiquent le mouvement, mais ne le produisent pas; il y a donc un premier moteur qui donne tout et ne reçoit rien, et renferme nécessairement en lui-même le principe d'un mouvement spontané. Or, je ne rencontre les traces de ce principe que dans les êtres intelligents et libres; le premier moteur est donc un être qui a une intelligence et une volonté. — Toutes ces conséquences sont directes; elles naissent immédiatement des faits dont j'ai l'expérience. — Elles sont donc prouvées par les faits, c'est-à-dire par l'expérience même.

Je le demande avec confiance à tous ceux qui connaissent les principes de la philosophie écossaise : n'y a-t-il pas dans ces lignes la même manière de raisonner, la même sagesse d'induction, plus une certaine netteté d'affirmation que nous chercherions quelquefois vainement dans les ouvrages des chefs de cette école?

Assez sur l'existence de Dieu. Mais la spiritualité et l'immortalité de l'âme résisteront-elles comme elle, aux arguments du professeur de Kœnigsberg? Eh! sans doute, répond notre philosophe. « Je n'ai besoin que de connaître la matière comme étendue et divisible pour être assuré qu'elle ne pense pas. Je n'ai besoin que de connaître les rapports et la tendance de mon être intellectuel et moral, pour être convaincu que cette tendance ne pouvait se terminer à la vie présente. Ces objections latérales ne peuvent rien contre les preuves directes. Quand une conclusion est une suite, une dépendance immédiate d'un fait dont j'ai l'expérience, il peut y avoir obscurité, il n'y a plus incertitude. »

Il est incontestable que l'expérience a ses dangers et ses erreurs. Si elle fournit à la raison les matériaux, l'occasion de ses conceptions et de ses jugements, elle en emprunte de son côté les règles et les limites. Aussi un fait expérimental ne peut-il être de quelque autorité pour l'esprit humain qu'autant que la raison l'a vérifié et contrôlé. Mais quand ce fait est reconnu par elle, — quand, et c'est là un de ses principaux offices, elle affirme ce fait et saisit les rapports qui le lient à d'autres faits; — alors, si elle déduit de ce même fait des conséquences *immédiates*, qui ont avec ces autres faits des liaisons nécessaires, logiques, certaines, notre esprit peut se dire en possession de la vérité et de la certitude.

« Alors, conclut Portalis, j'ai toute la preuve que je puis exiger, et toute la certitude que je puis obtenir, et à moins qu'on ne prétende que, hors des mathématiques, il n'y a ni démonstration ni certitude, je soutiens que l'existence de Dieu, la spiritualité et l'immortalité de l'âme doivent être rangées dans la classe des vérités les plus rigoureusement démontrées. »

C'est ainsi que Portalis, prenant toujours pour guide cet esprit philosophique qui examine tout et n'exagère rien, et cette droite raison qui s'appuie tout à la fois sur l'observation et sur la conscience, établit une théorie de la connaissance plus exacte que celle de Locke, plus vraie que celle de Condillac, plus complète que celle de Kant, plus concluante que celle de l'école écossaise, et pleinement d'accord, quoiqu'on ait soutenu le contraire, avec la théorie de la connaissance, telle que l'a posée l'école éclectique, parce qu'elle est pleinement conforme à la nature de l'homme et des choses.

Avant d'aborder un autre objet de l'esprit philosophique, nous serions infidèle à ses inspirations, si nous ne placions ici une remarque qui n'est pas sans quelque importance.

Portalis soutient que la raison nous prouve et la spiritualité et l'immortalité de l'âme. Cela a besoin d'une explication.

On peut se demander si par « immortalité de l'âme » il entend seulement la possibilité pour l'âme de survivre au corps, ou bien le fait, et la *permanence* du fait même de cette survivance.

A cet égard, nous estimons que la raison est impuissante à établir autre chose que cette possibilité, résultant de la nature même de l'âme. Si elle veut aller plus loin, si elle veut affirmer comme certain un dogme qui ne peut être que probable à ses yeux, nous disons qu'elle empiète sur le domaine de la foi. Car la question de savoir si ou non l'âme de l'homme survivra *permanemment* à la dissolution des organes du corps, est moins une question de psychologie qu'une question de religion.

C'est déjà beaucoup que la raison puisse nous démontrer la possibilité et la convenance morale de cette permanente immortalité. Mais comment nous prouverait-elle que l'âme sera réellement immortelle, c'est-à-dire, qu'elle ne cessera pas d'exister? Une révélation de Dieu pourra seule nous l'apprendre.

Portalis avait, en termes généraux, répondu à cette question, quand il écrivait à la fin de notre chapitre XII : « Les faits et les choses que nous connaissons dans la vie présente, nous annoncent et nous prouvent une vie à venir ; mais les raisonnements que nous pouvons faire sur les *détails* de cette seconde vie, ne sont plus des conclusions appuyées sur des faits. La *certitude* manque alors, parce que nos spéculations sont notre ouvrage, et parce que notre raison cesse de nous réfléchir la lumière qu'elle reçoit de l'expérience. »

Reconnaissons à ces « traits ce coup d'œil d'une raison exercée » qui apprécie chaque chose par les principes propres à chaque chose, qui discerne, reconnaît et respecte la puissance, mais aussi les limites des connaissances humaines, et qui est, en un mot, cet esprit philosophique dont le vrai philosophe use toujours, mais n'abuse jamais.

XX

Arrivons maintenant au chapitre treizième, où l'auteur, nous le disons à notre grand regret, effleure à peine un important sujet qui eût pu, sous sa plume élégante et facile, prendre les dimensions de tel autre chapitre, remarquable par l'abondance des réflexions et par l'étendue des développements.

Je veux parler de l'application de l'esprit philosophique à certains systèmes particuliers de *statique* intellectuelle et morale et de physiologie, qui, sans entraîner « des effets aussi funestes » que le matérialisme, dérivent, comme lui, de la même source, c'est-à-dire, d'une fausse application des sciences naturelles ou expérimentales à la métaphysique, et nous jettent dans une foule d'illusions et d'erreurs; systèmes mal assis, sans base certaine, nés d'observations incomplètes, peu concluantes; imaginés pour exciter, et non pour satisfaire la curiosité de l'esprit humain.

De ce chapitre, qui ne renferme guère que l'esquisse ou le résumé d'un travail plus considérable sans doute, nous ne voulons faire connaître que deux pensées qui ne manquent ni de piquant, ni d'originalité, ni de justesse, ni de bon sens pratique,—ajoutons, ni d'à-propos à l'endroit de systèmes presque contemporains affichant, de même que ceux de Gall et de Spurzheim, la prétention d'expliquer les lois et les phénomènes de l'intelligence par les lois et les phénomènes de la matière, et faisant ainsi de la métaphysique une sorte de science mathématique et naturelle.

« On a voulu décomposer les facultés de l'âme humaine comme l'on décomposerait les ressorts de la machine la plus connue et la plus compliquée ; on a cru pouvoir soumettre toutes nos forces morales et intellectuelles au calcul.

« Depiles a entrepris de peser les talents des plus grands peintres.

« Je doute que des *quantités* morales puissent donner prise à des observations, telles qu'il les faudrait pour fonder un art soumis à des règles certaines ou convenues. »

Pourquoi ce travers, cet abus de l'esprit philosophique, qui, non content d'observer les faits particuliers, de les grouper et de les classer de manière à en tirer des inductions légitimes, préfère les transformer d'emblée en règles générales et en certitude absolue? C'est évidemment parce que nous ne sommes pas moins impatients que curieux, et que, dans notre impatience de connaître, nous acceptons pour fait général ce qui n'est qu'un cas particulier, et nous assimilons par la pensée des choses dissemblables par leur nature.

Apercevons-nous des rapports d'analogie entre deux objets d'un ordre différent? Entraînés par cette impatiente curiosité, et aussi par cet enivrement de l'esprit, toujours prêt à affirmer plutôt qu'à douter, à croire plutôt qu'à examiner, nous prenons trop facilement l'illusion pour la réalité et l'ombre pour la proie. Conjecturer est sage assurément; mais affirmer est plus commode et flatte davantage notre amour-propre.

De là l'esprit de système aussi éloigné, en général, de l'esprit de vérité que la probabilité de la certitude. De là, même chez les hommes tels que Lavater, « non moins distingués par le génie que par les vertus, » la prétention de réduire en règles et en principes, et d'élever au rang d'une véritable science « capable d'honorer leur siècle » de simples conjectures, de pures probabilités, « des observations souvent fautives, rarement désintéressées. »

La *physiognomonie* n'est pas plus une science que la phrénologie, que le magnétisme, et faut-il dire, que la *gyrotrapézie* ou tables tournantes.

Est-ce à dire, pour ne parler que des systèmes de Lavater et de Gall, que tout en soit faux et chimérique? Non, certes! mais, comme le dit spirituellement Portalis, « il sera plus sûr de juger les hommes par leurs actions que par leur visage, et par la conformation de leur crâne. » Refusons le nom de *science* à des explications mystérieuses, qui sont des échappées fugitives d'un monde placé au dessus de nos conceptions et de nos sens, — explications qui supposent des connaissances que nous n'avons pas et que nous n'aurons vraisemblablement jamais.

Ainsi le veut l'*usage* de l'esprit philosophique, et c'est ce que fit en plein moyen âge un homme non moins éminent par sa sainteté que par son intelligence, le docteur séraphique saint Bonaventure, — précurseur de Gall et de Lavater. Il émit des conjectures sur les sujets scabreux de leur système; — mais il se garda bien de vouloir les ériger en science.

Grandeur et misère de l'esprit humain! On dirait qu'il est incapable de mener de front et avec le même succès, la culture de plusieurs sciences! Au dix-huitième siècle, la métaphysique et la physique éprouvèrent, plus que dans aucun autre, sauf peut-être le dix-neuvième où, tout considéré, les sciences naturelles l'emportent de beaucoup sur les sciences philosophiques, — cette alternative de lumière et d'obscurité qui les fait ingénieusement comparer par Portalis à deux hémisphères qui ne peuvent être éclairés en même temps, et à ce flux et reflux de la mer, dont l'effet est d'apporter sur le rivage quelques matières nouvelles, et d'éloigner une partie de celles qui s'y trouvent.

Quand donc les sciences, prises dans leur sens le plus compréhensif, — la science des corps comme la science des esprits, la connaissance de Dieu, la connaissance de l'homme, la connaissance du monde, se contenteront-elles de vivre et de se développer, chacune dans leur sphère, et en se prêtant un mutuel appui, comme il convient aux filles d'un même père, destinées à des labeurs divers dans leur objet, mais identiques dans leur but, — le progrès de l'esprit humain? Quand, dis-je, luira ce jour, jour de joie et de bonheur pour l'humanité?

— Quand l'usage de l'esprit philosophique aura fait place à son abus; — quand au désir et à la recherche de la science l'homme apportera cette *sobriété* et cette modération, ennemie de tout excès, qui lui permet, en ménageant les forces de son intelligence, de les exercer dans toute leur étendue, et de les accroître au fur et à mesure qu'il les exerce.

XXI

L'esprit philosophique est à l'intelligence de l'homme ce que la religion est à son cœur. Il l'embrasse dans toutes ses manifestations; il la saisit sous tous ses aspects; il la suit dans tous ses développements. Nous pouvons, à certains égards, dire de lui ce que Mme de Staël disait de la religion : Elle est tout, ou elle n'est rien.

Nous avons vu son influence sur les sciences métaphysiques et les sciences physiques, fruits de la raison et de la conscience. Nous allons maintenant parler de son influence sur les belles-lettres et les arts, œuvre de sentiment et d'imagination.

« Or, le sentiment, dit Portalis, doit être observé, et l'imagination doit être réglée. »

Mais qu'est-ce qui observera l'un et réglera l'autre ? L'esprit philosophique.

Il n'en faudrait pas davantage pour résoudre la question qui forme le titre du chapitre XIV de l'ouvrage de Portalis : L'esprit philosophique est-il étranger aux belles-lettres et aux arts ?

L'auteur se propose d'y prouver, par la raison et par l'histoire, la salutaire influence de la philosophie sur ces deux branches de l'activité humaine, et que c'est la philosophie ou l'esprit philosophique qui enseigne, dirige et perfectionne l'application des règles qu'il faut observer dans la conception et dans l'exécution de toute œuvre artistique ou littéraire.

Inutile de dire qu'en préconisant, avec une juste mesure, l'usage de l'esprit philosophique dans les théories du goût et dans la pratique de l'art, il n'oublie pas d'infliger un blâme sévère à l'abus qu'en ont fait quelques philosophes moroses et et chagrins. « Abuser de l'esprit philosophique, dit-il avec un admirable bon sens, c'est en manquer. »

Ils ont donc manqué du véritable esprit philosophique, les sophistes, heureusement peu nombreux qui, sous la bannière du fameux auteur du *Discours sur les lettres et les arts*, etc., s'avisèrent de former une espèce de croisade contre la littérature et les beaux-arts, au nom de la simplicité des mœurs et de ce qu'ils appelaient « les saintes et primitives lois de la nature. » Suivant eux, les lettres et les arts ne furent en honneur que chez les peuples corrompus par le luxe et par la civilisation.

En parlant ainsi, Portalis a évidemment en vue l'éloquente philippique de Rousseau contre les sciences et les lettres.

Prétendre que la littérature et les beaux-arts sont incompatibles avec des mœurs simples et austères, c'est ignorer « qu'il est, dans l'ordre moral et intellectuel, des révolutions aussi forcées que celles qui arrivent dans l'ordre physique, et dont il serait aussi injuste de se plaindre que du changement des saisons. » C'est conséquemment abuser des idées philosophiques.

Mais ces révolutions intellectuelles et morales, —c'est le *progrès,* cette force, cette énergie, cette loi de l'esprit humain, marchant incessamment à travers les temps, les choses et les hommes, vers l'idéal d'une perfection qu'il n'atteindra jamais sur cette terre, mais qu'il poursuivra toujours, comme s'il devait finir par l'atteindre.

Or, ce progrès se révèle par tout ce qui est de nature à servir nos besoins, à développer nos connaissances, à augmenter nos jouissances physiques et morales, intellectuelles et sociales. Ainsi défini, quoi de plus légitime et de plus conforme à la nature humaine?

« Nous sommes sensibles, intelligents, sociables.

Comme êtres sensibles, nous recevons des impressions. Comme être intelligents, nous formons des idées. Comme être sociables, nous avons le besoin et le désir de communiquer ces impressions et ces idées à nos semblables. »

Mais qu'est-ce que la littérature et que sont les beaux-arts, si ce n'est un instrument, un moyen, un mode de communication aux autres de ce que nous voulons et de ce que nous pensons nous-mêmes ?

La vie de l'homme se compose de choses nécessaires, de choses utiles et de choses agréables. Les sciences nous donnent le nécessaire et l'utile, les lettres et les arts, l'agréable et le beau.

Rousseau soutient que les lettres sont toujours les compagnes du luxe et de la corruption, et on sait comment il résume sa thèse par la bouche de Fabricius.

Que n'est-il toujours aussi raisonnable et aussi sensé dans ses doctrines qu'éloquent et paradoxal dans ses discours ! Oui, cela est vrai, « le siècle des talents est *presque* toujours (et non toujours) celui du luxe et du genre de corruption qui marche à la suite du luxe ! » Mais il devait ajouter avec Portalis : « Qu'il serait aussi absurde de dire que le luxe et ses désordres sont le produit des talents littéraires ou artistiques, qu'il le serait d'avancer que le bon grain produit l'ivraie, parce que, dans la saison marquée, le même principe de végétation fait croître l'ivraie à côté du bon grain. »

Savez-vous ce que sont les lettres et les arts ? Ils sont ou peuvent être la compensation de bien des maux, la correction de bien des vices, l'embellissement du triste songe de la vie, la source, pour plusieurs, de douces et délicates jouissances, la parure et l'ornement du monde.

Peut-être Portalis s'est-il souvenu ici d'un des plus beaux passages du dicours de Cicéron pour Archias !

En tous cas, quand on imite ainsi, on n'est pas un servile copiste, et on est capable de devenir un modèle soi-même.

« Ce qui plaît, continue-t-il, ne peut jamais nuire, à moins qu'on n'en fasse l'instrument de ce qui nuit, et alors, c'est l'abus et non la chose qu'il faut proscrire. »

Il était possible de parler avec plus de correction et d'élégance, mais il était impossible de penser avec plus de justesse et plus de raison.

Le paradoxe antilittéraire et antisocial de Rousseau n'était pas digne d'une pareille réfutation. Et cependant Portalis ne veut pas terminer notre chapitre sans lui porter un dernier coup.

« Il importe de cultiver les belles-lettres et les beaux-arts, non pas seulement en vue de nos journaux et de nos délassements, mais dans l'intérêt même de la vertu et de la vérité. Les beaux monuments perpétuent les belles actions ; les bons livres propagent les bonnes maximes ; l'art de bien parler et de bien écrire dispose à l'art de bien agir. Dans l'état de nos sociétés et de nos mœurs, la sèche et froide raison sera toujours forcée de céder le pas à la raison brillante et ornée. »

Nous concevons difficilement aujourd'hui que, près de quarante ans après la publication du plus paradoxal des ouvrages du philosophe genevois, Portalis ait cru opportun d'en réfuter les sophismes.

Mais notre étonnement cessera si, jetant un regard rétrospectif sur des temps voisins du nôtre, nous nous souvenons que plus d'un de nos contemporains les plus illustres n'a pas cru indigne de lui de prendre au sérieux et de combattre sans pitié ni merci certains paradoxes,—assurément plus dangereux,—mais bien autrement contraires au sens commun que celui de Rousseau.

Mais laissons là une question qui n'en est plus une, et qui, nous l'espérons bien, ne le redeviendra jamais, tant que les nations chrétiennes fermeront leurs portes à cette horde de barbares civilisés, plus redoutables que les barbares d'un autre âge, qui, logiciens jusqu'à l'absurde, ne reculent devant aucune des conséquences de leurs principes, — cette conséquence fût-elle de nous ramener au règne de la force brutale et des plus grossiers appétits.

C'est surtout dans ses rapports avec la littérature et les beaux-arts que l'esprit philosophique nous apparaît avec ce besoin de liberté d'examen, de raisonnement et de lumière, qui est un de ses principaux caractères.

La renaissance fut un de ses plus utiles promoteurs ; nos découvertes scientifiques lui vinrent puissamment en aide, et la réforme religieuse, tout en brisant à tort le joug de la soumission religieuse, ne laissa pas que de contribuer de son côté, par son principe de libre examen et sa prétendue émancipation de l'autorité de l'Église, à ce mouvement général, universel, qui produisit, nous le proclamons hautement, une heureuse secousse dans les âmes.

« Quand on put choisir entre Aristote et Platon, fronder l'un et l'autre avec Descartes, on commença à croire que l'on pouvait être poëte sans imiter servilement Homère ou Virgile. On cita moins, on raisonna davantage ; chacun put se dire à lui-même, comme le Corrége. « Et moi, aussi, je suis peintre ! »

Que ne devons-nous pas à l'esprit de justesse, d'observation et de méthode, qui est l'âme de toutes les sciences et de tous les arts, et l'un des mille aspects de l'esprit philosophique ! A peine commence-t-il a poindre à l'horizon du seizième siècle, et notre littérature s'enrichit de ses premiers chef-d'œuvre. Amyot traduit Plutarque, Pasquier fait ses *Recherches*, Montaigne publie ses *Essais*, Balzac ses *Lettres*, et on commence à soupçonner que la mâle élévation du génie de Corneille est préférable à l'afféterie et au faux bel esprit de Voiture. — Un peu plus tard, paraissaient Racine et Molière, ces deux peintres immortels des passions et des ridicules de l'homme ; Pascal burinait ses *Provinciales*, que Portalis décore avec raison du titre de chef-d'œuvre de style, de discussion et de goût ; nous voudrions ajouter — et de loyauté !

C'est encore à l'esprit philosophique que revient, en grande partie, la gloire littéraire du dix-septième siècle, — et tant d'œuvres remarquables des premières années du dix-huitième.

Ce *lucidus ordo*, si impérieusement prescrit par le législateur du Parnasse latin, — condition essentielle de l'art d'écrire et de penser, comment le mettre dans ces ouvrages de l'esprit, si on ne s'est préalablement habitué à découvrir, par l'analyse et la méditation des opérations de notre intelligence, quels en sont les vrais éléments ? Et je dis ceci pour les arts tout comme pour les sciences et la littérature. « Il est une logique pour les sens, dans tous les arts qui parlent au sens, » comme « il est une métaphysique du cœur pour la poésie, » et rigoureusement parlant; la logique n'est pas moins nécessaire que la métaphysique, pour qui veut devenir éloquent. Si vous en doutez, songez aux *Tusculanes* de Cicéron et aux *Lettres de cachet* de Mirabeau.

XXII

Quand l'esprit philosophique a constaté le *fait* de son influence sur la littérature et les beaux-arts, sa tâche n'est qu'à moitié remplie.

La littérature et les beaux-arts sont des procédés de notre intelligence pour arriver au beau. Il faut donc que l'esprit philosophique se demande ce qu'est le beau : s'il existe un beau essentiel; s'il diffère du sublime, de l'agréable et du gracieux; si l'étude et la connaissance du beau sont soumises à des principes fixes.

Portalis s'est posé ces questions à l'occasion des beaux-arts et de la littérature, et il s'est proposé de les résoudre dans un chapitre spécialement consacré au beau considéré dans sa source, dans ses caractères et dans sa nature.

Tout d'abord, il en établit l'existence, mais trop sommairement pour que nous puissions discerner auquel des nombreux systèmes inventés pour en expliquer l'origine, il donne la préférence. Il y a plus, on dirait qu'il ne s'est pas même douté de l'émission de ces systèmes. Trop timide cette fois, il paraît craindre de remonter à la source du sentiment du beau, parce que, d'une part, une saine philosophie nous défend, sous peine d'absurdité, de franchir les limites qui séparent les faits des principes, et parce que, d'autre part, les principes seront toujours voilés pour nous. D'où il conclut fort logiquement, mais avec un faible regrettable pour les doctrines sensualistes, que l'expérience peut seule nous instruire sur l'origine du beau, et qu'à elle seule nous devons demander la preuve que tel objet plaît ou déplaît d'une manière constante et universelle.

Portalis ne voit donc pas qu'il contredit ici ce qu'il a dit ailleurs, soit en réfutant la métaphysique de Kant, soit en démontrant la nécessité morale d'une vie à venir.

D'où vient cela? Ne serait-ce pas parce que, s'attachant exclusivement à l'objet vulgaire du *beau*, il prend ce mot dans son acception purement physique? Nous n'hésitons pas à le croire, quand nous lisons à la première page de son étude sur le beau, cette phrase trop significative : « N'est-il pas évident que si le même objet excite généralement la même *sensation* chez les hommes bien organisés, nous serons autorisés à conclure qu'il renferme des qualités capables de produire ou de réveiller cette sensation? »

Disons-le franchement, influencé à son insu par les sophismes de la philosophie condillacienne, il paye ici un large tribut aux idées dominantes de son siècle.

Quoi! la *vue de certains objets*, cela veut dire, l'expérience *externe* et *sensible*, suivie d'un sentiment de *plaisir*, c'est là la source, c'est là l'origine de l'idée du beau! Et elle nous autorise à affirmer qu'il existe un beau réel, un beau qui n'est point arbitraire!

Passe pour le beau physique! et encore ne serait-il pas difficile de démontrer que le beau *plastique* ne mérite ce nom qu'à la condition de réfléchir sur le marbre ou sur la toile un rayon de ce beau idéal qui nous semble se lier au beau physique, comme l'expérience sensible à l'expérience interne ou à la conscience, et le corps à l'esprit.

Mais ce beau idéal, le beau dans sa signification la plus élevée, modèle et non copie, original et non imitation, perfectionnant les formes divines par la nature matérielle ou plutôt créé ou produit par elle, ce beau qui est en dehors et au-dessus des sens, et dont l'idée ne nous vient pas plus des sensations que les idées de Dieu et d'esprit; ce beau, permettez-moi de vous le dire, en m'inspirant de vos propres doctrines, ce beau n'est, suivant la définition de Platon, que la splendeur du vrai, du vrai absolu, du vrai qui est Dieu!

Mais encore un coup, Portalis n'a sans doute voulu parler que du beau matériel, et, à ce compte, son principe admis, le beau ne serait et même ne pourrait être, ainsi qu'il l'assure, que l'imitation de la *belle* nature.

Comme on le voit, raisonner ainsi, c'est un peu résoudre la question par la question.

Il a beau dire qu'à l'aide d'une métaphysique sage et éclairée, on apprend à démêler le beau essentiel du beau de convention et de mode. Si, par cette métaphysique, il ne refuse pas à l'idée du beau, toute origine sensible, on pourra le mettre au défi de saisir jamais sa nature invariable, immuable, fixe, la même dans tous les temps et dans tous les lieux, parce qu'elle participe à la nature de l'idée du beau essentiel, absolu, qui n'est autre chose que la beauté ineffable de Dieu, se manifestant aux yeux de l'âme et du corps de l'homme, par le rayonnement de son verbe ou de son intelligence incréée et par le miroir de la création.

Portalis ne l'avait-il pas compris lui-même?

Voici, en effet, ce qu'il dit après avoir expliqué que, par le *plaisir*, source et caractère du beau, il entend tout ce qui nous attache à un objet par le sentiment :

« Il y a un beau universel, comme il y a une raison commune. Ce beau n'est point une idée simple, mais seulement isolée. C'est le résultat de ce qui plaît le plus généralement... On aime à retrouver, dans les ouvrages de la nature comme dans ceux de l'art, une certaine symétrie, un certain balancement, un certain équilibre. Dans tout ouvrage, dans toute entreprise quelconque, on admire l'accord bien combiné des moyens avec la fin. Partout les hommes aiment ce qui les surprend, ce qui les étonne, ce qui les émeut.

Un pas de plus, et se rencontrant avec Platon, saint Augustin, Malebranche et le père André, ils s'élevait avec eux jusqu'au sein de l'*Invariable* et de l'*Universel*, et y puisait à larges flots l'idée, l'image, le type et le principe de la souveraine Beauté !

Mais ce pas, il l'a fait, sans s'en rendre compte, quand, discutant la question de savoir si le sublime, ce sommet du beau, peut naître de la terreur, il laisse échapper du fond de sa conscience ces magnifiques paroles :

« Pourquoi nos principes actifs, nos principes moraux sont-ils si généreux, si nobles, tandis que nos sensations physiques, c'est-à-dire notre sensibilité passive, se montrent si égoïstes et si abjectes ? Quelle est cette puissance secrète qui porte l'homme vertueux, dans toutes les occasions, et l'homme vil, dans quelques-unes, à sacrifier leur intérêt propre à celui de tous ? Est-ce cette légère étincelle de bienveillance que la nature a jetée dans le cœur humain ; mais que la plus légère passion y étouffe? Est-ce l'amour du prochain, l'amour des hommes? Non! c'est un amour plus fort, une affection plus puissante : c'est l'amour de soi, ennobli par le sentiment de la supériorité de notre propre caractère; c'est le besoin de l'estime des autres ; c'est le besoin plus intime et plus pressant encore de l'estime de nous-mêmes. Ce besoin est le gardien fidèle de notre dignité, comme nos sensations physiques sont les gardiennes de notre conservation. C'est le *principe moral,* c'est le *principe actif* qui fait les héros et les grands hommes... C'est donc dans les passions qui *naissent de ce principe,* et non dans la terreur qu'il faut chercher les véritables sources du sublime. »

On le voit, le *principe actif* qui engendre ces passions, lesquelles à leur tour engendrent le sublime et le beau, n'est autre chose que le rayonnement du beau et du bon dans la conscience de l'homme.

En somme, dans tout ce que dit Portalis sur le beau, et sur une matière qui va de pair avec lui, sur le *goût,* il y a des observations judicieuses, des vues ingénieuses, des aperçus utiles, des remarques qui accusent les méditations d'un esprit fin et délicat. Malheureusement, sur le principe transcendental du beau, nous n'y trouvons rien ou presque rien. On pourra le consulter pour tout ce qui touche au beau réel et réalisé, mais non pour le beau idéal et théorique. Nous en avons dit la raison, et peut-être nous sera-t-il permis d'en aventurer une autre. Portalis connaissait sans doute le traité classique et neuf, pour son temps, du père André sur ce sujet. Mais l'illustre jésuite était cartésien, et Portalis penchait quelquefois vers la philosophie de Condillac.

Encore une observation! Quand Portalis parle des règles du goût dans les ouvrages de littérature, il fait preuve de connaissances très-variées, d'une immense lecture tant des auteurs anciens que des auteurs modernes, et tout démontre qu'à une mémoire exceptionnellement heureuse, il unissait un jugement exquis.

Les mêmes qualités se font remarquer dans toute la partie de son travail relative à la littérature, aux beaux-arts, à l'esthétique. Soit qu'il discute la difficile question de la théorie des beaux-arts et de l'imitation de la nature par la peinture, la sculpture, la poésie; soit qu'il examine les systèmes d'Hemsterhuis et de Burke, sur la cause de nos plaisirs dans les beautés de l'art, et sur le beau et le sublime en littérature; soit enfin qu'il apprécie les avantages que la littérature doit à une saine philosophie, et la cause de la décadence des belles-lettres et des arts, partout il nous apparaît — doué d'un d'un regard systématique et transcendant, nourri de fortes études — développées par de longues méditations, alliant avec un rare bonheur cet esprit d'ordre et de lumière, d'analyse et de méthode, supérieur à la philosophie comme l'esprit des lois est supérieur à leur connaissance, qui se sent mieux qu'il ne se définit, et qui se révèle par l'examen hardi sans témérité, indépendant sans licence, curieux sans excès, approfondi, impartial, raisonné, de tous les objets soumis à ses investigations et à son contrôle.

Il n'entre pas dans notre plan d'arrêter longtemps notre attention sur l'analyse du côté littéraire ou esthétique plutôt que philosophique des travaux de Portalis. Nous nous reprocherions cependant comme une grave omission de ne pas cueillir çà et là, en parcourant avec lui les vastes domaines du beau, du sublime, du goût, des règles des beaux-arts, des principes et du but des belles-lettres, quelques-uns de ces riches épis qui, réunis par une habile main, formeraient, nous en sommes convaincus, une brillante gerbe d'observations dictées par un esprit philosophique du meilleur aloi, et non moins précieuses pour les littérateurs que pour les artistes.

Mais si nombreux sont ces épis, si embarrassant serait pour nous le choix qu'il nous faudrait en faire, que nous serons forcé de les ramasser, pour ainsi dire, au hasard et sans ordre.

Nous ne prétendons pas à d'autre mérite qu'à celui de les offrir sous forme de bouquet littéraire, et dégagés de tout élément étranger, — à ceux surtout de nos lecteurs qui seraient fatigués de nous suivre sur les hauts sommets de la métaphysique.

Aussi bien sera-t-il agréable à tous, après une si longue course à travers les arides régions de la philosophie, de faire une halte de quelques instants dans la fraîche oasis de la littérature et des beaux-arts.

XXIII

Le plaisir ou la peine que nous éprouvons est en nous : mais l'objet qui excite cette peine ou ce plaisir est hors de nous.

Il y a toujours dans nos sensations quelque chose de réel qui, loin de se confondre entièrement avec notre manière de sentir, agit sur elle et la modifie.

La grande chaîne des êtres dont l'univers se compose, forme un système qui est un, et dans lequel il n'est aucun objet, aucun fait particulier qui ne concoure à la majesté, à la grandeur, à la beauté du système général.

Dans un être comme l'homme, sensible et pensant, la nature du beau ne peut résulter que d'un concours de circonstances capables à la fois de contenter la raison et d'intéresser la sensibilité.

Le beau n'est que la perfection de l'ordre.

Le but des beaux-arts, c'est l'imitation de la belle nature : car s'il nous appartient d'avoir la perception du beau, il n'appartient qu'à la nature de nous en offrir le modèle.

Le sentiment n'est un bon guide qu'à la condition d'être guidé lui-même par une raison éclairée.

Le goût est le produit simultané de la raison et du sentiment.

Le raisonnement sans la sensibilité, tout comme la sensibilité sans le raisonnement, est un guide trompeur. Le goût n'est ni l'un ni l'autre, mais il les suppose tous deux.

Le goût est une aptitude à démêler le beau. Il est l'arbitre souverain des convenances et la mesure des plaisirs délicats.

Le souffle de la pensée est nécessaire à l'action de la sensibilité, comme le contact de l'air à l'action du feu.

Le beau a des principes, la nature et la raison ; il n'est pas plus arbitraire que le vrai.

Dans les sciences, on est réduit à chercher et à découvrir ; dans les beaux-arts, on est réduit à imiter.

Le savant doit être circonspect et l'artiste doit être fidèle.

Il n'y a de beau et d'aimable que le vrai : la fiction même est forcée de prendre le masque de la vérité.

L'esprit philosophique, en nous rendant plus familier l'art d'observer et d'étudier la nature, nous a appris à la mieux connaître, et en multipliant les méthodes qui contribuent à rendre l'esprit plus juste, il a contribué à rendre le goût plus sûr.

L'esprit philosophique distingue, en toutes choses, ce qui est bon de ce qui est mauvais; ce qui est de la nature, de ce qui est de l'habitude; ce qui est nécessaire, de ce qui est arbitraire, etc.

L'esprit philosophique est l'arbitre du goût. L'éloquence des Italiens est une espèce de pantomime dans laquelle on paraît ne raisonner que par occasion.

Les ouvrages de l'esprit portent le cachet de la nation qui les voit naître.

La comédie est le spectacle de l'esprit; la tragédie, du cœur, et l'opéra, des sens.

Les auteurs comiques sont les hommes de leur siècle et de leur nation; les auteurs tragiques, de toutes les nations et de tous les siècles.

Homère et Virgile, la Fontaine et Fénélon, sont pleins de beautés qui n'ont rien de local et qui appartiennent au genre humain.

Pergolèse est le Raphaël de la musique.

La musique des modernes est née sous le beau ciel, sur le sol riant de l'Italie, au milieu des monuments et des modèles de tous les arts.

Aux poëtes, la poésie ; aux musiciens, la musique ; aux philosophes, l'esprit philosophique qui enseigne a bien parler de la poésie et de la musique.

Sur des choses très-différentes, des idées disparates se confondent et produisent un résultat identique, s'il s'agit de fortifier un principe de rivalité que la vanité a fait naître entre deux nations. — La France, qui avait écarté la domination *ultramontaine* dans les affaires ecclésiastiques, crut trop longtemps devoir défendre sa musique contre la musique italienne, comme elle avait défendu les libertés de son église contre les prétentions de la cour de Rome.

La grande loi des unités de temps, de lieu et d'action n'est ni locale, ni arbitraire.

Mais les Anglais, les Espagnols, les Allemands, ne les observent pas? Qu'importe? — Ne prenons point l'effet de l'habitude pour celui du bon et du beau.

Autant que possible, mettons le plaisir d'accord avec la raison.

Si vous violez trop ouvertement la vraisemblance et les convenances, craignez que la raison, par ses observations importunes, ne trouble ou ne diminue le plaisir.

La civilisation est la mère du bon goût. Le bon goût n'a jamais pénétré dans les pays musulmans.

La jeunesse est ordinairement meilleur juge des choses nouvelles que l'âge mûr ou la vieillesse. Elle est plus près de la nature.

Les femmes aiment dans les arts et dans les livres ce qu'elles aiment dans la société.

Or, — pour les satisfaire, il faut leur donner beaucoup à deviner. — Le plaisir de pénétrer un secret leur paraît préférable à celui d'en recevoir la confidence. — Ce qui frappe ne les saisit pas autant que ce qui plaît. Elles veulent un certain sérieux dans les choses frivoles, et une certaine gaîté dans les choses sérieuses. — La beauté ne leur suffit pas : elles exigent de la grâce. — Elles ne pardonneraient point à un auteur l'absence des qualités nécessaires ; mais elles ne lui savent gré que de celles qui sont aimables.

Malebranche était poète dans ses ouvrages philosophiques.

Le génie littéraire et oratoire de D'Aguesseau n'avait point la sagesse pour compagne, mais pour tyran.

Il existe un goût public, un goût général qui ne trompe pas.

En toutes choses, la philosophie, confrontant nos actes entre eux et avec la nature, nous invite à user de nos forces avec confiance, en nous recommandant de les ménager avec sagesse.

Lessing a eu raison de le dire, l'orateur, le poète, le musicien peignent dans le temps, tandis que le peintre, le sculpteur, l'architecte peignent dans l'espace.

Aux premiers, un certain désordre est permis ; — aux seconds est prescrite une symétrie rigoureuse.

J'entends ou je lis l'œuvre des uns ; je vois celle des autres.

Avis aux vérsificateurs et aux réalistes :
Un poëte doit plutôt représenter des beautés physiques par leurs effets moraux que par leurs détails matériels. Homère ne représenta jamais mieux la beauté d'Hélène qu'en la comparant aux déesses immortelles.

Dans les arts plastiques, rien de difficile comme le choix du seul instant où il importe de représenter la passion.

Le peintre et le sculpteur indiquent, plutôt qu'ils ne reproduisent, certains traits ou certaines confidences de la nature. Le poète, souverain des âmes, nous en révèle les secrets les plus cachés.

Un tableau ou une statue ne doit être ni un logogriphe, ni une énigme.

La peinture et la sculpture ne veulent que nous plaire ; l'architecture doit encore nous servir.

Dans les arts utiles, il faut toujours laisser penser que l'agrément n'est qu'un accessoire.

La beauté architecturale, c'est l'union des proportions géométriques et des proportions morales.

Quand on entre dans l'Église de Saint-Pierre, on est pénétré de la grandeur du Dieu qu'on y adore. Par son élévation, son étendue et sa forme aérienne ; son dôme semble ne donner pour voûte à ce temple, que le ciel.

Même dans les choses principalement destinées à des usages physiques, il y a souvent une idée morale, un *moral* qui en est comme l'âme..

La musique a sa philosophie. — Un musicien éclairé par l'observation, peut peindre un incendie, mais la musique a presque toujours besoin d'une compagne ou d'un précurseur : la parole ou la poésie.

Toutes les langues ne sont pas également musicales : mais il n'en est point que le génie ne puisse plier aux exigences de la musique.

L'art est né de la nature ; mais il n'est pas la nature, et il ne peut le devenir.

L'office de l'art est de plaire et non de tromper. Il doit suppléer à la réalité, non par l'imposture, mais par la perfection.

Une fiction outrée mène a une erreur dégoûtante. Qu'un artiste se garde de me tromper ? Bientôt le ridicule succéderait à l'illusion, et tout serait perdu.

L'imitation n'est point le déguisement, et un portrait n'est point un masque.

L'étonnement est une des principales sources de nos plaisirs. — Une femme laide, mais qui a de la grâce et de l'esprit, ne paraît quelquefois si piquante que parce qu'on ne s'attend pas à les rencontrer en elle.

L'art est un souverain qui doit ménager sa puissance, s'il ne veut en révéler tristement les limites.

L'opinion que les vers ne sont pas nécessaires à la tragédie est très-soutenable ; mais ils en sont l'ornement et la parure.

Lamotte, qui voulait exclure les vers de la tragédie, n'a fait que des tragédies en vers.

L'Opéra est le spectacle des sens.

L'imitation ne doit pas être la copie servile de la nature, et l'art dramatique ne consiste pas dans la reproduction rigoureuse et exacte de la société.

La véritable imitation de la nature n'exclut pas son embellissement.

Si on n'observe pas la triple unité dans les œuvres dramatiques, il est du moins nécessaire de ne pas contrarier le but général que l'on veut atteindre.

Évitons les quolibets familiers et les scènes burlesques.

Rousseau dit qu'il n'y a point de héros pour son valet de chambre. — Il n'y en aura point pour le spectateur, si vous le mettez dans les confidences du valet de chambre lui-même.

L'histoire instruit, et la tragédie émeut. L'une doit peindre tout ; l'autre, les grandes choses seulement.

Nos pères ont eu tort de n'introduire sur la scène que de grands personnages. — Exposez plutôt à nos yeux nos concitoyens et nos semblables!

Le drame est peut-être le plus facile de tous les genres. Mais que pour se consoler de ne pouvoir faire des tragédies, les dramaturges n'en censurent pas le genre!

Parce que nous avons des romances, faut-il donc répudier l'ode?

On s'appauvrit, bien loin de s'enrichir, si en acquérant un genre nouveau, on se croit obligé de renoncer aux anciens.

Ne laissons pas altérer le riche dépôt de nos pères.

Contentons-nous de l'imitation de ce qui est vraiment beau et agréable. — Abstenons-nous de représenter ce qui est dégoûtant et horrible ou laid, si ce n'est accessoirement, pour mieux faire ressortir ce qui ne l'est pas.

La ressemblance, c'est bien. La ressemblance avec le choix des plus beaux traits à reproduire, c'est mieux.

C'est surtout dans la poésie qu'il faut s'abstenir de représenter la laideur sans autre but que la représentation de la laideur elle-même.

Il n'y a qu'une manière d'être beau. — Il en est plusieurs d'être laid.

Homère décrit en plusieurs vers la laideur de

Thersite, et Virgile nous peint d'un seul mot la beauté de Didon : *Pulcherrima Dido!*

Il y a plusieurs manières d'exprimer la joie ou la douleur, mais il n'y en a qu'une de bonne.

Dans vos grands personnages, laissez-moi du moins entrevoir la sensibilité de l'homme, si vous voulez m'émouvoir par les vertus et les actions du héros!

Tel est le besoin pour l'homme d'être ému, qu'il se plaît à la représentation d'objets ou d'événements, dont la réalité, et même la plus légère apparence, suffirait pour le faire frémir.

L'homme s'habitue à tout, excepté à l'uniforme perspective du bonheur et du repos.

En matière de goût, la métaphysique est une alliée et une souveraine. — Le goût, voilà le véritable souverain.

Je crains toujours les extrêmes : aux yeux d'un niais, tout est géant, — et réciproquement.

Tel auteur, pour être réfuté, n'a besoin de l'être que dans ce qu'il ne dit pas.

Le sentiment est un être mystérieux, — impénétrable dans sa nature, — multiple dans ses causes, — infini dans ses effets.

Le terrible peut être un élément du sublime ; mais le sublime n'est pas le terrible. — Celui-ci agrandit et élève, celui-là isole et comprime.

Le sublime n'est pas le beau suprême ou la science du beau.

La beauté n'est pas la grâce ; — mais la grâce est attachée à la beauté, et ajoute des attraits aux charmes de celle-ci. Vénus était belle, mais elle empruntait sa grâce de sa mystérieuse ceinture.

Souvent notre âme gagne tout ce que paraissent perdre nos sens. — Les anciens représentaient la mort sous la figure d'un jeune homme ayant sur sa tête un papillon prêt à s'envoler, et tenant à la main un flambeau renversé et presque éteint.

Le sublime n'est étranger à aucun genre d'ouvrages. Si la poésie est sublime sous la plume mâle et fière de Corneille, ne l'est-elle pas plus souvent sous celle du tendre Racine, et quelquefois même sous la plume naïve et tendre de l'incomparable la Fontaine ?

Le beau nous satisfait, le gracieux nous séduit; nous admirons le sublime.

Le beau est au sublime, ce qu'est le bien au mieux.

Il y a toujours quelque chose de moral ou d'intellectuel dans la volupté, et ni le beau ni le sublime ne sont incompatibles avec elle. Il en est de même de la grâce.

La grâce, pas plus que le beau et le sublime, n'est ni le joli, ni le brillant, ni l'agréable, ni le noble, ni l'élégant, etc. Tout cela, autant de variétés du sentiment esthétique !

Le peuple crée la langue, les savants l'enrichissent, les philosophes la règlent, les bons écrivains la fixent.

L'inversion des mots dans les langues reflète l'ordre des sensations ou des passions — une langue sans inversion se calque sur l'ordre des idées.

Sans l'étude des langues grecque et latine, pas de vraie et solide érudition, pas de perfectionnement de la nôtre !

Une bonne grammaire est une logique parfaite, dirigée par une métaphysique fine et déliée.

L'usage est le premier et, pendant longtemps, le seul législateur des langues.

En France surtout, l'art de parler s'est développé avec l'art de plaire.

L'esprit de société est l'intrument des progrès d'une langue.

Frédéric le Grand parlait et écrivait la langue française ; — il ne connaissait même pas sa propre langue.

Quel homme qu'un Démosthène qui commande à tant d'autres hommes !

L'usage des mots a besoin d'être dirigé par une saine philosophie.

Avant Patru, on ne savait pas discourir dans le barreau français.

Cochin est son premier orateur vraiment philosophe.

Des idées mal rendues sont des rayons de lumière que de petits corps opaques croisent dans leur route.

Les deux grandes écoles de l'art de bien parler et de bien écrire, ce sont la philosophie et le monde.

La *Poétique* d'Aristote est mère de l'épître aux Pisons d'Horace et de l'Art poétique de Boileau.

La philosophie a son pédantisme comme la fausse érudition.

Autrefois il était difficile de s'instruire, parce qu'on manquait de bonnes méthodes; aujourd'hui peut-être l'est-il, parce qu'on en a trop.

Sans l'application de la philosophie à la littérature, pas de progrès dans l'art de parler et d'écrire!

Le génie est une plante qui croît sur le sol de la nature, mais qui ne produit que des fruits sauvages, si elle ne croît en même temps sur celui d'une raison éclairée.

En littérature, le choix des choses et des mots fait tout. Sans clarté, on n'est pas entendu; sans élégance, on n'est pas remarqué; sans énergie, on n'est point senti.

Si dans l'art nous aimons ce qui ressemble à la nature, dans la nature nous aimons ce qui ressemble au perfectionnement de l'art.

L'éloquence ne doit être que l'auxiliaire de la vertu et de la vérité.

On a poussé trop loin la fureur des romans philosophiques, qui auront toujours le défaut de présenter les hommes autrement qu'ils ne sont, et les choses telles qu'elles n'arrivent jamais.

Celui-là aurait de bien mauvais yeux qui ne verrait jamais les choses qu'avec un microscope (ou un télescope).

Tel entend un tambour qui se croit général, a dit Rousseau.

J'aime en littérature l'esprit philosophique, mais non les systèmes des philosophes.

La Fontaine nous rend presque dupes, parce qu'il a l'air de l'être.

L'invention du genre dans lequel il a trouvé de bons modèles lui appartient encore plus qu'à ces modèles eux-mêmes.

L'esprit ne doit jamais blesser la raison.

Chaque ouvrage doit être un tout dont aucune partie ne puisse être détachée sans nuire au tout lui-même.

Éclairés par le flambeau de l'expérience, allons en avant! — L'observation, comme la baguette d'Armide, nous changera des déserts stériles en terres subitement couvertes des plus riches moissons.

L'esprit philosophique a abaissé toute barrière scientifique ou littéraire entre les nations.

Il n'y a qu'*une* république des lettres.

La meilleure des traductions n'est qu'un portrait plus ou moins ressemblant.

Pour bien traduire, le traducteur doit penser dans sa propre langue et écrire dans celle de l'auteur qu'il traduit.

Les anciens sont nos instituteurs, mais l'élève peut devenir supérieur à ses maîtres.

Les anciens l'emportent sur nous dans certains arts ; mais nous l'emportons sur eux dans leur ensemble.

L'homme est borné, sans doute ! mais la nature ne l'est pas.

En littérature comme en politique, tout ce qui est révolution ou changement n'est pas décadence.

Le bon goût ne s'altère qu'avec la corruption des mœurs.

En littérature et dans les arts, substituer l'esprit à tout, préférer le nouveau au beau, le maniéré au naturel, chercher moins ce qui plaît que ce qui distingue, réduire les maximes en épigrammes, et les sentences en maximes,— sources de dépravation du goût, et signe de décadence !

De même, en philosophie, avoir du raisonnement, courir après le paradoxe.

De même encore, dans les sciences, l'amour des systèmes.

La philosophie influe sur les mœurs, — oui, mais les mœurs aussi sur la philosophie.

L'esprit philosophique doit beaucoup aux sciences, et les sciences beaucoup à l'esprit philosophique.

Les professeurs cherchent plus à former des adeptes dans leurs écoles que des disciples dans la société.

Convaincre et persuader, voilà l'éloquence! Elle n'a pas de plus grand ennemi qu'une raison didactique et froide.

Une logique sèche a glacé le barreau.

Croire qu'on n'a pas à parler à des hommes, mais à des sages, — folie!

Les siècles raisonneurs ne sont pas des siècles poétiques. — Exemple : la *Henriade*.

— Et dramatiques? — Non, encore!

Pourquoi? — parce que, sous prétexte d'une plus profonde connaissance du cœur humain, le théâtre dégrade l'homme et semble avoir pour but, non de faire aimer ou admirer la vertu sans vices, mais de nous rendre le vice presque aimable, par la précaution odieuse de ne jamais le montrer sans quelque vertu.

En découvrant les racines, on dessèche l'arbre.

On ne rit plus à la comédie, — on y sourit.

Les lettres et les arts n'aiment pas un peuple trop raisonnable. Les arbres de la Thrace dansaient, non parce qu'Orphée était un demi-dieu, mais parce que les Thraces étaient encore les hommes de la nature.

Ne bannissons pas la raison, — fort bien! Mais n'étouffons pas le sentiment.

L'abus de la philosophie corrompt la langue, et

avec elle, les sources de toutes beautés littéraires.

Dans un siècle raisonneur, chacun se croit en état d'écrire, parce que chacun se croit en état de penser.

On ne veut ni du merveilleux ni du beau, et on se réfugie dans le gigantesque !

On ne cherche pas à être grand, mais à le paraître.

Une sage philosophie pose les véritables règles; le *philosophisme* n'en reconnaît aucune.

Le goût est la conscience du beau.

La France est la patrie du bon goût et la capitale du monde littéraire.

Mais c'est assez et trop longtemps peut-être glaner, là où il nous eût été si facile de moissonner abondamment.

Parlons sans figures : ces pensées, ces maximes, ces apophthegmes, pris entre mille autres que Portalis a semés avec une sorte de profusion dans les derniers chapitres de son premier volume, étaient plus propres que tout autre procédé de critique à mettre en relief son esprit philosophique, et à prouver, ce que nous avons déjà remarqué, — que dans la sphère de l'application pratique, tout comme dans celle des méditations purement théoriques, il a su joindre l'exemple à la leçon.

XXIV

Grâce à notre longue halte, nous pourrions reprendre maintenant notre essor vers les aériennes régions, d'où nous ne sommes descendu que pour toucher un instant la terre, et y reposer nos forces épuisées.

Mais auparavant, il nous faut exposer, d'après notre méthode ordinaire, l'influence de l'esprit philosophique sur l'histoire.

Qu'est-ce que l'histoire?

L'histoire est le passé de l'humanité, l'expérience des siècles, la leçon des peuples, la maîtresse des nations, la voix de la Providence, la réalisation sur la terre du plan divin de la création : l'histoire, c'est Dieu lui-même, parlant à l'homme par le développement de l'humanité dans l'espace et dans le temps.

Tout, dans l'histoire, crimes et vertus, grandeur et décadence des peuples et des individus, tout présente au penseur, au philosophe, les plus hauts et les plus graves sujets de méditation.

Mais l'histoire est un récit d'événements plus ou moins reculés, plus moins exactement racontés, et plus ou moins dignes de foi.

Quel est l'écrivain qui l'écrit? quels sont les faits qu'elle rapporte? comment nous les transmet-elle? quel degré de confiance mérite-t-elle? en d'autres termes, comment faut-il écrire, étudier et lire l'histoire? Que de questions à examiner! Et quelle plus belle occasion de nous montrer l'action de l'esprit philosophique dans ce qu'elle a de légitime et dans ce qu'elle a d'abusif!

Ce sujet côtoyait de trop près la logique ou l'art de raisonner et de croire, pour ne pas être l'objet d'un chapitre à part. Portalis s'en occupe dans le vingt et unième de son livre, sous le titre « De « l'application de l'esprit philosophique à l'his- « toire. »

Trois questions dominent toutes les autres en cette matière. Qu'est-ce que la certitude historique, peut-on, et comment peut-on y arriver?

Bien évidemment, tout rejeter et tout admettre sont des extrêmes également absurdes. Le scepticisme de Pyrrhon, ou même de Bayle, ne serait pas plus sage que la crédulité populaire du juif Apella. — Le mieux est donc de tenir le milieu entre ces deux écueils, et ce milieu, c'est l'usage de l'esprit philosophique qui nous y conduira.

« Le véritable esprit philosophique est aussi éloigné d'une croyance sans mesure, que des doutes désespérants d'une incrédulité sans bornes. »

Mais l'histoire repose sur le témoignage des hommes. Donc, avant tout, il faudra rechercher les règles du témoignage. Or, les voici telles que Portalis nous les retrace, — telles que bientôt nous les lui entendrons invoquer et appliquer en faveur des faits qui constituent la Révélation chrétienne.

« Le degré de foi et de confiance doit se mesurer, et sur la nature du fait, que le témoin raconte, et sur le caractère ou l'autorité du témoin lui-même. »

Les faits doivent être confrontés avec la nature, avec la raison, avec le bon sens et l'expérience.

Entre l'absurde et le merveilleux, l'extraordinaire et le vraisemblable, il y a mille distinctions et mille nuances.

« Un fait peut être vrai sans être vraisemblable, ou vraisemblable sans être vrai. On ne doit se contenter du vraisemblable, que quand on ne peut atteindre le vrai.

« Un fait ne peut être bien apprécié et bien jugé que si on remonte au temps où il s'est passé, si on le combine avec le génie particulier, avec la législation politique, civile et religieuse, avec les mœurs, et enfin avec la civilisation du peuple dont on étudie l'histoire. »

Voilà pour les peuples :

S'agit-il des individus? Appliquez les mêmes principes, confrontez leurs actes avec leur vie entière! « Les hommes les plus recommandables font des fautes, et ils ont leurs imperfections. Les scélérats les plus déterminés ont des intervalles lucides. Néron même a eu ses beaux jours. Mais il est des choses qui sont incompatibles avec tout le reste de la conduite. Une lâcheté n'est point à supposer dans Turenne. Les vices honteux, obscurément imputés à Socrate (et à Platon), fuient devant la réputation de *leur* haute vertu. »

Mais ce serait peu que de connaître les faits, si l'on ne connaissait encore la crédibilité des témoins ou des historiens qui les racontent.

« La philosophie pèse les rôles qu'ils jouaient eux-mêmes dans le monde, leur caractère, leurs intérêts, leur préjugés, leurs lumières, leur langage.

« Les faits les plus connus passent à travers le caractère, les passions, les préjugés de l'histoire, et s'y *teignent.* »

Voilà ce qui forme, si l'on peut parler ainsi, l'âme de l'histoire : voyons à présent ce qui en forme le corps.

Comment faut-il écrire l'histoire ? « De manière, répond Portalis, à remplir le double but de l'instruction et de la moralité. » Raconter les faits ne suffit pas, — il faut encore les juger. Quand l'histoire est ainsi écrite, elle devient la base de l'éducation des peuples et des rois, l'école du bon sens privé et public.

Portalis apprécie avec la justesse d'un jurisconsulte, la sagacité du philosophe et la sûreté d'appréciation d'un habile critique, les qualités et les défauts des œuvres des principaux historiens, des anciens et des modernes.

Parmi ces derniers, Machiavel, Davila, Fra Paolo, en Italie; Philippe de Commines, de Thou, en France; Mariana, de Solis, Garcilasso de Véga, en Espagne; en Hollande, Grotius; en Angleterre, Clarendon et Burnet, sont par lui cités comme des historiens remarquables à des titres divers, judicieux et profonds.

Nous partageons ses sentiments à l'égard de tous ces écrivains, à l'exception pourtant de Fra Paolo ou Sarpi, l'auteur d'une histoire très-partiale et très-passionnée du concile de Trente, dont l'esprit de secte et de rancune a trop souvent guidé la plume, comme on peut s'en assurer en comparant, sans parti pris et sans prévention, son livre avec celui de Pallavicini sur le même sujet. Il rend pleine justice à l'immortel auteur de la *Grandeur et décadence des Romains*. On apprend avec plaisir ce qu'il pense de l'histoire générale de Voltaire, qu'il appelle, non sans raison, un ouvrage à système. Voltaire, d'après lui, a prétendu faire une histoire universelle philosophique, et il n'a fait qu'une histoire *anti-ecclésiastique*. Ce mot, aussi juste que vrai, caractérise admirablement le but de cet homme d'esprit et de génie, qui ne pouvait pas être un historien exact, parce qu'il fut trop souvent un homme de passion et de parti.

Quant à l'auteur non moins irréligieux, mais plus érudit et plus consciencieux, quoique trop passionné aussi pour être un véritable historien, quant au savant Gibbon, l'auteur de l'*Histoire de la décadence de l'Empire romain*, il lui reproche, d'accord avec les critiques les plus distingués, ses calomnieuses sorties contre le christianisme, ses invectives contre le clergé, son injustice envers les innombrables légions des martyrs de la vérité chrétienne, et l'accuse d'avoir mis les conjectures à la place des faits et de n'avoir pas craint de pousser si loin sur ce point son système de dénigrement antichrétien, « que la violence ne serait plus que du côté des martyrs, et la patience du côté de leurs tyrans et de leurs bourreaux. »

Joseph de Maistre, dans ses belles *Considérations sur la Révolution française*, dont nous n'adoptons pas sans réserve toutes les données, encore moins toutes les conséquences, a dit avec quelque exagération, mais avec un fond de vérité incontestable, qu'au dix-huitième siècle il se trama, en histoire, une conspiration contre la vérité.

Portalis nous dit à peu près la même chose, en parlant des jugements divers portés sur Julien l'Apostat par les divers historiens de ce prince, — vrai signe de *contradiction*, qu'on nous permette cette expression sacrée, — comme le Galiléen de qui il avait juré de renverser les autels et de détruire le culte. Ce Julien dont on a dit peut-être trop de mal et dont certainement on a affecté de dire trop de bien, ne doit qu'à son apostasie le rang qu'il occupe, dans certains écrits, parmi les grands empereurs. « Les moines, dans leurs solitudes, créaient des saints à leur gré : les *philosophes modernes qui semblent avoir le plan de bouleverser toutes les notions reçues sur les choses et sur les hommes*, créent arbitrairement des sages, des héros et des *grands hommes.* »

Nous souscririons volontiers à cette appréciation, malgré sa formule un peu trop absolue, tant à l'égard des moines qu'à l'égard des philosophes.

Il faut l'avouer, l'amour de la vérité historique, surtout dans ses points de contact avec l'histoire de l'Église chrétienne et catholique, n'est pas le caractère dominant de la plupart des historiens français du siècle dernier. Déjà, à cette époque, sous prétexte de juger philosophiquement les faits de l'histoire, on voit germer dans plusieurs de leurs écrits ce qu'à l'exemple de l'un d'eux, nous appelons de nos jours la *philosophie de l'histoire,* — beaux mots, mais qui cachent quelquefois dans les livres et dans les discours une chose qu'on se garde bien d'avouer franchement, — l'esprit de système substitué à la vérité des faits.

« On reprochait à Machiavel de fonder sur des exemples particuliers et isolés ses maximes générales. Aujourd'hui on fait plus : on pose des maximes générales, et puis on arrange les faits. »

Ce n'est pas là une assertion gratuite; qui ne songe, en lisant cette observation, à plus d'une histoire contemporaine?

« Ainsi, ajoute Portalis, pour soutenir le principe de la tolérance religieuse, on a fait honneur aux anciens d'une tolérance, démentie par la mort de Socrate, par la condamnation de Diagoras, par l'accusation d'Anaxagore et d'Aspasie, par la fuite forcée d'Aristote, par les lois des Douze Tables chez les Romains, par les décrets du sénat romain contre les cultes égyptiens, par l'abolition de la religion des Druides, par les violences contre les Juifs, et ensuite contre les Chrétiens. »

Il aurait pu, pour compléter cette nomenclature des gestes de l'inquisition antique, mentionner l'expulsion des murs de Rome, sur la réquisition de Caton, de la philosophie grecque dans la personne de Carnéade et de ses compagnons.

Ce qui suit ne mérite pas moins d'être lu; on peut l'appliquer sans efforts à certains ouvrages de notre temps en matière d'histoire politique et religieuse :

« On met en problème tout ce qui a été établi jusqu'à nos jours, et on fait sortir de la poussière des fables surannées... On ne veut plus être superstitieux dans les choses religieuses, et on le devient dans les choses humaines. En politique, on *canonise tous les crimes des factions,* dans la crainte de *blesser les droits des peuples...* Quelques philosophes, ne regardent plus les faits historiques que comme une base sur laquelle on peut bâtir les systèmes les plus arbitraires. Jadis on commençait par des fables et on finissait par des réalités ; c'est le vice de tous les premiers historiens. Nos écrivains modernes qui, dans la plupart de leurs systèmes, commencent par la raison et finissent par l'imagination, commencent dans l'histoire par des réalités et finissent par des fictions. »

Ne dirait-on pas ces lignes écrites d'hier ? Mais que n'eût-il pas ajouté si, comme nous, en plein dix-neuvième siècle, il avait lu dans le récit du plus terrible drame et des plus hideuses scènes des temps modernes, l'éloge systématique des plus grands crimes, l'apothéose raisonnée des plus grands criminels ?

Par une coïncidence singulière, mais qui n'a rien d'extraordinaire pour qui connaît l'esprit encyclopédique de Kant, l'adversaire que Portalis a trouvé sur le double terrain de la métaphysique et de la logique, il se retrouve ici sur celui de l'histoire.

Sous le titre germanique de : *Idée de ce que pourrait être une histoire universelle dans les vues d'un citoyen du monde*, Kant a composé un ouvrage de philosophie de l'histoire, très-peu connu en France, — où il pose en principe que les événements et les actions résultant du libre arbitre de l'homme, sont comme tous les autres phénomènes de la matière, régis par une loi générale et immuable qui règle et gouverne invariablement, et malgré nous, les jeux de notre liberté. Cette loi n'est pas la Providence ; c'est quelque chose qui ne ressemble pas mal au *Fatum* du Portique. — Si cette loi existe, l'individu n'est rien dans l'humanité, l'espèce est tout! A l'espèce seulement et non à l'individu, la perfection, le bonheur est réservé, même sur cette terre! Conséquemment, il s'agit bien ici d'un système de philosophie de l'histoire, fondé, comme tous les systèmes de Kant, sur une idée *à priori* de l'humanité et de ses developpements terrestres. Portalis ne lui fera pas grâce :

« Je demande à Kant quels sont les conseils que nous aurions à prendre de l'histoire, si les jeux de la liberté humaine étaient régis par une loi aussi invariable et aussi impérieuse que celle qui régit les phénomènes du monde physique! Je lui demande si, dans son système, l'histoire pourrait avoir d'autre but que de nous rendre inconsolables d'être nés trop tôt! Pourquoi nous dit-il que les individus ne sont rien et que l'espèce seule compte? Qu'est-ce donc que l'espèce séparée des individus qui la composent? Y a-t-il autre chose que des individus dans la nature? Je lui demande encore s'il n'y a pas toujours eu des révolutions nécessaires de bien et de mal chez les diverses natures! Je lui demande enfin s'il viendra un jour où les hommes naîtront sans passions, et où ils ne seront plus bornés et sujets à l'erreur, et si les climats, le sol, les mers, les rivières, les distances n'influeront pas éternellement sur le caractère et les habitudes des peuples et sur les limites des empires ! »

Il tombe sous le sens que cette réfutation de la philosophie et de l'histoire de Kant est une réfutation anticipée de systèmes contemporains, qui ne sont guère que la résurrection, sous une forme française, de systèmes analogues d'au delà du Rhin. — Qu'en pense Pierre Leroux, l'auteur du livre de l'*Humanité?* Je pourrais également mettre en relief ce que dit Portalis de l'individu qui compose l'espèce humaine qui, sans lui, ne serait qu'une abstraction et une entité logique, — et montrer qu'il y a dans ces lignes le germe de la réfutation du lamennaisianisme. Mais revenons aux idées de Kant.

Il a, en histoire, le même tort qu'en philosophie. *Esprit fort,* il ne sait pas se résigner à ignorer ce qu'il lui est interdit de savoir.

Quel est le rôle d'un sage historien? Est-il de s'enquérir follement des secrets de l'humanité ou de les deviner, en dehors des faits de l'histoire? Nullement! mais uniquement d'observer les actions connues des hommes, — non certes qu'il ne puisse répandre à propos sur ces actions et leur enchaînement, les lumières d'une saine philosophie, interroger leurs causes, en faire pressentir les conséquences, en tirer un ensemble d'expériences sur le genre humain. Sous ce rapport, plusieurs historiens allemands nous offrent des modèles. — Schmidt, Pütter, Heinrichs, Spittler, Hess, Schiller, Hegewich peuvent être regardés, parmi les modernes, comme des types de l'art d'écrire l'histoire à un point de vue élevé et philosophique. En eux, vous trouvez l'heureuse alliance de la véracité qui raconte les faits tels qu'ils se sont réalisés, avec l'esprit philosophique qui les examine et qui les pèse.

L'histoire, c'est l'humanité en action, l'humanité avec ses vertus et ses vices, ses nobles passions et ses vils excès. — Pour écrire dignement l'histoire, il faut donc étudier les masses dans les individus et les individus dans les masses. — De cette façon seulement, l'histoire connaîtra le sujet de ses écrits, l'humanité!

L'esprit philosophique n'est étranger ni à l'histoire générale proprement dite, ni à une histoire particulière, ni aux monographies historiques. Pour ne nommer que les historiens nommés par Portalis lui-même,—Midleton, Fléchier, Lally Tollendal, Condorcet, Fontenelle, d'Alembert, Thomas et Voltaire, nous en fournissent la preuve. C'est lui, c'est l'esprit philosophique qui nous découvre l'homme privé sous les dehors de l'homme public, qui nous le fait étudier dans tous ses actes, et qui nous apprend à pénétrer dans ses plus intimes pensées. La biographie, aujourd'hui poussée à de déplorables excès, fut, dans la pensée du dix-huitième siècle, un des éléments les plus importants de l'histoire universelle, et on la traita avec le même respect que l'histoire des sociétés et des peuples. On peut appliquer aux auteurs des biographies de ce temps-là ce que Montaigne a dit quelque part des biographes, ses contemporains : « Ceux qui écrivent ces vies, d'autant plus qu'ils s'amusent plus aux conseils qu'aux événements, plus à ce qui se passe au dedans qu'à ce qui arrive au dehors, ne sont plus propres, et on pourrait ajouter avec lui : « Voilà pourquoi c'est « mon homme que Plutarque! »

Mais outre l'histoire générale et la biographie, ou l'histoire individuelle, il existe une troisième sorte d'histoire qui participe des deux : ce sont les annales des cités et des nations.

Or, « l'esprit philosophique assigne à chaque espèce d'histoire son utilité propre, et fixe les caractères. »

Chronologiquement parlant, la biographie ou les mémoires ont précédé les annales ou histoires particulières, et celles-ci, l'histoire générale.

Portalis avait conçu une grande et juste idée de celle-ci.

L'histoire générale est celle qui, ne se renfermant ni dans les murs d'une ville, ni dans les limites d'un empire, ouvre les annales de l'univers connu, lie à la même chaîne les événements qui intéressent les divers peuples de la terre, et, formant un tout régulier de toutes les parties détachées, offre sous un même point de vue tout ce qui s'est passé de mémorable dans la grande société du genre humain.

Après Bossuet, Montesquieu est de tous les historiens français, « celui qui a le mieux classé les faits sous de vastes points de vue, et déduit de ces faits de grandes maximes. » Mais il lui est arrivé ce qui arrive d'ordinaire aux grands esprits. De petits esprits ont voulu l'imiter, et leur imitation n'a été qu'une pâle et misérable copie : — « Chacun, dit Portalis, a voulu dogmatiser et devenir législateur. Égaré par l'esprit de système, au lieu d'être conduit par l'esprit de lumière, chaque philosophe ne s'est occupé qu'à accréditer ses pensées particulières, » et l'histoire des faits du passé s'est convertie entre leurs mains en une histoire des opinions du jour.

Voltaire lui-même, nous l'avons dit, a donné dans ce déplorable travers, — Voltaire qui « semblait être né pour écrire l'histoire avec autant de philosophie que de grâce. »

On devait laisser parler les faits ; on aima mieux parler à leur place ; on leur prêta un langage qui n'était pas celui de la vérité, et l'histoire, qui n'est ou ne doit être qu'une école de sagesse pratique, est ainsi devenue une école de théories et de systèmes.

Je ne veux pas dire par là qu'à la façon de certaines chroniques du moyen âge, l'histoire ne doive être qu'un exact inventaire des événements passés. C'est tout au plus si, ainsi écrite, elle conviendrait à de jeunes écoliers dont il importe avant tout de meubler la mémoire de faits, en attendant que l'étude plus générale de l'histoire, philosophiquement racontée, leur permette de connaître « l'homme » pour pouvoir un jour connaître « les hommes. »

« Sans doute, fait remarquer Portalis, nous ne devons pas nous borner à chercher des exemples dans l'histoire! nous devons encore en pénétrer l'esprit! Mais n'oublions jamais qu'il faut être sobre à transformer en règles de morale ou de politique, des faits ou des événements qui n'ont été souvent que les résultats des jeux du hasard ou de la fortune. »

Encore moins faut-il d'un fait historique, c'est-à-dire accompli dans le passé, déduire des règles et des maximes de conduite certaines et invariables pour l'avenir. D'autres hommes, d'autres circonstances amènent d'autres faits. Des idées nouvelles, des besoins nouveaux engendrent des époques nouvelles, et prétendre qu'en histoire on peut toujours juger de l'avenir par le passé, ce serait nier le fait de la variété, quelquefois même de la diversité des manifestations de la loi du progrès dans l'humanité.

« Si donc nous voulons lire dans l'avenir, ne le faisons qu'avec la circonspection convenable à des êtres qui n'ont qu'une prescience très-limitée.»

Nous négligeons à dessein un grand nombre de fines observations, de remarques judicieuses et de sages maximes sur la manière d'écrire, de lire et de juger l'histoire, comme aussi plus d'une réflexion de haute et ferme critique littéraire sur les plus célèbres historiens philosophes de France, d'Allemagne et d'Angleterre. Portalis a déposé dans cet endroit le fruit de ses nombreuses lectures, et de ses fructueuses expériences d'homme mêlé aux grands événements dont son pays était encore le théâtre.

Voyez, par exemple, comment il dépeint les avantages de l'étude philosophique de l'histoire ! comment de ce tableau de l'humanité ! il tire le portrait de l'homme ! comment enfin il apprend à en mettre en relief, pour les faire servir à notre instruction en même temps qu'à notre perfectionnement moral, les passions, les opinions, les erreurs, de même que les actes, les caractères, les mœurs, les tendances, en un mot, les aspects divers de la vie, des individus et des peuples !

Méditons encore une réflexion qui est si bien faite pour notre temps. Elle mettra dans vos mains le critérium de la valeur d'une foule de prétendues histoires et monographies qui, à la différence des grandes œuvres des Thiers, des Mignet, des deux Thierry, des Henri Martin, des Michelet (d'autrefois), et de plusieurs autres, ne sont écrites ni avec l'érudition, ni avec la science, ni avec la dignité, ni avec le jugement, ni avec l'impartialité, ni même avec le style de véritables historiens.—Portalis va leur enseigner les conditions intellectuelles et morales que doit réunir aujourd'hui l'homme qui entreprend la tâche si difficile d'écrire l'histoire :

Qui donc qui écrira une pareille histoire ? Ce ne sera ni un compilateur, ni un rhèteur, ni, en dépit du mot si connu : *scribitur ad narrandum*, un simple narrateur : ce ne sera ni un Rollin, ni un Raynal, ni un Vertot. L'antiquité n'a pas une histoire universelle définie comme la définit Portalis.

Une histoire semblable demande une forte dose d'esprit philosophique, un esprit d'examen et de liberté, un regard tout à la fois analytique et synthétique, un génie généralisateur, embrassant d'un même coup d'œil tout ce qu'il y a de grand parmi les hommes, et tenant, pour ainsi dire, le fil de toutes les affaires des peuples de l'univers.

Bossuet a prouvé qu'il pouvait écrire, plutôt qu'il n'a écrit une pareille histoire ; son *Discours sur l'Histoire universelle* en est plutôt l'essai que la complète réalisation. Montesquieu a suivi de très-près son exemple, mais seulement pour l'histoire des causes de la grandeur et de la décadence de l'empire romain. Après lui nous ne voyons qu'Herder, qui, dans ses *Idées sur l'Histoire de l'humanité*, ait voulu nous donner une véritable histoire universelle. Malheureusement son génie, trop allemand, reste presque toujours dans la sphère d'une généralisation éloquente et poétique, il est vrai, mais pas assez conforme aux exigences d'une histoire proprement dite, — et son livre est plutôt une théorie de l'histoire, qu'une histoire dans le sens vulgaire et vraie de ce mot.

« Jamais l'esprit philosophique n'a été plus nécessaire pour rédiger l'histoire. Car, aujourd'hui, tout homme qui se voue à cette partie intéressante de la science humaine, doit combiner une foule de faits et étendre ses idées au loin. Il ne peut plus rien y avoir de purement local ni de purement individuel, même dans l'histoire particulière de la plus petite nation. — Les intérêts des peuples sont trop mêlés désormais pour que les histoires ne soient que particulières. On a toujours à mouvoir des masses et à saisir un ensemble général. Mais, c'est dans un pareille position que l'on doit se préserver aussi de l'esprit de système, plus dangereux encore dans l'histoire que dans toutes les autres sciences, parce qu'il peut avoir une influence plus directe sur la politique des gouvernements et sur la conduite des hommes. »

Il faut que celui qui veut écrire l'histoire avec

un esprit vraiment philosophique, — un esprit de lumière, de sincérité et de moralité,— sache bien que l'histoire sous sa plume doit offrir partout « de grands encouragements et de grandes leçons pour les sciences et pour les arts, de grandes autorités pour la politique, de grands exemples pour la morale. »

Qu'il se pénètre de ces vérités, et alors il lui sera donné d'espérer que son nom figurera un jour à côté des plus grands noms de la science historique, — et qu'il écrive les annales d'un grand pays ou d'une petite nation, qu'il retrace l'histoire d'une idée, ou la vie d'un homme, il pourra aspirer, pour ne parler que des modernes, à la gloire d'un Léo, d'un Müller, d'un Guizot et d'un Midleton !

XXV

Mais si la mission de l'histoire qui est, avons-nous dit, de peindre ce qu'ils sont, doit subir et subit, en effet, l'influence de l'esprit philosophique, — comment la morale, qui se propose de les rendre tels qu'ils doivent être, resterait-elle étrangère à cette influence ?

Or, sur ce point, se présente naturellement à

l'esprit une première question, et c'est celle que Portalis examine dans son chapitre XXII°.

Pourquoi les philosophes modernes ne se sont-ils occupés que très-tard de la morale?

Chez les anciens, dont la religion n'était que rites et cérémonies, la philosophie dût s'adonner, et s'adonna, en effet, à l'étude de la morale en tant que science, puisque par une aberration que la chute primitive de l'humanité peut seule nous expliquer, la morale avait dû déserter le temple pour se réfugier dans l'école. Le philosophe Panœtius, dit fort judicieusement Portalis, recommandait la sagesse et les devoirs, tandis que l'augure Scœvola ordonnait les sacrifices et les cérémonies du culte.

Toutefois, n'allons pas croire, comme semble l'insinuer Portalis, que la philosophie grecque se soit de bonne heure,—du temps de Pythagore, par exemple,—livrée à l'étude de la morale. Nous pensons que, sauf de rares exceptions, la morale, contemplée dans son principe, comme règle, loi et but de la liberté humaine, n'a pas été cultivée par les philosophes qui ont précédé Socrate. Jusqu'à ce grand homme, la philosophie consistait plutôt dans la recherche curieuse des causes du monde physique que dans l'étude du monde moral, — et comme les appelle quelque part Cicéron, ceux qui portaient le titre de philosophes, n'étaient autre chose que des *physici* ou savants, cherchant l'origine cachée et la nature mystérieuse des choses matérielles, *causas rerum!*

Nulle part, en effet, avant les *Dialogues* de Platon et les *Choses mémorables* de Xénophon, pas même dans les vers dorés attribués à Pythagore, je ne trouve un traité, que dis-je? un essai de philosophie morale.

Mais laissons là les anciens et les sociétés païennes, et arrivons aux modernes, c'est-à-dire, aux sociétés chrétiennes.

Ici les rôles sont bien changés. A une religion chargée d'enseigner *toute vérité* morale, devait appartenir la mission d'instruire et de moraliser les hommes. — Au lieu de se séparer de la religion, la morale s'unit et s'identifie avec elle; car la religion c'est la loi morale dans ses rapports avec l'homme, l'humanité et Dieu, et l'accomplissement de cette loi, — c'est *tout l'homme.*

Or, qu'arriva-t-il? Tant qu'il s'agit uniquement de jeter et de fondre dans le même moule de mœurs chrétiennes, les mœurs des cent peuples soumis à l'empire romain, l'enseignement moral confié au zèle et au génie des Tertullien, des Origène, des Clément d'Alexandrie, des Justin, des Basile, des Grégoire, des Augustin et des Chrysostome, et, pour les comprendre tous sous une dénomination générale, des *Pères de l'Église,* — l'enseignement moral, dis-je, fit taire partout, si ce n'est à Alexandrie, les stériles accents de la philosophie païenne.

C'est alors surtout, au milieu de ce travail de régénération, et à bien des égards, de résurrection sociale du vieux monde, que la religion dût s'emparer de l'homme tout entier.

Mais plus tard, lorsque les bases de la religion et de la société nouvelle, posées par Dieu, et cimentées par le sang des martyrs et par la voix des docteurs, eurent été définitivement assises par la puissante main d'empereurs devenus chrétiens; lorsque le monde romain, véritable *univers* d'alors, eut été vaincu par la croix du divin Rédempteur ; l'enseignement du sacerdoce chrétien pénétra dans toutes les classes, éclaira tous les esprits, et souvent la parole du Christ parvint à *toutes les nations*. Ainsi, en moins de six cents ans, des catacombes il était monté dans la chaire, et de la chaire il s'était élancé dans les forêts de la Germanie et dans les plaines d'Albion.

Mais alors éclata un phénomène qui n'a pas assez vivement frappé l'attention de Portalis. L'enseignement sacerdotal ou religieux cesse de régir et de gouverner seul les esprits. — A côté de la chaire entourée de dociles fidèles, se fonda l'école groupant et entassant, sur ses bancs pressés, une foule de jeunes hommes, impatients d'apprendre, et plus impatients encore de comprendre. De là naquit cette inquiétude intellectuelle, cette soif, cette fièvre de science qui, modérée d'abord par les influences d'une foi encore intacte et pleine de vie, ne tarda pas d'atteindre ce paroxisme qui se manifesta successivement par l'esprit de dispute, puis par l'esprit de subtilité, puis enfin par cet esprit d'examen sans limite et sans règle, avant-coureur de la réforme. Quand se produisirent les diverses phases de ce phénomène, la morale, désormais considérée moins comme objet de foi que comme objet de science, ne se suffit plus à elle-même, et la philosophie, purement rationnelle, afficha la prétention de tirer des voies fausses et étroites, dans lesquelles, s'il faut l'en croire, l'avaient laissé tomber des ecclésiastiques, peu ou presque pas instruits, plus occupés de contemplations mystiques ou des soins d'une juridiction mal entendue, que de la vie pratique et de la prédication intelligente de l'Évangile, — et plus versés dans les subtilités de l'école que dans les graves doctrines de l'Écriture.

Avant d'aller plus loin, suspendons le cours de notre exposition pour critiquer, une fois pour toutes, quelques idées et quelques expressions de Portalis, inspirées, nous en sommes convaincu, par l'influence d'un gallicanisme excessif dont nous remarquerons çà et là des traces évidentes dans son Traité.

Après avoir signalé le danger de subordonner trop exclusivement la propagation des vérités so-

ciales et politiques à l'enseignement des ecclésiastiques, et de fournir à ceux-ci l'occasion d'envahir toute juridiction, il poursuit en ces termes :
« La morale embrasse tout. Tout ce qui est contre la morale, disait-on, est un péché ; les péchés sont de la juridiction de l'Église ; donc elle demeure juge et arbitre suprême de tout ce qui intéresse les mœurs privées et publiques. Avec ce principe d'attraction, les ministres du culte cherchèrent à usurper, plus ou moins directement, tout le pouvoir temporel des états. »

Tout n'est pas exact dans ces paroles. Il y a là comme un écho des déclamations exagérées de plus d'un historien ecclésiastique et profane de France, notamment de Fleury, contre l'influence prépondérante, mais *légitime*, de la papauté et du clergé pendant le moyen âge. Nous disons *légitime*, et nous le disons avec l'histoire, mieux connue et plus impartialement appréciée, des luttes de la papauté et de l'Église contre les prétentions d'un petit nombre d'empereurs d'Allemagne, de rois de France ou d'Angleterre.

Oui ! elle était légitime cette influence, cette puissance toute morale, qui, parce qu'elle émanait de la chaire de saint Pierre, alors comme aujourd'hui symbole et réalisation de l'idée du droit, avait été créée, acceptée, même dans ses excès, par l'Europe chrétienne, aux yeux de qui la papauté était un impénétrable rempart élevé par la main de Dieu même contre les brutales invasions de la force.

A coup sûr, si Portalis avait pu connaître, comme nous, les savants travaux des historiens allemands sur le rôle providentiel des papes au moyen âge, et entre autres, les vies de Grégoire VII par Voigt, et d'Innocent III par Hurter, l'histoire d'Allemagne par Luden, celle d'Italie par Léo, et surtout le livre si remarquable de Léopold Rancke sur l'histoire de la papauté aux quinzième et seizième siècles, il n'aurait écrit ni ces lignes, ni plusieurs autres semblables, sans correctif et sans réserves.

XXVI

Continuons. — Toujours au point de vue de l'influence de la philosophie sur la morale, Portalis examine ensuite les funestes effets qu'entraîna, après la sécularisation de la morale, l'abus de l'esprit philosophique, jeté en dehors de ses deux voies, l'observation et l'expérience. Nous accueillons, sans restriction, ses réflexions sur l'utilité pour les gens du monde de considérer la morale en soi, indépendamment de toute religion positive ou révélée. Beaucoup d'hommes sont sans religion. Où en serions-nous s'ils étaient sans principe de morale? Et c'est ce qui arriverait, si la morale se confondait dans leur esprit avec la religion.

Mais n'en concluons pas, comme on pourrait le croire, en s'en tenant à quelques phrases de notre auteur, — n'en concluons pas que la morale est *essentiellement* distincte de la religion.

Nous pourrions soutenir avec saint Augustin et plusieurs Pères, que la religion en général, que même la religion chrétienne, est contemporaine de la création de l'homme. Mais il n'est pas besoin ici d'argument peu fait pour convaincre la majorité des esprits.

Disons seulement que la religion est aussi ancienne que le monde; qu'avant le christianisme, qu'avant le judaïsme,—deux religions révélées et positives,—il y avait une religion naturelle, antérieure, mais non contraire aux révélations du Sinaï et du Golgotha : la religion sortie de la révélation de l'Éden. Disons aussi que si le judaïsme a été complété par le christianisme, de même cette religion a été développée par le judaïsme. Religion naturelle, religion judaïque, religion chrétienne, trois phases et trois aspects divers d'une révélation une dans son principe, multiple dans sa forme! trois sons distincts en degrés, mais identiques en l'origine, — du Verbe unique de Dieu, entendus à trois grandes époques par l'oreille de l'humanité!

Cela posé, et grâce à ce préliminaire, on peut discerner ce qu'il y a de juste et d'incomplet dans des propositions telles que celles-ci :

« La religion positive est un fait. La morale gît en droit; elle a été naturelle avant que d'être chrétienne. Quand il n'y aurait pas de révélation, quand il n'y aurait point de religion positive, la morale nous obligerait par sa propre force, et comme droit naturel.

« Une société peut subsister sans telle ou telle religion positive; mais aucune société ne pourrait subsister sans la véritable morale et sans des idées quelconques de religion naturelle. »

Mais qu'est-ce donc que cette véritable morale?

Celle, cela va sans dire, qui se fonde sur les dogmes fondamentaux de la religion naturelle : un Dieu, un Dieu rémunérateur ou vengeur, ou l'âme de l'homme spirituelle ou immortelle. Sans cela pas de législation, pas de loi, pas de sanction et partant pas de morale! — Mais alors, qui ne le comprend? la morale, c'est la religion, et la religion, c'est la morale.

Quoi qu'il en soit, étant donné l'état des esprits au moyen âge et dans nos temps modernes, nous croyons, nous aussi, « qu'il importait et qu'il importe encore, » sans ôter à la morale l'appui qu'elle trouve dans la révélation, de découvrir les fondements qu'elle a dans la nature.

Est-ce là ce qu'on fit au dix-huitième siècle?

Sans doute, — et les traités des Grotius, des Puffendorff, des Thomasius, des Cumberland et des Burlamaqui en font foi, on a cherché à découvrir les fondements de la loi naturelle, base de toute morale. Mais d'autres jurisconsultes, publicistes ou philosophes, ont poussé plus loin leurs recherches, et à force d'en creuser les fondements, ont fini par les renverser.

« On avait pensé qu'il était utile d'établir la nécessité d'une morale naturelle et indépendante de toute religion positive, » et c'est ce que vient de faire avec un merveilleux talent M. Jules Simon. « On n'a pas craint d'avancer ensuite que toute bonne morale était incompatible avec toute idée religieuse quelconque. » Inutile de nommer ici les sophistes de tous noms et de toutes sectes qui ont prétendu le prouver de nos jours. « Bientôt on a nié l'existence de Dieu, l'immortalité de l'âme et la liberté humaine; enfin le temps est venu où l'on a voulu se débarrasser de la morale même. Selon Lamettrie, cette science n'est pas le fruit arbitraire de la politique; elle n'est ni l'ouvrage de la nature, ni celui de la philosophie et de la raison. »

A nos lecteurs le soin de décider si les mêmes excès d'incrédulité et d'athéisme ne se sont pas reproduits au dix-neuvième siècle, comme au dix-huitième, dans les salons d'abord, puis dans les livres, puis dans les rues. Étions-nous donc condamnés à éprouver, nous aussi, la vérité de cette observation de Portalis, sur l'inutilité trop fréquente de l'étude de l'histoire : que, dans mille occasions, les fautes et les instructions des pères sont perdues pour les enfants?

Mais soyons justes, et n'imputons, comme plus d'un ennemi systématique de tout ce qu'a pensé, écrit ou fait le dix-huitième siècle, n'imputons pas à l'esprit philosophique des écarts qu'il eût prévenus, si on avait su en user! « On n'eût point cherché à mettre en opposition la lumière de la raison avec celle du sentiment. On eût distingué les choses naturelles d'avec les choses accoutumées; on n'eût pas confondu la morale et la politique, l'individu et la société; on n'eût pas nié les vérités éternelles; on ne se fût pas livré à de vaines théories. »

XXVII

Mais pourquoi la philosophie moderne a-t-elle dévié en morale de la véritable route? Pourquoi n'a-t-elle pas toujours et universellement proclamé cette loi de la nature, si magnifiquement célébrée par l'Orateur romain, cette loi écrite d'après l'Apôtre des Gentils, non sur l'airain, non avec de l'encre, mais avec des caractères impérissables, indélébiles et divins, au fond du cœur de l'homme ; loi promulguée sans parole, enseignée sans maître, conservée sans livres, propagée par une tradition toujours vivante, continue, universelle, jamais interrompue, jamais éteinte dans le sein de l'humanité ? Apprenons-le de Portalis.

« Plusieurs causes ont concouru à cette déviation. Chez des petits peuples, tels que les Grecs, le sentiment moral devait être très-actif, et l'esprit général fut dirigé, mais fort tard, vers ces sciences pratiques qui règlent les actions et forment le cœur. »

Il n'en pouvait être ainsi chez de grands peuples, comme la plupart des peuples modernes, sociétés vastes, tranquilles, polies et usées, où l'on trouve des habitudes toutes faites, des coutumes reçues et des lois depuis longtemps en vigueur.

Là « on est si frappé de l'admirable mécanisme de la société, qu'on n'a pas même l'idée de remonter jusqu'à la première impulsion donnée par la nature. On croit que les lois et les institutions font les hommes. On oublie que ce sont les hommes qui ont fait les lois et les institutions, et qui ont dû trouver dans le cœur humain l'appui et les matériaux de leur édifice. On est donc porté à croire que tous les principes tiennent à l'habitude ou à la convention, et qu'il n'y a d'autre empire sur la terre que celui de l'opinion ou de la politique. »

Autre cause d'erreur! Des esprits, d'ailleurs distingués, emportés par le désir immodéré d'appliquer à toutes choses l'esprit géométrique, osent l'appliquer aux principes de la morale, et en conséquence, pèsent les notions du bien et du mal, calculent le devoir, la passion elle-même. Ils appellent cela démontrer géométriquement la morale! D'autres ont vu le principe créateur et régulateur de la morale dans l'intérêt ; d'autres en ont voulu réduire les lois à celles de la mécanique et du mouvement.

Et cependant était-il si difficile de parvenir par les seuls efforts de l'esprit d'observation au principe générateur de la morale ? Il ne fallait pour cela que rechercher si ou non il existe une morale naturelle.

Or, « demander s'il existe une morale naturelle, c'est-à-dire, s'il existe une morale indépendante de la coutume, de nos habitudes, et de toutes nos institutions positives, c'est, dit Portalis, demander si l'art est antérieur à la nature, si la coutume et l'habitude ne sont que des choses acquises, ou si des institutions qui ne sont que l'ouvrage de nos mains, ont existé avant l'homme même. Le droit n'est pas né des règles; les règles sont nées du droit; il y a une physique, parce qu'il existe des corps; il y a une morale, parce qu'il existe des êtres sensibles, intelligents et libres. »

Cette fois Portalis s'est fait le digne commentateur de Cicéron.

Telle est la morale, qu'en partant de principes différents, plusieurs philosophes en France, en Angleterre, en Hollande et en Allemagne, ont enseignée dans d'excellents écrits. Telle est celle de Daguesseau, de Vauvenargues, de Ferguson, de Hemsterhuis et de Jacobi.

— Mais, dit-on, que serait la morale sans la société? Je demande à mon tour ce que serait la société sans la morale? Chaque homme a une existence qui lui est propre, indépendante de toute convention ; il porte dans la société qui les développe des qualités qu'elle n'a pas établies. Or, j'appelle *morale naturelle* tous les principes de conduite qui dérivent de ces qualités et de ces rapports.

Et pour prouver que cette morale n'existe pas, et qu'elle n'est pas universelle, qu'on n'argumente point, en rappelant un mot cent fois répété de Pascal, de la diversité des coutumes et des usages chez les divers peuples!... Autant vaudrait argumenter de la diversité des langues, pour prouver que le don de la parole n'est pas chez tous les peuples une faculté naturelle et universelle. Partout on a distingué le juste et l'injuste, l'honnête et le déshonnête, le vice et la vertu. « Les lois et les gouvernements passent, mais l'intelligence et l'équité naturelle ne passeront jamais. »

Nous renonçons, malgré nous, et pour ne pas dépasser les limites de notre plan, à suivre Portalis dans toutes les parties de sa vigoureuse et savante argumentation contre les sceptiques adversaires de la morale naturelle. Il court au devant de toutes les objections, et toujours par des raisons tirées de l'expérience et du sens commun, il les combat victorieusement.

Portalis place le fondement de la morale dans les qualités naturelles des êtres sensibles, intelligents et libres, et dans les rapports inhérents à leur constitution originaire. Il n'est pas dans la seule raison; la raison est une vierge qui, seule, ne produit rien. Comme le beau, comme le goût, la morale naît de l'union de la raison et de la conscience du sentiment. Le sentiment est une espèce de révélation instinctive, invariable, permanente, œuvre de la nature comme de la raison elle-même. Il nous donne la perception immédiate du bien et du mal, du plaisir et de la peine. La raison observe, juge, combine ces perceptions. Là s'arrête son rôle. Le sentiment est dans l'ordre intellectuel et moral ce que sont nos sens extérieurs dans l'ordre physique. Le sentiment, l'instinct moral, la conscience, — autant de synonymes pour Portalis, — sont à la raison ce qu'est la lumière à la vue. C'est le sentiment seul qui nous révèle l'existence des faits moraux.

Le sentiment moral est une sorte d'instinct chez l'homme. L'instinct se compose, entre autres choses, de besoins. Or, si les idées sont acquises, les besoins sont innés. Mais cet instinct, qu'est-il? On n'en peut dire qu'une chose, c'est qu'il est, — que, n'en déplaise à l'orgueil philosophique, il porte sa certitude immédiate avec lui-même, — qu'il est entièrement indépendant de l'art de raisonner et de toutes nos conceptions, — et directement inspiré par la nature.

L'instinct existe donc dans l'homme. Mais l'animal aussi est doué d'un instinct. En quoi ces deux instincts diffèrent-ils l'un de l'autre? C'est que l'animal suit aveuglément « sa loi naturelle » sans la connaître, tandis que l'homme la connaît, et, libre de la suivre ou de ne pas la suivre, ne la suit pas toujours. L'instinct de l'homme, c'est sa conscience, le flambeau qui éclaire les délibérations de la raison.

Portalis persiste à distinguer la raison de la conscience.

Pour nous, nous pensons que, suivant qu'on envisage, sous tel ou tel rapport, la conscience, le sentiment, l'instinct moral ou la raison, il est permis de n'y voir avec le spiritualisme de nos jours que l'expression différente d'une seule et même chose, d'une seule et même faculté, — de la raison.

Au surplus, admettons, dans le sens qu'il y attache, l'*instinct moral* de Portalis. Comment le défend-il contre les attaques des partisans exclusifs de la raison? — Comme le défendrait un disciple de l'école écossaise.

—On objecte que, sans la raison, la morale abandonnée au seul instinct moral, c'est-à-dire à un sentiment vague, obscur, indéfinissable, n'aura jamais de base certaine, scientifique.

— Mais l'homme est-il donc une pure intelligence? N'est-il pas tout à la fois et en même temps raisonnable et sensible, et le sentiment n'est-il pas aussi naturel en lui que la raison?

Vous dites que le sentiment moral est une chose vague et échappe à toute définition?

Mais, ô philosophe! ne sauriez-vous admettre, comme philosophe, ce qu'à chaque moment de votre vie vous admettez comme homme? Depuis quand, ce qui est insusceptible de définition est-il insusceptible de preuves? Et d'ailleurs, toutes les idées simples, toutes les perceptions immédiates, tous les premiers principes, tous les axiomes, ne sont-ils pas véritablement indéfinissables? Avouez donc que les choses les plus évidentes sont précisément celles qui ne peuvent être ni définies, ni démontrées! Il abandonne aux philosophes d'outre-Rhin la triste gloire de n'admettre que ce qui peut être prouvé!

— Mais alors, réplique-t-on, vous nous demandez avant tout un acte de foi! Vous voulez de nous l'humilité d'une raison croyante!

Entendons-nous sur l'exacte signification des mots *révélation, connaissance, conviction, foi,* doute, sensation, conscience, raison! bannissons-en toute équivoque. Portalis va nous les définir avec sa lucidité habituelle.

« Nous ne connaissons le mal physique que par la *révélation* qui nous en est faite par le sens. Ce ne sont point nos *raisonnements,* ce sont nos *sensations* qui nous avertissent de l'existence des corps, et qui nous la *révèlent.* Tout ce qui se manifeste à nous directement, et sans le secours d'aucune preuve, nous pénètre par une sorte d'inspiration ou de *révélation* immédiate. En conclura-t-on que, relativement à tous ces objets, l'homme peut croire, mais que le philosophe est autorisé à douter? Il faut convenir qu'alors la philosophie ne serait plus qu'une maladie de l'esprit, bien loin de pouvoir en être le conducteur et le guide. Le philosophe ne serait plus un homme raisonnable, mais un homme qui mentirait perpétuellement à sa raison. Sans doute, il y a un genre de certitude qui ne comporte pas la croyance ou la *foi.* Mais pourquoi la foi ou la croyance serait-elle indigne du philosophe dans les cas où on ne pense pas qu'elle serait indigne de l'homme? Pourquoi prétendre que tout ce qui n'est pas susceptible de définition et de preuves, ne comporte que la croyance ou la foi? Quand j'éprouve du plaisir ou de la douleur, je ne suis pas réduit à *croire ;* je sens. Je *crois* que le soleil se couchera ce soir ; mais, dans le moment où il luit, je fais plus que de *croire* à sa clarté, je la *vois*. »

Mais, « au reste, la foi n'est pas la crédulité : la crédulité est une foi sans motifs et sans preuves. La crédulité peut être indigne du philosophe ; — mais la foi (c'est-à-dire, la croyance motivée et fortifiée par des preuves) est nécessaire au philosophe comme à l'homme. Une chose ne peut être sensible ou manifeste sans être certaine ; mais elle ne peut être certaine (pour l'homme), sans être manifeste ou sensible. Tous les faits historiques, tous les calculs astronomiques sont dans ce cas. On les croit, puisqu'on ne les voit ni ne les sent, et cette croyance est fondée sur une véritable certitude philosophique. Mais on n'a pas besoin de la croyance, et on n'a besoin d'aucune preuve pour être assuré des choses qui s'offrent à nous plutôt que nous n'allons à elles, et dont la présence immédiate est constatée par l'*intuition* ou par le sentiment. »

Or, « la morale est une de ces choses. »

Si nous ne craignions d'anticiper sur ce que nous dirons bientôt de la foi, dans le sens théologique ou religieux, nous éclaircirions et nous compléterions la pensée de Portalis, en établissant, ce qu'à si bien démontré Ancillon, que dans l'ordre des choses naturelles et morales, il y a une foi tout aussi naturellement nécessaire que la foi en matière de religion.

On aurait pu objecter à Portalis d'adopter pour base de la morale le sentiment, objet de la doctrine de Jacobi sur le principe de la morale, — de Jacobi, pour les opinions de qui il ne dissimule pas ses sympathies. Il prévoit l'objection, et y répond avec concision et netteté.

« On avance que le sentiment peut donner lieu à des illusions, et que la recherche de la vérité par cette voie peut produire un faux enthousiasme. Je dis qu'il ne faut pas plus mépriser le sentiment, parce qu'il y a des enthousiastes, qu'il ne faut mépriser la raison, parce qu'il y a des sophistes. »

Donc, sentiment et raison, conscience et science, association, union de ces deux choses, telle est, d'après Portalis, la base de l'existence et de la constitution morale naturelle.

Fort de ce principe, il condamnera sans pitié tout système de morale philosophique, qui ne reposera pas sur cette double base, et, en première ligne, le système de Kant.

Ce philosophe, répudiant d'une manière absolue les données du sentiment, ne s'en fie qu'à celles de la raison, et, perdant de vue que l'homme n'est pas une pure intelligence, construit péniblement sa morale sur un terrain purement intellectuel. — D'où un système nécessairement incomplet.

Kant pose deux principes de science morale. Le premier, qu'un être raisonnable doit agir de telle manière qu'il puisse vouloir que la règle, d'après laquelle l'homme agit, devienne une règle générale ; le second, que tout être raisonnable a sa fin en lui-même, et conséquemment, que l'homme ne doit jamais être employé comme simple moyen par un autre homme.

Entende qui pourra cette étrange logomachie ! Combien plus simple, plus saisissable, plus lumineuse et plus concise, est cette formule proverbiale qui résume si admirablement la morale naturelle, chrétienne et philosophique : « Ne fais point à autrui ce que tu ne voudrais pas qu'il te fît, et fais à autrui ce que tu voudrais qu'il te fît ! »

Dans ces mots est le véritable principe et la véritable règle de la morale, — l'amour des autres dérivé de l'amour de soi, et l'amour de soi donné pour mesure de l'amour des autres ; ce qui présuppose que l'homme n'a pas que lui-même pour fin, parce qu'il doit agir non-seulement pour lui, mais encore pour ses semblables. Qu'on enseigne, au contraire, avec le philosophe prussien, que l'homme a sa fin en lui-même ! que deviendra ce beau principe interprété par les passions égoïstes de l'homme?

Kant dit encore que l'homme doit agir de manière à ce qu'il puisse vouloir que la règle de ses actions personnelles devienne une loi générale. Rien de plus obscur, rien de plus embrouillé, rien partant de moins conforme au caractère essentiel des vérités premières, qui est la clarté.

Mais quittons sans regret le système du transcendentalisme moral, presque aussi nuageux que le transcendentalisme logique du même philosophe, et dont nous dirions volontiers ce que disait Herder de la *critique de la raison pure :* c'est un contenant sans contenu! Parlons d'autres systèmes de morale qui, pour ne pas être entièrement faux aux yeux de Portalis, n'en conduisent pas moins, par voie de rigoureuses déductions, — à la négation du sentiment moral, ou à la consécration de plusieurs erreurs.

Portalis soumet chacun d'eux à une critique solide, impartiale, convaincue; aucun d'eux ne trouve grâce devant elle. — Il combat tour à tour l'*amour-propre* de Larochefoucauld, l'*intérêt bien ordonné*, physique et sensuel, d'Helvétius; l'*utilité* privée et publique de Fergusson et de Buttler, la *bienveillance* et la *justice* d'Hutcheson, la *sympathie* d'Adam Schmitt. D'après lui, l'amour-propre n'est que l'amour de la vie et de ses jouissances, l'intérêt se confond avec l'utilité qui n'est le mobile ni de la vertu, ni du dévouement, ni du beau, ni du sublime, ni de l'héroïsme. D'autre part, la bienveillance et la justice sont insuffisantes, dans la plupart des cas, pour fonder la morale, car une action peut être bienveillante sans être juste, juste sans être bienveillante, — morale, enfin, sans être ni bienveillante ni juste. Quant à la sympathie, elle ne peut pas davantage être prise pour base des sentiments moraux, parce qu'elle est plutôt la preuve que le principe de la morale.

Mais ce principe où est-il donc?

Portalis le trouve dans les rapports de l'homme avec Dieu, avec lui-même, avec la société. Là est la loi de l'humanité, le principe et le but de la moralité humaine :

« Un être intelligent, libre, perfectible et intérieur comme l'homme, serait, à ses propres yeux, un être aussi malheureux qu'absurde, s'il ne prévoyait un but satisfaisant à ses recherches et à sa perfectibilité, et s'il ne pressentait ses rapports avec une intelligence supérieure à la sienne, avec l'auteur même de tout ce qui est. Un législateur suprême est donc aussi nécessaire à la morale qu'un premier moteur l'est au monde physique. S'il n'y a point de loi qui ne dépende pas de nous, il n'y a point de morale proprement dite, et les actions ne sont pas seulement libres, mais arbitraires. S'il y a une loi que nous n'avons pas faite, il y a donc un législateur qui n'est pas nous. L'existence d'une loi éternelle qui n'est pas notre ouvrage, et celle d'un législateur — Dieu, sont donc inséparables, dans tout homme, de la conscience qu'il a de soi, c'est-à-dire, d'un être intelligent et libre, qui ne peut agir sans motif, et qui ne doit point agir sans règle. »

D'où il suit que la morale peut être définie : la science des rapports des êtres intelligents et libres avec Dieu, avec leurs semblables, avec eux-mêmes, — ou la pratique de la vertu en vue de Dieu seul, — suivant qu'on la considère comme ensemble de principes et de règles, — ou comme ensemble d'actes volontaires et libres.

Portalis ne pouvait passer sous silence un système de morale tout à fait neuf dans les annales de la science philosophique, ou, ce qui est plus exact, présenté d'une façon entièrement neuve. D'après ce système, qui n'est que le corollaire de la philosophie du *moi*, la conscience humaine est envisagée, à un point de vue absolu, dans le sens du *moi*, et indépendamment de Dieu. Or, le moi est tout, tout n'est que par le moi et pour le moi ; la conscience est la seule source, le seul principe, le seul fondement et la seule fin de la morale. C'était évidemment réduire à une formule de métaphysique transcendentale ce que le vulgaire avait jusqu'alors appelé la pratique du bien, par le seul sentiment de notre dignité personnelle.

Portalis, on s'en doute bien, fait bonne justice de ce transcendentalisme de la morale égoïste.

« L'égoïsme métaphysique de l'idéaliste (de Fichte), est le dernier terme du délire. Le *moi* fini ne peut être vivifié que par le *toi*, et il ne peut exister que par une volonté ou une cause antérieure à son être... Nous sommes portés à espérer et à craindre, comme nous sommes capables d'aimer. Le désintéressement ne consiste pas à éteindre la sensibilité, ce qui serait impossible, mais à la bien diriger. Le pur *moi*, contemplateur de lui-même, n'est qu'une folie spéculative, démentie par la conscience... L'homme moral n'est qu'amour. Chercher le noble désintéressement qui caractérise la vertu dans une froide et triste impassibilité, ce serait chercher la vie sous les glaces de la mort, et l'être dans les sombres abîmes du néant. »

Ces paroles sont sévères, trop sévères peut-être; mais, nous devons en convenir, elles ne sont pas tout à fait imméritées. — Le panthéisme idéaliste de Fichte, à quelque hauteur qu'il paraisse élever l'âme humaine par une éthique qui ressemble beaucoup à celle des stoïciens, est une forme d'idolâtrie et d'apothéose de l'âme humaine, la déification du moi. Il substitue, en morale, comme en métaphysique, l'homme à Dieu, la créature au créateur. Dès lors Dieu cède la place à l'homme, et l'homme seul trône sur le monde, ou plutôt sur lui-même, dans la solitude de son moi.

D'autres philosophes, saisis de la même peur d'un Dieu personnel, distinct de l'homme et du monde, allèrent plus loin encore. Tout en rejetant l'idée d'un législateur souverainement intelligent, ils admirent une loi morale, comme si l'homme pouvait être sa propre loi, son propre législateur et son propre juge. Mais de par l'autorité de ces *théophobes* du dix-huitième siècle, un mot élastique qui, à la rigueur, peut tout signifier, parce qu'il n'engage à rien, la *nature* remplace le Dieu créateur et législateur. Leur demandez-vous ce que c'est que la morale? Ils vous répondront avec un aplomb imperturbable, peut-être même sincère, que la morale est une loi de la nature, et que l'homme a ses lois comme tous les êtres ont leur loi. Si vous les pressez, si vous les sommez de vous dire quel est l'auteur de cette loi, ou ils garderont un silence prudent, ou s'ils ouvrent la bouche, ce sera pour vous répondre qu'ils n'en savent rien, et qu'il est impossible de rendre raison de tout! — Peut-être même, se targuant d'un cynisme d'absurdité impie, qui ne devait avoir d'égal que dans notre siècle, auront-ils l'audace de prétendre que l'athéisme est aussi peu incompatible avec une loi morale qu'avec le bonheur de l'humanité, ce bonheur impossible pour elle, au dire de Lamettrie, à moins qu'elle ne soit athée. Avec de pareils hommes, argumenter est peine inutile, et on doit pratiquer la maxime du Sage : Ne réponds pas au fou selon sa folie.

Pourtant, il y aurait encore une question à leur adresser, et cette question est celle-ci : Comment concilier la liberté de l'homme avec une loi morale, fatale comme le destin? Mais vous ne les embarrasseriez pas pour si peu. Pour eux, l'homme n'est pas un être libre ; il n'est qu'un aveugle mécanisme; il n'est qu'une *machine*.

Mais ne les honorons pas plus longtemps d'une argumentation dont ils ne sont pas dignes, et reprenons la série des démonstrations de l'existence d'une loi morale, présentées par Portalis sous des formes aussi variées que les arguments sur lesquels il les fonde.

L'homme a été fait ou créé sans son concours. Il a donc reçu d'un être qui n'est pas lui, et qui est au-dessus de lui, et l'existence et tout ce qui le constitue. Il a la sensation de ce qui n'est pas lui; mais il a aussi la conscience de lui-même; il sent et il sait qu'il sent; « il sent qu'il est destiné à veiller sur son propre salut, à vivre avec ses semblables, à être enfant, époux et père. » — Il perçoit du fond de son être et l'idée d'un ordre qui n'est pas son ouvrage, et l'idée d'une volonté suprême antérieure et supérieure à la sienne, et qui doit devenir sa loi. De là les notions d'*obligation* et de *devoir*, véritables bases de toute morale. »

Portalis, revenant à la question qu'il n'avait d'abord que touchée, affirme, et cette affirmation mérite d'être précieusement recueillie, que si, à la rigueur, on peut avoir et pratiquer une bonne morale, indépendamment de toute religion positive ou de tout culte non contraire au droit naturel, il ne conçoit ni certitude de la morale, ni garantie du devoir en dehors de toute idée religieuse.

Il est vrai que le matérialiste croit trouver tout cela dans la force de l'éducation et des institutions, et le sceptique idéaliste dans la conscience. Mais quoi de moins solide et de moins philosophique?

Apparemment, l'éducation, les institutions, ont une base et se proposent un but! Mais cette base et ce but, que sont-ils autre chose que le bien particulier et public, individuel et social?

Or, ce bien, à la fois matériel et moral, comment l'atteindrez-vous, si vous n'en avez la notion, et si vous n'admettez son existence? Donc, la morale, qui n'est que la pratique du bien, est indépendante de l'éducation et de la politique.

Et puis, le matérialisme veut sans doute une bonne éducation et de sages institutions! Mais comment les obtiendra-t-il, sans la notion et la pratique de cette loi naturelle qui n'est pas de main d'homme, qui n'est pas écrite, mais qui est éternelle, invariable, souveraine, qui commande aux individus comme aux nations, aux sujets comme aux rois, et hors de laquelle il n'y a de salut ni pour l'homme ni pour la société, parce que hors d'elle il n'y a plus ni conscience, ni droit ni devoir?

Oui, sans loi morale, pas de conscience! Je veux dire de conscience d'homme *réel,* et non de cet homme *fantastique* qui est le moi, rien que le moi; — comme si le moi humain n'était pas ce qu'est l'homme lui-même : un être social, forcé par sa nature de penser et de se contempler sans doute, mais aussi d'agir en dehors de lui-même, de mêler son action extérieure à celle d'êtres semblables à lui, et à qui il est fatalement lié par le besoin de sortir de son *moi,* de se développer, — besoin qui crée entre eux et lui des relations, des rapports incessants, nécessaires, dont la *loi* est ce que j'appelle la *morale* !

Otez ce besoin inné du moi! L'homme n'est plus un homme, et, s'il n'est pas Dieu, il n'est rien.

La logique et le bon sens commandent donc à l'idéaliste de renoncer à sa fantastique création de l'homme, pour s'en tenir à la réelle création de Dieu. Le moi divin peut seul se suffire. Nos besoins, nos désirs, nos affections, nos craintes, nos espérances, nos vices et nos vertus, tout prouve que le moi humain ne se suffit pas à lui-même. L'homme est un être éminemment social; *væ soli!* — social, parce qu'il doit vivre avec des hommes, — social, parce qu'il doit vivre avec Dieu : car sa vie avec l'homme ne lui suffit pas plus que sa vie avec lui-même. Donc, conclut Portalis, donc, la religion lui est aussi naturelle et aussi nécessaire que la société. Car si la société est la communion de l'homme avec ses semblables, la religion est la société de l'homme avec Dieu.

Eh! nous écrierons-nous avec lui, en commentant ce mot si vrai d'Aristote : l'homme est un animal religieux, — que deviendrait l'homme, — l'homme qui, bien que social par nature, est seul quand il pense, seul quand il désire, seul quand il délibère, seul quand il sent, et souvent même quand il agit, — seul quand il souffre, seul quand il meurt; que deviendrait-il, s'il n'était arraché de cette solitude profonde par cette grande, vaste et pénétrante idée de Dieu, qui, dans les instants de notre propre existence, nous offre à la fois un législateur, un modèle, un témoin, un consolateur, un juge?

« La religion est d'instinct comme la sociabilité. »

Arrière donc le stoïcisme! arrière la morale stoïcienne de Spinosa! arrière la morale fataliste de toute philosophie sans Dieu!

« Si la philosophie veut être utile à la morale, elle ne doit point se séparer de la religion, et son vrai ministère c'est d'empêcher qu'on n'en abuse.»

Mais il y a loin de cet office de la philosophie à la mission qu'elle s'est trop souvent arrogée de la régenter ou de la remplacer, et à la prétention qu'elle conçut, vers la fin du dix-huitième siècle, de la détruire! Entre Caton qui *fait* proscrire la philosophie et Voltaire qui *veut* écraser la religion, j'aime à contempler Portalis, un grand et ferme esprit, disant aux Catons, aux Voltaires de tous les temps et de tous les lieux : Pourquoi ces excès? Pourquoi oublier que la vérité n'est point dans les extrêmes? L'esprit philosophique et l'esprit religieux sont comme la philosophie et comme la religion, comme la raison et comme la foi, des choses bonnes en soi, si on se contente d'en user, mauvaises si on en abuse, et l'abus n'en est dangereux que parce que l'usage en est solitaire. Trêve à toute passion politique ou irréligieuse! Toi, Caton, représentant suranné des idées et des mœurs d'un autre âge, adversaire obstiné du progrès de l'esprit humain, — rapporte le décret que tu arrachas au sénat contre cette philosophie spéculative qui, maintenue dans les limites de l'usage, est le vestibule de la philosophie pratique, ou la raison unie à la sagesse dans les actions de la vie publique et privée. Apprends à honorer en elle la dignité de la Raison. — Toi,

Voltaire, Sicambre d'une nouvelle espèce, coryphée orgueilleux d'une incrédulité systématique, ennemi haineux du nom chrétien et de cette religion du Christ qui, tant que sa pratique ne dégénère pas en abus, n'est que la révélation par un Homme-Dieu à l'intelligence et au cœur de l'homme, de la vérité intellectuelle et morale, — rétracte solennellement et en plein soleil le cri infernal que tu n'osas proférer que tout bas et dans l'ombre contre cette religion sainte, qui n'est que la foi unie à la raison ! Consens à adorer en elle la divinité de la Foi que tu as blasphémée !

— L'esprit philosophique vous enseigne : à l'un, que la philosophie véritable est un des principaux appuis de la morale ; à l'autre, que la véritable religion est le couronnement de la morale; à tous deux, que la philosophie et la religion, loin de se répudier et de se repousser comme deux ennemies, doivent se rapprocher et s'unir comme deux sœurs par l'intermédiaire de cette morale dont la doctrine, philosophiquement et religieusement comprise, doit embrasser à l'instar de la philosophie et de la religion, « Dieu, l'homme et la société. »

Donc, ô Caton ! toi en qui vit toute la fermeté du vieux bon sens romain ! ne crains pas de rouvrir les portes de Rome à la philosophie ! Ton âme est assez grande, ton esprit assez fort pour la distinguer du *philosophisme*. Et toi, ô Voltaire ! beau génie, trop calomniateur, hélas ! mais trop calomnié, glorifie enfin cette religion qu'en un jour d'incroyable délire tu voulus écraser! N'hésite pas davantage à lui rendre justice? Qui mieux que toi fût capable de la juger avec cet esprit de raison, de lumière, d'examen et de critique, — conscience de l'entendement humain, — qui discerne la religion de la superstition, du fanatisme, de l'erreur, et de tout ce qui n'est pas elle?

Concluons donc que l'âme humaine faite pour croire, aimer et espérer ne trouve le secret de sa destinée que dans ses rapports avec Dieu, en d'autres termes, dans la religion qui est Dieu rendu sensible au cœur de l'homme.

Aussi, rigoureusement parlant, la morale, c'est la religion, de même que, suivant une des plus belles pensées de Schelling, la vraie philosophie, c'est le christianisme.

Dès lors, déterminer le rôle de l'esprit philosophique en matière de morale, est chose facile. Son rôle ne saurait différer de celui d'une raison éclairée sur tous les actes de la vie humaine. Il dirigera nos affections, il réglera nos actions. En nous initiant à la connaissance raisonnée des liens qui nous unissent à la société et à Dieu, il se fera *l'explorateur, le démonstrateur*, le compagnon et l'auxiliaire de la religion,— et appuyé sur la conscience et sur l'histoire, en même temps que développé par la religion, il proclamera avec Portalis que la morale est la chaîne qui suspend la terre au ciel et unit l'homme à Dieu.

Nous pourrions faire ici une nouvelle halte, non plus pour distraire notre esprit de la contemplation abstraite, fatigante, des vérités métaphysiques, mais bien pour rappeler à notre mémoire la place et la destination des nombreux jalons qu'en parcourant chacun des chapitres déjà analysés, nous avons plantés sur le sol de la théodicée, de la psychologie, de l'esthétique, de l'histoire et de la morale, pour arriver du Dieu créateur au Dieu rédempteur, de l'homme qui raisonne sans croire, à l'homme qui croit en raisonnant, de la philosophie à la religion et de la raison à la foi.

Mais nous avons hâte d'entrer, sans autre préambule, dans l'examen de la *question religieuse* en face des systèmes de philosophie, jugés par l'*esprit philosophique*. Qu'est-ce au reste, que la course que nous venons de faire dans le vaste champ de la pensée? — rien autre chose, à tout prendre, que les diverses étapes de la route, qui de la raison conduit l'homme à la foi.

Abordons donc résolûment ce grave sujet, terme naturel et nécessaire de nos pérégrinations purement philosophiques.

Nous y trouverons tout à la fois de nouvelles lumières pour notre esprit, et, — ce dont nous sentons le besoin, comme nous éprouvons celui des investigations inquiétes et agitées de la science et de la raison, — les tranquilles solutions de la foi et le calme ineffable de la conscience du cœur.

XXVIII

Si nous en jugeons par le long chapitre où Portalis examine à fond l'importante question de l'origine, des développements et du but de la morale, c'est plutôt à l'étude de cette science qu'à celle de la métaphysique qu'il avait consacré les loisirs de son exil. Avait-il senti que, de toutes les sciences, la morale est celle qui touche de plus près à l'homme, puisqu'elle est la science de la vie? Ou bien avait-il compris que, mieux que la métaphysique qui est la science des principes, mieux que la physique qui est la science de la matière, la morale, qui est la science de l'homme dans ses relations avec le principe de tous les êtres, est de toutes les sciences la plus complète, soit eu égard aux vérités qui lui servent de base, soit en rapport à l'enchaînement de ces vérités et à l'importance des conséquences qui en dérivent?

Nous inclinons à penser que, pour Portalis, la science philosophique consistait moins dans la spéculation que dans la pratique, dans les recherches métaphysiques, que dans les applications de la morale. Ceci revient à dire ce que nous avons eu déjà occasion d'observer, qu'aux yeux de Portalis la *vraie philosophie, c'est la religion.*

Mais que faut-il entendre par ce mot si souvent répété par les écrivains du dix-huitième siècle et du nôtre, si peu compris par eux, et si rarement bien défini ? Faut-il, avec Rousseau et tous ses sectateurs, n'appeler de ce nom que les rapports que la raison naturelle nous révèle entre l'homme et Dieu ? ou bien avec Bossuet et Leibnitz, la religion révélée, la révélation chrétienne ? Graves questions que Portalis aborde avec un rare bonheur dans sa revue critique des systèmes de philosophie modernes en matière de religion positive !

Évidemment, de tous les grands objets que peut embrasser l'esprit philosophique, le plus sérieux, le plus intéressant, le plus universel, c'est la connaissance de la voie qui doit ouvrir à l'homme, en même temps que les horizons prochains d'une vie éphémère, les horizons lointains d'une vie éternelle, éternellement heureuse ou éternellement malheureuse !

Il était donc naturel que Portalis arrêtât plus longtemps ses regards sur la religion que sur plusieurs autres sujets qui ne méritaient pas une égale attention, — d'autant plus que si l'on réfléchit sur le lien logique qui réunit tous les chapitres qui précèdent, on sera forcé d'y voir une sorte d'introduction à l'important chapitre de la religion.

Nous imiterons son exemple.

A la fin du dernier siècle, bien des esprits saturés de lectures philosophiques, s'étaient pris à douter que la religion et la philosophie dont on avait proclamé bien haut l'éternel et nécessaire divorce, pussent jamais marcher ensemble. On s'était plu à penser qu'on ne pouvait pas être en même temps croyant et religieux, savant et philosophe. Unir aux lumières du philosophe l'humble foi du chrétien, passait pour une chose, sinon absolument impossible, du moins fort difficile. C'était un moyen commode, il faut en convenir, mais peu philosophique, de frapper d'ostracisme une religion qu'on ne connaissait pas, ou qu'on feignait de ne pas connaître.

Portalis commence par faire remarquer que les hommes qui, un siècle auparavant, honorèrent le plus l'Europe, dans les sciences, dans les lettres, dans la philosophie, — Bacon, Descartes, Racine, Pascal, Clarcke, Newton, Malebranche et Leibnitz crurent à la révélation, non de cette foi de préjugé et d'habitude, bonne tout au plus pour le peuple, mais bien de cette foi raisonnée, éclairée, qui est la foi du philosophe. Telle était la foi des Grotius, des Bossuet, des Fénelon, des Arnaud, des Nicole, des Fleury, des Milton, des Corneille, des Boileau, des Euler, et de cette foule de littérarateurs, de savants et de philosophes, dont les noms illustres forment la plus belle couronne de la révélation parmi les modernes.

Certes, à en juger par l'autorité des grands noms, avouons que ceux-là seraient un puissant préjugé en faveur du christianisme ! Nous verrons bientôt qu'il n'en a pas besoin, et qu'à l'instar du Dieu qui l'a fondé, il sait se suffire à lui-même.

Mais, avant d'aller au cœur de la question, quels sont les esprits forts qui rejettent impitoyablement toute religion positive, toute révélation quelconque, autre que la révélation de la raison?

Les athées qui nient Dieu, les déistes qui nient la Providence et le culte, les théistes (nous disons aujourd'hui *rationalistes*) qui admettent Dieu, la Providence, le culte, mais repoussent toute révélation postérieure à la révélation primitive faite par Dieu à la raison humaine, — voilà les trois principales classes d'adversaires de la révélation chrétienne. Selon eux, raison et révélation sont deux choses incompatibles.

Qu'est-ce donc que la raison? Qu'est-ce donc que la révélation?

Entendons-nous sur le véritable sens de ces mots.

La raison est-elle la science universelle? Comprend-elle dans son immense sphère tous les rapports existants entre Dieu, l'homme et l'univers ? Non ! nous l'avons déjà dit, la raison n'est pas la science ; elle n'en est que l'instrument, que le moyen de l'acquérir ; la raison ne forme pas l'intelligence, elle ne fait que la diriger, elle ne trouve pas dans l'âme la plénitude de la connaissance humaine. Elle est obligée de recourir au dehors, et d'interroger le monde extérieur. Or, tout ce qui est communiqué, n'importe d'ailleurs l'instrument ou la voie de sa communication, est pour elle une sorte de révélation, — la manifestation d'une chose jusque-là inconnue, — l'acquisition d'une chose que la nature lui avait d'abord refusée.

Vous ne connaissez ma pensée que par la révélation que je vous en fais par le langage. Sans relation avec le *non-moi,* l'homme n'est qu'un avorton d'intelligence, ou plutôt, il est une intelligence sans mouvement et sans vie.

On s'abuse donc, ou l'on veut abuser les autres, quand on affirme qu'il s'élève un mur de séparation entre la raison et la révélation ; c'est dire, en d'autres termes, que pareille à Minerve, sortant tout armée du cerveau de Jupiter, la raison humaine émane — pleinement, parfaitement développée, — des mains de Dieu.

Mais, ajoute-t-on, autre chose est une révélation d'homme à homme, une révélation humaine ; autre chose, une révélation de Dieu à l'homme.

une révélation divine. La première est possible, elle existe. Il n'en est pas ainsi de la seconde.

— Sans doute, ce sont là deux choses différentes! mais où est l'impossibilité de la dernière?

L'athée n'admet pas la révélation, parce qu'il en rejette la cause; mais prouver la cause par l'effet, ce n'est pas, remarque Portalis, admettre un effet sans cause.

Au surplus, pourquoi l'athée nie-t-il l'existence de Dieu? — Parce qu'il ne le voit pas, et que s'il existait, il se manifesterait, il se révélerait à lui. Donc, le raisonnement de l'athée suppose nécessairement que la manifestation de Dieu à ses yeux prouverait son existence. Donc, dans sa pensée, cette manifestation ou cette révélation n'est pas impossible.

Le déiste est moins fondé à nier la possibilité de la révélation; car enfin, la raison de la religion, qui suppose toujours une révélation, n'est pas que Dieu a besoin de l'homme, mais que l'homme a besoin de Dieu.

Pour le théiste, cette possibilité ne saurait faire l'objet d'un doute raisonnable; entre nous et lui, tout se réduit à une question de fait: La révélation existe-t-elle ou n'existe-t-elle pas?

Aussi, quelle que soit la différence entre la révélation divine et la révélation humaine, pour le vrai philosophe, l'une n'est pas plus impossible que l'autre. La révélation est un fait; il ne s'agit donc que de savoir comment l'homme pourra s'assurer de l'existence de ce fait.

Remarquons d'abord que les preuves de la révélation divine doivent être tout à la fois dignes de Dieu qui les donne, et de l'homme qui les reçoit. Or, pour cela, il faut qu'elles soient parfaitement accommodées à la nature de l'homme. La révélation est un *moyen*, une chaîne intermédiaire entre Dieu et l'homme ; il faut donc encore qu'elle touche par ses extrémités à l'être révélateur et à l'être à qui il révèle. D'où la conséquence que ces preuves doivent être telles que nul homme raisonnable ne puisse, sans abdiquer pleinement sa raison, en contester l'évidence et se roidir contre leur irrésistible puissance.

Toutefois, n'oublions pas que l'homme est libre ; et, parce que la révélation est revêtue de caractères frappants de vérité et d'évidence, gardons-nous de penser que l'œil de l'intelligence, obscurci par les ténèbres de l'esprit et du cœur, ne puisse pas ne point en voir l'éclatante lumière !

En vérité, rien n'est plus étrange que les prétentions de l'incrédule, qui veut que la révélation s'impose nécessairement à la conviction de l'homme, — comme si la révélation divine ne devait pas, par cela seul qu'elle est divine, respecter la liberté humaine !

Mais une prétention plus étrange encore est celle qui refuse à Dieu le droit, je dirais volontiers le devoir de se révéler à l'humanité autrement que par la parole, l'Écriture et les faits, seuls moyens par lesquels l'homme peut entrer naturellement en communication avec tout ce qui n'est pas lui. C'est la prétention de Jean-Jacques. A l'entendre, Dieu doit se révéler à l'homme, — sans intermédiaire, directement, sans l'intervention de nos sens, de notre raison, de notre liberté, — c'est-à-dire en dehors de toutes les conditions de notre nature.

« Mais, s'écrie Portalis, connaissez-vous quelque autre moyen que la parole, l'écriture ou l'action, pour rendre sensible aux hommes ce que vous voulez leur manifester? La parole et l'écriture ne servent-elles pas à publier la vérité? Confondez-vous pourtant la vérité avec l'erreur ou le mensonge? Les bonnes ou les mauvaises actions ne se ressemblent-elles pas dans leur forme intérieure, c'est-à-dire, en leur qualité commune d'actes physiques ou matériels? Cependant ne distinguez-vous pas la moralité des unes et l'immoralité des autres? La raison naturelle, me direz-vous, suffit pour me diriger dans ces sortes de jugements! — Eh bien! consultez-la aussi dans les affaire religieuses! Tantôt, vous disiez qu'il ne faut écouter qu'elle, et, dans ce moment, c'est moi qui suis obligé de vous inviter à en faire usage. Vous voudriez une révélation qui pût vous ôter le pouvoir de n'y pas croire, et vous dispenser de recourir à votre raison! Mais votre condition, mais la constitution de votre nature intelligente et libre, ne vous avertit-elle pas que vous devez vous réduire à chercher la vérité, non avec une révélation capable de prévenir tout raisonnement, mais une révélation suffisante pour satisfaire tout homme raisonnable? »

Admettons un instant qu'une telle révélation ne puisse être qu'une révélation directe, immédiate! A quelle condition le sera-t-elle? Ici encore, laissons répondre Portalis :

« L'idée d'une révélation immédiate, qui paraît d'abord si simple, est plus composée que l'on ne pense. Une révélation ne pourrait être immédiate qu'autant qu'elle serait présente à chaque génération, et à chaque nouveau-né dans toutes les générations; le genre humain commence et finit à chaque instant.

La révélation serait-elle continue ou passagère?

Si elle n'était que passagère, des sceptiques obstinés ne se refuseraient-ils pas à la distinguer d'un simple rêve? Les traces en seraient-elles permanentes? Ne s'affaibliraient-elle pas, comme l'on voit s'affaiblir toutes nos autres impressions? Si la révélation était continue, quels en seraient les caractères? Suppose-t-on que la force de cette révélation aurait l'effet de surmonter, de briser toutes les puissances de notre âme? Dès lors, nous deviendrions étrangers à la nature et à la société, pour vivre dans la contemplation et dans l'extase. On ne retrouverait plus l'homme si, par contraire, la révélation ne répandait qu'une lumière ni plus pénétrante, ni plus irrésistible, que celle de la conscience. Les incertitudes et les erreurs continueraient d'affliger l'humanité. — Les sophistes n'élèvent-ils pas tous les jours des doutes aussi scandaleux qu'absurdes sur le point de savoir si la conscience est véritablement le cri intérieur de l'éternelle équité, ou si elle n'est que le produit de l'habitude? D'autre part, combien de consciences erronées ? Et sans parler d'erreur, combien d'hommes qui résistent à leur conscience?

« Le système de l'incrédule n'éclaircit donc rien, et il a le vice de nous plonger dans des discussions ridicules sur ce qui peut ou doit être, tandis que nous devons nous borner à ce qui est. »

Portalis, en ramenant inflexiblement la question de la révélation à une simple question de fait enlève à ces sophistes tout prétexte quelconque de mauvaise foi et d'erreur. « Y a-t-il une religion révélée, et quel est le mode dans lequel cette religion nous a été donnée? Ce ne sont pas là des questions de droit, mais des questions de fait. Nous ne pouvons avoir aucune idée nette et précise de la sagesse de Dieu, qui est infinie. Il nous est donc impossible de déterminer, avec quelque certitude, le principe des œuvres de Dieu ; nous sommes réduits à observer celles qui sont à notre portée, ou qui tombent sous nos sens. Je ne cescerai de réclamer pour la religion la règle que j'ai réclamée ailleurs pour les sciences, et d'après laquelle nous devons lier toutes nos recherches, non à des hypothèses ou à des spéculations arbitraires, mais à des perceptions immédiates et à des notions sensibles. Je ne veux pas que l'on ait une philosophie pour les sciences, et une autre philosophie pour la religion.

Applaudirions-nous à ceux d'entre les philosophes qui, se livrant à de vaines spéculations sur les plans qui leur paraissent les plus conformes à la sagesse de Dieu, proscrivent tout mode de révélation qu'ils ne croient pas compatible avec cette haute sagesse? Je dis à ces philosophes : Observez les faits, voyez ce qui s'est passé dans le monde en matière de religion, et vous prononcerez ensuite... Dieu, annoncé par le spectacle de la nature et par notre propre conscience, ne s'est-il jamais manifesté plus particulièrement aux hommes par aucun des moyens qui ont été donnés à l'homme pour s'instruire? Le monde moral n'a-t-il pas eu ses phénomènes comme le monde physique? Dans toutes ces questions, qui ne sauraient appartenir au raisonnement, la philosophie ne doit pas plus renoncer au secours des traditions, que la raison, dans ses recherches, ne doit dédaigner les matériaux qui lui sont conservés par la mémoire.

— Mais, poursuit l'incrédule, de votre propre aveu, la révélation divine étant un fait surnaturel, comment tombera-t-elle sous l'appréciation d'une raison qui ne peut s'exercer que sur des faits circonscrits dans l'ordre naturel des choses?

La réponse est facile. La révélation, avons-nous dit, se présente à nous sous deux aspects, l'aspect divin et l'aspect humain, — le premier, qui nous montre la vérité que la révélation vient découvrir au monde, et les caractères divins qui nous attestent sa céleste origine,—le second, qui nous le fait voir dans un milieu de faits qui ne nous permettent pas de révoquer en doute son apparition sur la terre. Par l'un, nous nous assurons de la nature des faits révélés ; par l'autre, nous devenons capables d'en sentir et d'en connaître l'existence.

Or, tout ne saurait être surnaturel ou surhumain dans les preuves d'une religion qui, quoique divine, est faite cependant pour des hommes qui conservent l'usage de leur sens, et qui sont régis d'après les facultés qu'ils ont reçues avec la vie. Ainsi, dans la religion comme dans tout le reste, les objets de *pur fait* sont discutés selon les règles d'une saine critique, et prouvés à la manière des faits. Et qu'importe le mode de la preuve, pourvu que la certitude en soit le résultat?

Portalis démontre ensuite qu'une fois le fait de la révélation admis, on essayerait en vain d'en affaiblir la certitude, en établissant entre la certitude historique et la certitude mathématique une distinction que désavoue la raison. Entre les vérités de fait et les vérités de calcul, il n'y a qu'une différence, et cette différence ne tombe que sur le mode de la preuve, et non sur la certitude du fait à prouver.

Des raisonnements, des calculs abstraits seraient déplacés lorsqu'il faut des témoignages, et de simples témoignages seraient inutiles, lorsqu'on est en droit d'exiger des calculs et des raisonnements. « Qu'importe, après tout ! » notre but n'est-il pas atteint, pourvu que nous arrivions à la vérité que nous cherchons ?

Mais est-il exact de dire que la certitude inhérente aux vérités mathématiques soit plus saisissante que la certitude d'un fait purement historique ? Et n'est-ce pas surtout dans les vérités de fait, que la certitude se montre avec des signes plus sensibles et mieux appropriés à toutes les intelligences ? Lisez les pensées de Pascal et les lettres d'Euler, et vous en serez convaincu.

Nous convenons avec notre auteur que les vérités géométriques peuvent être plus importantes pour une certaine classe d'hommes. Mais nous sommes persuadé, comme lui, que les vérités de fait sont plus palpables, pour tous les hommes en général, et qu'elles soumettent également tout esprit raisonnable. Nous croyons aussi qu'à la différence des preuves de calcul ou de raisonnement, les preuves de fait qui, d'ordinaire, ne s'adressent qu'à nos sens, sont si claires et si fort à la portée de tous que, pour être saisies, elles n'exigent que cette portion d'intelligence connue sous le nom de raison commune, de *sens commun*.

Mais, s'il en est ainsi,— si la religion, de même que la science, et plus encore que la science, repose sur des faits matériels, palpables, sensibles, extérieurs, publics ; — quelle sera la marche du véritable esprit philosophique en matière religieuse ? Ici, comme en matière purement philosophique, il partira des faits pour arriver à la conviction et à la croyance ; il les examinera, il les comparera, il les discutera ; il analysera leurs circonstances, en étudiera les caractères, en mesurera la portée, et si ces faits lui apparaissent comme ayant un caractère surnaturel et divin, et attestant une doctrine qui dépasse les conceptions de la raison humaine, il y verra la preuve évidente d'une révélation divine.

Portalis ne veut pas que l'on ait pour les sciences une autre philosophie que pour la religion ; c'est pour avoir oublié ou méconnu cette importante vérité que d'éminents esprits, à la fin du siècle dernier, repoussèrent la religion au nom de la science. On pourrait leur appliquer le mot si connu de Bacon : Peu de philosophie éloigne de la religion, beaucoup de philosophie y ramène; — ou encore cette parole profonde d'un Apôtre chrétien qui fut aussi un grand philosophe : « *Evanuerunt in cogitationibus suis.* ». (Ils se sont évanouis dans leurs pensées). Car enfin, ces hommes si fiers de leurs raison, sur quoi se fondent-ils pour rejeter des faits aussi éclatants que la lumière du jour? Pourquoi, en matière de religion, refusent-ils obstinément de faire ce qu'ils font à chaque instant dans les rapports et dans les affaires de la vie? Ne savent-ils donc pas que rien n'est brutal comme un fait, et que des négations insensées ou des doutes légers ne détruiront jamais un fait réellement existant?

Au reste, avec des hommes de cette sorte, inutile, impossible même de raisonner.

A quoi bon leur parler du légitime usage de l'esprit philosophique en ce qui touche la religion? La philosophie est la recherche et l'amour de la vérité, et ces hommes n'aiment que leurs pensées! Ne cherchez pas à les convaincre de leur erreur! car rien n'égale leur orgueil, que leur déraison et leur folie.

Nous avons dit que l'incrédule ne veut pas de révélation médiate, extérieure, générale, historique, parce qu'il la trouve impossible ou inutile.

Par une extrémité contraire, le mystique à qui nous devons assimiler plusieurs des rationalistes de nos jours, jugeant cette révélation indigne de Dieu, lui substitue une révélation immédiate, intérieure, continue, individuelle, incessante. Pour le guérir de son erreur, Portalis le ramène, lui aussi, aux faits de la révélation et aux preuves de ces faits soumis au creuset de la plus rigoureuse critique.

« L'incrédule abuse de la philosophie, le mystique l'écarte — entièrement... Il ne s'aperçoit pas qu'à moins d'une inspiration ou d'une vision particulière, nous ne pouvons être instruits des voies secrètes de Dieu dans son gouvernement moral sur les enfants des hommes, que par les Écritures ou par les traditions qui sont venues jusqu'à nous. Nous avons donc à juger, par les lumières de notre raison, si ces Écritures que l'on nous présente comme divines, n'ont été ni supposées, ni falsifiées, ni altérées... Si l'on ne veut être la dupe des fraudes d'autrui et de ses propres illusions, il ne faut pas méconnaître l'indispensable alliance de la philosophie ou de la raison avec la foi. Aurions-nous l'ambition d'être plus sages ou plus sublimes que Dieu qui, par les moyens qu'il a choisis pour nous instruire, s'est lui-même rendu l'auteur et le ministre de cette alliance? »

En religion, comme en philosophie, la confusion, comme l'obscurité des termes, a souvent engendré la discorde. Le véritable esprit philosophique s'attache, sur toutes choses, à bien définir les expressions dont on se sert dans la discussion. Portalis nous donne en même temps le précepte et l'exemple de cette vérité dans son argumentation contre le déiste.

« — Comment, dit celui-ci, juger par des faits, c'est-à-dire, par des événements qui ne peuvent être sainement appréciés que suivant les données de la nature et d'une science toute naturelle, une chose aussi surnaturelle qu'une révélation divine ?

— Toute la force de cette objection réside dans l'équivoque des mots : « *naturelle, surnaturelle, divine.* « Leur vraie définition suffit pour les résoudre. Qu'appelons-nous divin sinon tout ce qui n'est pas de l'homme, et ne peut être que l'ouvrage de Dieu? Dans ce sens, le naturel lui-même, qui n'est pas davantage l'ouvrage de l'homme, est rigoureusement parlant divin. Mais, est-ce à dire que le naturel puisse être confondu avec le surnaturel ? Évidemment non ! car le naturel, c'est ce qui est en dehors ou au-dessus de l'ordre établi dans le naturel. Le naturel et tout ce qui n'est pas surnaturel, et, à vrai dire, le naturel et le surnaturel, également divins dans leur origine, ne diffèrent, à notre égard, que par les moyens que nous avons de les connaître. »

Et en effet, la morale ou la religion naturelle

dont le principe est incontestablement divin, ne sort pourtant pas de l'ordre naturel, puisque pour le connaître nous n'avons besoin que de notre raison, laquelle entre essentiellement dans la constitution de notre nature d'être intelligent. La révélation primitive faite à la raison humaine est aussi divine, — dans le même sens que la révélation du Sinaï, et la révélation chrétienne.

Nous disons cependant que la révélation du Christ est surnaturelle, tandis que la révélation primitive ne l'est pas. C'est que, à la différence de celle-ci, nous ne connaissons celle-là que par des moyens autres que ceux que la nature nous a donnés, — par un mode de communication et d'instruction qui suppose un plan particulier de la Providence divine, et qui n'est ni la conséquence ni le développement de nos facultés naturelles.

Dès lors, que devient l'objection?

Entre le déiste et le chrétien, la question n'est plus de savoir si une chose aussi surnaturelle que l'est une révélation divine peut devenir l'objet de la science humaine; — en d'autre termes, si une même chose peut être en même temps naturelle et surnaturelle, ce qui implique évidemment contradiction; — mais si une chose surnaturelle peut nous être manifestée, révélée, par des moyens naturels, — humains, par des preuves adaptées à notre nature?

Contesterait-on maintenant l'existence même

du surnaturel, ou le moyen de parvenir à la certitude de son existence ?

C'est ce que fit plus d'un philosophe au dix-huitième siècle, et aujourd'hui encore, tous les incrédules, philosophes ou non, qui marchent sous le drapeau du rationalisme, ou du panthéisme ; niant sans façon tout ordre de connaissances et de vérités qui ne ressort pas directement, dans son origine comme dans son développement, de la seule raison humaine. Entre la philosophie du dernier siècle et du nôtre, la différence n'est guère que dans la voie à suivre. Le but à atteindre est le même : la négation de toute révélation dans le sens chrétien de ce mot.

Il nous importe donc de savoir comment, au nom de la véritable philosophie, Portalis repousse la prétention de la fausse philosophie.

A ses yeux, non-seulement, le surnaturel existe et n'a rien de contradictoire avec les notions purement rationnelles ; mais encore, il nous cerne, il nous enveloppe, il nous pénètre, il nous domine. En nous, hors de nous, au-dessus de nous, dans les choses de l'ordre naturel, il y a mystère, et par suite il y a du surnaturel. Pourquoi n'en serait-il pas ainsi dans l'ordre religieux ? Là surtout doit être le mystère.

« L'hypothèse en soi d'une chose surnaturelle ne saurait impliquer contradiction ; car, dans aucune langue, *surnaturel* et *impossible* n'ont été et ne sont des mots synonymes. » La notion du *surnaturel* ne suppose aucun changement *surnaturel* dans notre nature.

« Si nous étions moins habitués au miracle perpétuel de la révélation de la pensée par la parole, c'est-à-dire, d'une chose purement intellectuelle, par un signe purement corporel ou physique, nous jugerions sans peine que ce miracle n'est pas moins incompréhensible que celui des manifestations des choses surnaturelles et divines par des faits ou par des moyens mesurés sur les forces humaines. Il y a entre un sentiment et le mot dont on se sert pour l'exprimer, entre la pensée et la parole, entre les vérités surnaturelles ou divines, et les signes qui nous les révèlent, la différence que l'on rencontre partout entre l'esprit et la lettre. — Nous ignorons le lien mystérieux qui unit ces deux choses. Mais nous savons, par l'expérience commune et par la nôtre, que toutes les vérités, de quelque ordre qu'elles soient, qui sont susceptibles d'être revêtues de ce corps que nous appelons *la lettre,* peuvent arriver jusqu'à nous, sans aucune révolution dans notre existence, dans nos facultés. »

Rendons la chose plus sensible par un exemple; c'est Portalis lui-même qui nous le fournira. « Le spectacle d'un être à figure humaine, qui, avec une seule parole, et à son gré, éteindrait un incendie, déplacerait une montagne, ou détournerait le cours d'une rivière, serait sans doute surnaturel. Mais n'est-ce pas avec nos sens que nous vérifions l'existence de ces phénomènes, et n'est-ce pas, d'après les lumières de notre raison, qu'il serait évident que de pareils phénomènes, bien constatés, seraient de véritables prodiges?... Cependant nos sens et notre raison ne sont que des intruments naturels de nos connaissances ; il est donc clair qu'avec ces instruments naturels, on peut se convaincre d'une chose surnaturelle. »

L'auteur, avant d'examiner la possibilité pour l'homme de connaître les faits surnaturels et miraculeux, aurait dû, ce semble, discuter la question de la possibilité de ces faits. On sait, en effet, que quelques sophistes n'avaient pas craint de dénier à Dieu le pouvoir de se manifester à l'homme par ces faits extraordinaires, connus sous le nom de miracles ; il n'en a pas dit un seul mot, et nous ne saurions l'en blâmer. Pourquoi discuter avec des hommes qui, suivant le mot caustique d'un philosophe peu suspect, de Rousseau, ne mériteraient pour toute réponse que d'être *enfermés dans les petites maisons ?*

Mais Jean-Jacques, — ce type du sophiste moderne, cet homme dont les écrits présentent un étounant mélange de vérités et d'erreurs, de solides raisonnements et de paradoxes étranges, lui qui combat avec tant d'éloquence et de raison ceux qui nient la possibilité du miracle,— se montre-t-il plus raisonnable lorsqu'il rejette la révélation, par l'impossibilité imaginaire de découvrir les vrais rapports qui lient l'homme à Dieu ? Tout le monde connaît la fameuse objection de son vicaire savoyard : « En matière de religion, dit-il, Dieu et l'homme sont les deux termes dont il s'agit de vérifier les rapports ; mais qu'est-ce que Dieu ? Je l'ignore, et je ne rencontre que des hommes entre lui et moi. A quels signes pourrais-je donc reconnaître que les hommes n'ont été que la vive voix de Dieu même ? »

Portalis a déjà répondu victorieusement à ce sophisme.

Comparez maintenant à l'argument de Rousseau la réponse de Portalis, et voyez de quel côté est la vérité et la raison !

Mais il continue : « La multitude des religions prétendues révélées n'est-elle pas une preuve qu'il n'y en a point de véritable ? »

— « Je reprends l'objection par la proposition qui la termine. Loin de penser, avec l'incrédule, qu'il n'y a point de véritable religion, parce qu'il y en a tant de fausses, je crois au contraire plus vraisemblable qu'il doit y avoir une véritable religion, parce qu'il y en a tant de fausses ; car d'où naîtrait chez l'homme ce sentiment universel de religiosité qui s'observe dans tous les siècles et chez tous les peuples ?... Ce sentiment, cette disposition n'a-t-elle pas sa racine dans la nature? La religion ne fait-elle pas partie de l'instinct de l'homme? N'est-elle pas fondée sur le besoin naturel et impérieux qu'éprouvent des êtres intelligents de tout rapporter et de se rapporter eux-mêmes à une intelligence supérieure qui gouverne tout? Dans les matières religieuses plus que dans toute autre, la vérité précède l'erreur, et l'erreur a précédé l'imposture. Or, si la raison peut discerner la vraie religion naturelle, pourquoi ne discernerait-elle pas aussi la vraie religion positive? »

Plus tard, dans un autre chapitre, l'auteur établira les règles qui doivent diriger le choix d'une religion positive. Il se contente, pour le moment, de nous tracer les caractères de la divinité de la religion en général. Partout, civilisé ou sauvage, savant ou ignorant, l'homme a reconnu un être suprême, puissant, intelligent et juste, auquel il a rendu un culte et offert ses adorations. L'athéisme prétendu de quelques hommes qui semblent ne se servir de leur intelligence que pour détruire toute intelligence, n'infirme en rien la puissance et l'universalité de ce fait. La sociabilité de l'homme, cette faculté que nul ne peut nier sans folie et sans absurdité, n'est pas mieux attestée que son instinct religieux, et partant que la religion. La religion et la sociabilité se supposent : elles sont l'une et l'autre une loi de notre nature.

Ce qui le prouve encore, c'est l'existence, dans tous les temps et chez toutes les nations de la terre, d'une foule de traditions, de dogmes, de rites, de prodiges, de prophéties. Tout cela n'a pu être primitivement d'invention humaine.

Que Lucrèce ne nous dise pas que la terreur a peuplé de dieux l'univers! Pour avoir peur des dieux, il fallait les connaître! L'homme n'a pu s'occuper de Dieu, que parce que Dieu s'est fait connaître à l'homme. De là, la religion naturelle, religion sainte et vraie, dans le principe, comme la nature, mais qui, si nous en croyons l'histoire, bientôt obscurcie et défigurée par l'oubli des vérités primordiales et traditionnelles, eut besoin de se refondre et de se perfectionner dans le moule d'une religion nouvelle, destinée à lui rendre avec plus d'abondance et plus d'éclat sa primitive lumière.

La religion positive, considérée dans sa véritable action, n'est que le perfectionnement, que le complément de la religion naturelle, de même que la religion chrétienne n'est que le développement et le couronnement par la parole d'un Homme-Dieu de la révélation première. L'une conduit à l'autre; elles viennent l'une et l'autre de Dieu; l'une et l'autre ont leur raison d'être, et c'est en vain que, s'appuyant sur la révélation naturelle, l'incrédule tenterait de rejeter comme inutile toute révélation positive. Le fait seul d'une religion positive en démontre la nécessité; sans cela, à quoi bon une révélation naturelle?

Portalis a glissé trop rapidement sur cette considération. Il est vrai qu'après tout ce qu'il venait de dire, il lui suffisait, à la rigueur, de l'indiquer.

Mais il ne nous apprend pas seulement ce qu'est la religion et quels sont les droits respectifs de la religion et de la raison. — Il va nous dire encore ce que la religion n'est pas, et en la distinguant avec précision et netteté de l'enthousiasme, du fanatisme et de la superstition que la philosophie a cherché si souvent à confondre avec elle, il nous présentera, sous un jour plus lumineux encore, la notion raisonnée et philosophique de la religion et la foi.

La Harpe, dans son *Lycée*, a soumis au scalpel d'une critique étroite et acerbe ce qu'il appelle la *langue révolutionnaire*. Il a eu raison de blâmer son abus du néologisme. Mais il a eu tort de ne pas en voir la cause, en quelque sorte, nécessaire, et par conséquent légitime, dans le besoin qu'on éprouvait alors d'exprimer en termes nouveaux des idées nouvelles.

> Si forte necesse est.....
> Indiciis monstrare recentibus abdita rerum;
> Fingere cinctutis non exaudita Cethegis
> Continget.....
> Et nova fictaque nuper habebunt verba fidem...

La langue de la philosophie du dix-huitième

siècle, qui ne pouvait pas même se prévaloir de cette nécessité, parce qu'elle n'a rien trouvé, rien découvert qu'on n'eût trouvé et découvert avant elle, pourrait, à notre avis, devenir, sous la plume d'un littérateur érudit, le sujet d'un intéressant et spirituel ouvrage. De tous les mots qui composent son dictionnaire, il n'en est pas, à coup sûr, qui méritassent une étude plus approfondie que ces trois mots : *enthousiasme, superstition, fanatisme*.

Dans cette langue étrange, qui invente moins des mots nouveaux qu'elle ne dénature les anciens, l'*enthousiasme* n'est plus ce noble et secret transport de l'âme en présence du beau, du vrai, de l'idéal, de l'infini. Il n'est plus qu'un mouvement insensé et aveugle vers le mysticisme, le chimérique et l'imaginaire. Ne dites plus avec tout le monde, car tout le monde se trompe sur ce point, que le *fanatisme* est un zèle outré, excessif, désordonné, coupable pour la religion, — la passion extravagante de la religion malentendue et mal comprise! Non! le fanatisme, c'est indistinctement tout sentiment, tout zèle religieux, si modéré, si éclairé, si raisonnable qu'il puisse être! Enfin, gardez-vous de penser que la superstition soit une méprise sur la véritable foi, la croyance à des choses qui ne sont pas de foi, une vraie superfétation religieuse, la foi poussée à un excès condamné par elle en même temps que par la raison! Vous serez encore dans l'erreur, la superstition, c'est la religion, la foi dans ses véritables limites, ni plus ni moins!

Portalis, — toujours guidé par le flambeau de l'esprit philosophique et de cette haute raison qui, faisant la part de chaque chose, ne prend jamais le préjugé pour une opinion raisonnée, un sophisme pour un invincible argument, — dégage avec soin de l'idée de religion tout mélange d'enthousiasme, de fanatisme et de superstition, et fait voir que la religion diffère autant de ces trois choses que l'usage de l'abus, que l'original d'une copie infidèle.

Il prouve que s'il fut un temps où la religion devint, dans les mains de quelques hommes, — non la cause, mais le prétexte, — non l'entraînement, mais l'occasion de discordes funestes, de guerres sanglantes, de déplorables excès, — c'est parce que l'on abusa de la religion sans philosophie, comme, plus tard, on abusera de la philosophie sans religion.

La superstition, dit-on, est le plus terrible fléau des États, — et, ce qu'on dit de la superstition, on le dit également du fanatisme. Cela peut-être, répond l'auteur. Mais il reste à prouver que toute idée religieuse est une superstition ou un fanatisme.

Rousseau avait osé reprocher à l'Évangile de ne faire vivre que pour un Dieu incompréhensible et un avenir incertain, des hommes nés pour vivre dans la société et dans le monde présent. Ouvrez le livre de l'Esprit philosophique, et vous conviendrez avec son auteur que l'objection du philosophe génevois repose tout entière sur une profonde ignorance des hommes et des choses, et que, loin de dissoudre la société civile et politique, la religion la fonde, la maintient, et la dirige dans les voies du véritable progrès.

« Pourquoi existe-t-il des gouvernements? Pourquoi les lois annoncent-elles des récompenses et des peines? C'est que les hommes ne suivent pas uniquement leur raison. C'est qu'ils sont naturellement portés à espérer et à craindre, et que les législateurs ont cru devoir mettre cette disposition à profit pour les conduire au bonheur général. Comment donc la religion, qui fait de si grandes promesses et de si grandes menaces, ne sera-t-elle pas utile à la société?

« Dira-t-on que la loi et la morale suffisent? Mais les lois ne dirigent pas certaines actions; la religion les embrasse toutes. Les lois n'arrêtent que le bras, la religion règle le cœur. Les lois ne sont relatives qu'aux citoyens. La religion saisit l'homme. Quant à la morale, que serait-elle si, reléguée dans la haute région des sciences, elle n'en descendait pas pour être rendue sensible au peuple? »

Ici, il fallait ajouter que le peuple c'est tout le monde, et le savant, plus encore peut-être que l'ignorant lui-même. « La morale sans préceptes laisserait la raison sans règles. La morale sans dogmes ne serait qu'une justice sans tribunaux. »

On n'alléguerait pas avec plus de succès que l'universalité, ce caractère nécessaire de la morale philosophiquement considérée, ne sera jamais l'attribut de la morale religieuse, puisque les religions sont partout différentes.

Eh! qu'importe leur différence? Qui donc oserait soutenir que la vérité rationnelle, qui est, dans l'ordre des connaissances naturelles, ce qu'est la religion dans l'ordre des vérités surnaturelles, n'est pas universelle, ou ne pourra jamais le devenir, parce qu'elle n'est pas partout également reconnue? Et puis, c'est bien moins de la religion qu'il s'agit que de l'esprit religieux. Or, cet esprit religieux, nous l'avons dit plus haut, est essentiellement universel. Il est commun à tous les cultes et dans tous les cultes; il vivifie, encourage les bonnes actions, et devient, comme l'âme universelle du monde, comme un centre d'unité contre lequel viennent se briser tant d'incertitudes, tant de systèmes qui pourraient diviser et égarer le genre humain.

Ceci nous rappelle un mot remarquable du philosophe couronné de la Prusse. On demandait un jour à Frédérick le Grand à qui il confierait le gouvernement d'une province qu'il voudrait châtier d'une manière exemplaire : « A des philosophes, » répondit-il. Or, philosophe lui-même, il savait mieux que personne que l'anarchie morale, le plus grand des maux dont puisse être affligé une société d'hommes, est souvent le fruit fatal d'une morale purement philosophique.

Mais le culte est aussi bien de l'essence de la religion que la morale. Aussi ne soyez pas surpris si les sophistes qui ont juré d'écraser *l'infâme* n'épargneront ni l'un ni l'autre. Il est vrai que, n'étant pas encore assez impudents pour nier ouvertement la religion, ils ne le seront pas davantage pour séparer de la religion la forme nécessaire, le culte. Ils consentiront donc à admettre le culte, mais purement intérieur, n'allant pas au delà de la reconnaissance et de l'adoration tout intérieure d'un être suprême. Voilà, suivant eux, le seul culte digne de Dieu. C'est ainsi qu'après avoir scindé le double élément constitutif de l'homme, ils scinderont encore les indivisibles attributs de la religion.

« A Dieu ne plaise, s'écrie Portalis, que je veuille remplacer les vertus et les devoirs par des formules! Mais, je le demande à l'incrédule, une religion purement abstraite pourrait-elle jamais devenir... populaire? Une religion sans culte public n'affaiblirait-elle pas bientôt, ne ramènerait-elle pas infailliblement la multitude à l'idolâtrie? — N'est-ce pas le culte qui conserve la doctrine? Une religion, qui ne parlerait pas aux sens, conserverait-elle la royauté des âmes? N'y aurait-il pas autant de systèmes religieux qu'il y a d'individus, si rien ne réunissait ceux qui professent la même croyance? Une morale sans pratiques et sans institutions pourrait-elle se soutenir longtemps? Ne finirait-elle pas par s'effacer du cœur de tous les hommes? Les philosophes, à force d'instruction et de lumières, deviennent-ils des anges? Comment pourraient-ils donc espérer d'élever leurs semblables au rang sublime de pures intelligences? »

Il y a dans ces derniers mots une réminiscence de cette profonde pensée de Pascal : « L'homme n'est ni ange, ni bête, etc., etc. »

Portalis, qui professe toujours pour les solitaires de Port-Royal la plus grande vénération, avait fait une étude spéciale du livre du plus grand penseur du dix-septième siècle.

« La morale, ajoute-il, n'est pas une science spéculative; elle ne consiste pas uniquement dans l'art de bien penser, mais dans celui de bien faire. Il est moins question de connaître que d'agir. Or, les bonnes actions ne peuvent être préparées que par de bonnes habitudes. C'est en pratiquant la vertu qu'on apprend à l'aimer. La spéculation réduit le droit au principe. Mais il faut quelque chose de plus pour lier les mœurs au droit, la pratique à la théorie. La vraie vraie philosophie respecte les formes autant que l'orgueil philosophique les dédaigne ; ne voir que les formes, c'est une superstition ; les mépriser, c'est ignorance et sottise. »

Voilà bien l'esprit philosophique! voilà bien son langage! Ce n'est pas un rhéteur, ce n'est pas un sophiste, ce n'est pas même un philosophe qui parle, argumente ou enseigne ; c'est l'homme raisonnable et vertueux, par la bouche de qui semble s'exprimer le bon sens de l'humanité.

Un dernier argument en faveur de la nécessité de la morale religieuse, c'est qu'il faut une discipline pour la conduite, comme un ordre pour les idées.

Et ici l'auteur invoque le témoignage irrécusable d'un philosophe matérialiste, à qui nous devons le *catéchisme universel*, ou principe des mœurs de toutes les nations, ouvrage trop vanté autrefois et trop oublié de nos jours. Saint-Lambert essaie d'y établir la règle des mœurs en dehors de toute religion révélée, et à la fin de son livre, il se demande si l'éducation morale, telle qu'il a *voulu la construire*, suffira pour faire de son âme tout ce qu'il voudrait en faire (nous avertissons le lecteur que Saint-Lambert n'est pas un rigoriste). Puis il se demande si elle pourra être employée dans les dernières classes de la société, et il répond que la chose est douteuse, et *qu'il a de la peine à le croire*. Demi-aveu, bien propre pourtant à nous persuader de la nécessité de la religion, de la morale et de son culte pour la direction des sociétés humaines !

Mais voyez encore par quel absurde contradiction l'incrédule proscrit tout culte religieux !

« Veut-on remonter l'esprit public ? On ne parle que de fêtes civiques, de statues, de triomphes. On ne se dissimule donc pas qu'il faut s'adresser aux sens pour frapper l'esprit et réveiller le cœur. Ne serait-ce que pour la morale et la vertu que l'on voudrait proscrire tout culte, toute méthode, toute pratique ? »

Et qu'on ne dise pas avec Bayle, que tel est l'abus qu'on peut faire de la religion que l'incrédulité et même l'athéisme seront toujours préférables à la superstition, à l'enthousiasme et au fanatisme qu'enfante la religion ! Depuis quand l'abus d'une chose suffit-il pour en faire interdire l'usage ? A ce compte, détruisez tout ce qui est bien, — religion, politique, philosophie, sciences ! car tout cela engendre des abus, et vous savez que l'on n'abuse pas du mal.

On ne dirait pas avec plus de raison que la religion n'est qu'un préjugé ! Nous avons prouvé le contraire ; des mots ne passeront jamais pour des raisonnements, et l'esprit philosophique en fera toujours bon marché.

Car enfin, de quel droit affirmerait-on que la religion n'est qu'un préjugé ? Suivant notre habitude, définissons les termes. Un préjugé est une opinion sans base raisonnée, un jugement sans examen, une croyance sans preuve.

Cela étant, nous pouvons rétorquer avec avantage l'argument contre ceux-là même qui le proposent.

« Les incrédules, les sceptiques les plus obstinés, le sont-ils avec une profonde connaissance de cause ? Ont-ils examiné, discuté les objets de leur doute ou de leur scepticisme, avec l'attention que l'on donne aux moindres affaires de la vie ? Si dans le langage vulgaire on a toujours parlé de la *foi du charbonnier*, ne pourrait-on pas aujourd'hui avec autant de raison se plaindre de l'*incrédulité du charbonnier ?* Combien d'esprits forts qui ne le sont que sur parole, et qui n'auraient aucun titre pour réclamer contre le rang obscur que nous leur assignons ?

On connaît le commencement du dernier chapitre des caractères de la Bruyère : « Les esprits forts savent-ils bien qu'on les appelle ainsi par ironie ? Portalis ne les traite pas avec plus de ménagement.

« On accuse généralement le peuple d'être plein de préjugés (et surtout de préjugés religieux), de se laisser séduire par de vaines apparences, et de confondre la simple allégation d'un fait avec sa preuve.

—« Tout cela est incontestable, mais ne l'est-il pas, pour le moins autant, que les philosophes sont aussi *peuple*, et qu'ils le sont souvent plus que le peuple même? Comparons et jugeons.

« Par exemple, le matérialisme et l'athéisme, si fort à la mode parmi les écrivains d'un certain genre, ne sont-ils pas deux opinions auxquelles on peut assigner les mêmes caractères et la même origine qu'aux opinions et aux préjugés les plus grossiers du peuple? Sur quoi les matérialistes croient-ils que c'est la matière qui pense, et qu'il n'y a point de Dieu? C'est, disent-ils, parce que nous ne voyons point Dieu, et que nous trouvons la pensée unie à des corps organisés. Ainsi (souvent) un astronome n'est athée que parce qu'il est humilié de ne pas trouver la divinité au bout de son télescope, et un médecin n'est souvent matérialiste que parce que l'âme humaine échappe aux instruments de l'anatomie. Or, que fait de plus le peuple, quand il croit au cours du soleil et à l'immobilité de notre globe? Comme le matérialiste et l'athée, il s'arrête aux apparences. » Et en cela, ajoute très-judicieusement notre auteur, il est même plus excusable que l'athée et le matérialiste; car, relativement à la marche apparente du soleil, et à l'apparente immobilité de la terre, il ne trouve rien en lui-même qui puisse le détromper.

Continuons ce parallèle du peuple avec les philosophes; il nous offre autre chose qu'un intérêt de simple curiosité. Les choses, sous plus d'un rapport, sont aujourd'hui ce qu'elles étaient au déclin du dix-huitième siècle. A l'heure qu'il est, si vous en exceptez quelques hommes d'un mérite à part, la tourbe des soi-disant philosophes ne constitue pas moins la *gens credula* d'un ancien; et sans porter vos regards de l'autre côté du Rhin, sur ce pays classique des rêves philosophiques, contemplez seulement la France ! Qu'est-ce que tous ces systèmes : — panthéisme, humanitarisme, saint-simonisme, etc., qui, de même que jadis les peuples barbares, vont sans cesse se heurtant, se déplaçant, se détruisant entre eux? Qu'est-ce que tout cela, si ce n'est de vains fantômes, *vanæ species*, des rêves, des utopies, des chimères, fruits malheureux, et véritables cerveaux malades, *ægri somnia?*

« Le peuple réalise des chimères; les philosophes ne réalisent-ils pas des abstractions? Des mots obscurs et inintelligibles n'exercent-ils pas, sur de prétendus philosophes, l'empire tyrannique que certaines pratiques exercent sur la multitude? Le peuple croit à tous les bruits; les philosophes n'adoptent-ils pas successivement tous les systèmes? Est-il une seule absurdité, dit l'orateur romain, qui n'ait été débitée par quelque sophiste? Le peuple se conduit par des maximes usées; il adopte, comme des vérités incontestables, des proverbes qui ne sont que des préjugés. Les philosophes voudraient tout conduire par des généralités vagues qui, dans leur application illimitée, sont à la fois des préjugés et des erreurs. Le peuple a des croyances ridicules, parce qu'il ne raisonne pas. Les philosophes ont des doutes absurdes, parce qu'ils raisonnent mal. Si le peuple se livre à des meneurs accrédités, les philosophes ne se livrent-ils pas tous les jours à des sophistes imprudents? Enfin si le peuple a les préjugés de l'ignorance et de la timidité, les philosophes n'ont-ils pas ceux de la présomption, de l'amour et du faux savoir? »

Au surplus, quand il serait vrai de dire que la religion est un préjugé, il faudrait bien convenir au moins, avec tous les vrais philosophes, avec tous les législateurs, avec tous les politiques, avec tous les historiens, que la religion est un préjugé salutaire. C'est la pensée de Montesquieu, — magnifiquement développée par notre auteur.

Sans doute, et quel homme raisonnable pourrait le contester? La religion, non telle qu'elle est sortie des mains de Dieu, mais telle que certains esprits l'ont imaginée, engendra dans tous les temps des abus funestes et de déplorables excès! Mais qu'en conclure? Que la religion est la cause génératrice de ces abus? Mais, qu'on y prenne garde! l'histoire de la philosophie en main, tout homme impartial, sincère, soutiendra comme Portalis : que « tous les abus qu'une fausse philosophie attribue à la religion, la religion est autorisée à les rétorquer contre la fausse philosophie ; que, sans le frein d'une religion positive, il n'y aurait plus de terme à la crédulité, à la superstition, à l'imposture, et qu'en général il faut que les hommes soient religieux, pour n'être ni superstitieux, ni crédules, ni insensés. »

Et, en effet, la croyance étant un besoin irrésistible de notre nature, que ne croiront pas des gens qui ne savent à quoi ils doivent croire, ou plutôt que croiront-ils? Ils croiront tout, plutôt que de ne croire à rien : incrédules, gens crédules, a dit Pascal, — ou plutôt ils ne croiront à rien, et pour eux, comme l'a dit Montaigne, il n'y aura plus rien de certain que l'incertitude même.

Nous pensons avoir démontré qu'avec les seules lumières d'un esprit vraiment philosophique, athées, déistes, sceptiques, théistes, Portalis a tout terrassé sous le coup de sa puissante dialectique.

Mais ne croyez pas que là se borne sa tache d'apologiste des vrais principes philosophiques en matière religieuse.

Du milieu de cet essaim de sophistes qui allaient tour à tour niant Dieu, la religion, la morale, le culte, s'était élevée une classe d'hommes assez tolérants pour respecter dans les incrédules et les esprits forts, l'indépendance de la raison pure et du *pur savoir*, et dans les croyants, la foi vivifiante de la conscience; espèce de philosophes amphibies, qui tenaient tout à la fois du mécréant et du fidèle, et qui ne dédaignaient pas d'admettre, mais pour le peuple seulement, la révélation chrétienne ! Étrangers à toute religion, sans oser s'en déclarer les adversaires,— assez naïfs et assez indulgents pour ne pas consentir à ce qu'on fût ostensiblement irréligieux,—mystiques dans leurs discours et dans leurs écrits, incrédules dans leurs actions et dans leur conduite, ils s'appelèrent théosophes, et leur chef en France fut l'illuminé Saint-Martin. — Portalis ne fera pas grâce à ces systèmes, qu'il nomme, avec autant de justesse que de raison, un quiétisme philosophique, ouvrant la voie au mysticisme et à toutes les extravagantes rêveries; et il prouve très-bien qu'au fond de ce système, se cache aussi l'indépendance absolue de la raison, et conséquemment la négation de toute religion positive.

Nous ne pousserons pas plus loin l'analyse d'un chapitre où tout mérite également d'être lu avec attention et d'être profondément médité. Quelle vigueur d'argumentation !

En plusieurs endroits, quelle énergie de pensée et quel coloris de style ! quelle sagacité dans la recherche des erreurs et de leurs causes ! quelle clarté et quelle impartialité dans l'analyse des systèmes, dans la discussion des opinions et dans la réfutation des sophismes ! Rien n'y manque, et on peut le considérer comme une véritable introduction philosophique à l'étude de la religion en général, et du christianisme en particulier.

Justesse et piquant des définitions, démarcation lumineuse et bien tranchée des rapports réciproques de la religion avec la philosophie, et de la philophie avec la religion : exposition aussi simple que saisissante — des caractères nécessaires de toute révélation et de toute religion positive, — des preuves historiques, philosophiques et morales qui en constituent l'existence et la vérité, — et de tous les sophismes que l'orgueil de l'esprit et la corruption du cœur ont suscité contre elle ; insuffisance de la morale naturelle, nécessité d'une révélation positive, distinction de la religion d'avec tous les abus et tous les excès qu'on lui impute : tout cela s'y trouve rendu avec chaleur, quelquefois même avec élégance. Avec quel tact il sait démêler ce qu'il y a de vrai, de faux, ou de douteux dans un raisonnement! avec quelle pénétration il devine tout ce qu'il y a de captieux et de sophistique dans la manière de poser un problème! Et puis, quel choix dans les preuves, quelle habileté à ne toucher de son sujet que ce qui ne dépasse pas le but qu'il se propose! Çà et là, il est vrai, vous rencontrerez quelques longueurs, des phrases traînantes, embarrassées, des expressions parasites, d'inutiles redondances d'idées. Mais que sont ces légères taches comparées aux nombreuses beautés dont ces pages sont parsemées?

XXIX

Avant d'abandonner le terrain de la religion, il nous reste à montrer l'usage de l'esprit philosophique dans la détermination des règles d'après lesquelles on doit faire le choix d'une religion. Nous venons de voir comment l'esprit philosophique nous en prouve l'existence et la nécessité en général. Or, il y a une multitude de fausses religions dans le monde, et la saine philosophie sert encore merveilleusement à discerner la véritable religion, de celles qui ne le sont pas.

A quels signes l'esprit humain peut-il sûrement distinguer la seule véritable religion de toutes celles qui prétendent à tort posséder exclusivement la vérité? Cette question est capitale, et c'est ici surtout qu'il est facile d'abuser de l'esprit philosophique.

Puisque la religion est l'ensemble des rapports de l'homme avec Dieu, la vérité d'une religion devra nous apparaître dans sa *doctrine* et dans son *culte*. Si la doctrine, si son culte présentent, aux yeux de la raison éclairée et impartiale, des caractères divins, c'est-à-dire l'empreinte d'une sainteté, d'une sagesse et d'une intelligence infinies; si tout en elle annonce l'œuvre d'un Dieu, principe et fin de la sainteté, de la sagesse et de l'intelligence, n'en doutez pas, la vérité est là; vous avez découvert la véritable religion!

« Or, la doctrine se compose de doctrines et de dogmes, et le culte, de rites. Il est nécessaire qu'il n'y ait pas de contradiction dans les choses destinées à gouverner les hommes; il faut que les préceptes qui forment la morale trouvent un appui dans les dogmes et dans les rites, et que les rites et les dogmes soient indissolublement liés à la morale. Nous sommes en droit d'exiger, dans une religion que l'on nous présente comme divine, cet admirable concert, ce grand caractère d'unité que l'on ne rencontre jamais que plus ou moins imparfaitement dans les institutions humaines. »

. Mais comment reconnaître ce caractère d'unité dans les rapports du dogme avec la morale? Faudra-t-il pour cela que le dogme soit aussi accessible à mon esprit que la morale l'est à mon cœur? Me sera-t-il permis de repousser tout ce qui dans le dogme excédera les bornes de mon intelligence? Serai-je fondé à rejeter les mystères? Mais évidemment ce serait là le plus étrange abus de l'esprit philosophique. S'il est vrai que la religion soit la vérité suprême de Dieu, ne doit-elle pas nécessairement revêtir un caractère d'infini et d'incompréhensible comme son auteur? Je prétendrais en vain que les mystères, en tant que mystères, sont contraires à ma raison. Ma raison elle-même protesterait contre l'absurdité de cette prétention, et me démontrerait qu'ils sont seulement au-dessus d'elle, et que cela doit être, parce que les mystères sont la raison de Dieu.

« Je ne me croirai point autorisé à demander pourquoi les dogmes religieux sont les mystères; la nature a ses obscurités et ses profondeurs. Comment la religion n'aurait-elle pas les siennes? Les mystères ne sont pas des doutes, et ils les terminent souvent. Tout n'est pas doute pour l'homme, et tout est mystère pour lui. La nature de notre volonté, par exemple, est un mystère, et son existence n'est point un doute... Cependant, sans m'enquérir indiscrètement pourquoi les dogmes religieux sont incompréhensibles, je demanderai s'ils ont été substitués à la raison, ou s'ils ne font qu'occuper la place que la raison laisse vide; je demanderai si, au lieu de choquer les vérités naturelles, ils ne leur communiquent pas un plus haut degré de certitude... Un dogme doit être, dans l'ordre de la religion, ce qu'est un phénomène dans l'ordre de la nature, c'est-à-dire la preuve d'un ou de plusieurs faits, d'un ou de plusieurs rapports entre Dieu et nous. J'aurai la certitude de la vérité ou des vérités dogmatiques, si ces vérités sont préjugées par celles que je connais, et dont je ne puis raisonnablement douter; si elles ont un fondement réel dans la nature humaine, et dans les notions que j'ai des perfections divines ; si elles ne sont incompréhensibles que comme Dieu même l'est, et, finalement, si je suis réduit à opter entre des mystères positifs, qui m'éclairent et me consolent, et des profondeurs vagues qui ne seraient qu'impénétrables et désespérantes. »

Qu'il y a loin de là à cette assertion si commune au siècle dernier, et si souvent encore répétée dans le nôtre : que tout ce qui excède les limites de nos facultés est pour nous comme s'il n'était pas, et à notre égard n'est rien !

Ce n'est pas ainsi qu'un homme, assurément bien fait pour nous apprendre mieux que personne jusqu'où peut s'élever la raison humaine, nous en a posé les limites dans son beau discours de la *conformité de la foi avec la raison*. Il ne sera pas sans intérêt de rapprocher des paroles de Portalis le fragment suivant de Leibnitz :

« Il faut admettre, dit ce grand génie, la distinction qu'on a coutume de faire entre ce qui est au-dessus de la raison et ce qui est contre la raison ; car ce qui est contre la raison est contre les vérités absolument certaines et indispensables, et ce qui est au-dessus de la raison est contraire seulement à ce qu'on a coutume d'expérimenter et de comprendre. C'est pourquoi, ajoute-t-il, je m'étonne qu'il y ait des gens d'esprit qui combattent cette distinction. Elle est assurément très-fondée.

Une vérité est au-dessus de la raison, quand notre esprit, ou même tout esprit créé, ne la saurait comprendre, et telle est, à mon avis, la Sainte-Trinité, tels sont les miracles réservés à Dieu seul, comme, par exemple, la création..... L'incompréhensibilité ne nous empêche pas de croire, même des vérités naturelles; par exemple, nous ne comprenons pas la nature des odeurs et des saveurs, et cependant nous sommes persuadés, par une espèce de foi que nous devons au témoignage des sens, que ces qualités sensibles sont fondées dans la nature des choses, et que ce ne sont pas des illusions. »

Voilà pour le dogme. L'esprit philosophique examine ses rapports avec la morale et le culte, mais ne cherche point à en comprendre leur inconcevable essence. Il s'arrête devant les mystères de la religion, comme devant les mystères de la nature intelligente ou physique, et pour lui la raison est un guide qui le conduit jusqu'au seuil de la foi.

Maintenant quelle marche va-t-il nous tracer touchant la morale et le culte de la vraie religion?

Chose singulière, et qui ne pouvait échapper à la sagacité de Portalis! le christianisme se pose devant l'humanité tout entière comme la seule religion qui, suivant le mot de Fontenelle, ait des preuves. Le christianisme, qu'une certaine philosophie, depuis bientôt trois siècles, s'efforce de dépeindre comme une religion ennemie jurée de la raison, et propre tout au plus à faire des superstitieux et des fanatiques, — le christianisme, non-seulement ne craint pas l'examen, mais il le provoque et l'appelle, pour la discussion des faits sur lesquels il repose, des dogmes qu'il enseigne et des préceptes qu'il impose. Il souffre, que dis-je? il désire, et même au besoin il ordonne qu'on suive les principes de la plus sévère logique, la critique la plus conforme aux règles de la plus inexorable dialectique.

Lisez les Évangiles, lisez les Actes des apôtres, tous les livres de l'Ancien et du Nouveau Testament! Ne vous enseignent-ils pas à chaque page qu'il ne faut rien admettre sans examen, rien accepter sans preuves, rien croire sans raison? Qu'est-ce que cette soumission, que cette obéissance dont l'apôtre des Gentils nous apprend qu'elle doit être *raisonnable?* N'y lisez-vous pas encore que la vraie science, la science religieuse surtout, est absolument incompatible avec cette vraie crédulité qui s'accommode des inepties et des fables; qu'il faut être continuellement en garde contre l'imposture et l'erreur, si spécieuses qu'elles soient et quelque nom qu'elles portent?

Est-ce là, je vous le demande, le langage de la fausse religion?

« Ah! convenons-en, s'écrie ici l'auteur, ce

n'est pas ainsi que parle le mensonge! il n'a garde de provoquer la discussion; il fuit la lumière; il marche dans les ténèbres!..... Non, jamais religion ne porta plus loin le respect pour les droits inaliénables et imprescriptibles de la raison humaine. »

Le christianisme, qui possède le secret de l'homme intellectuel et moral, « ne prescrit d'autres bornes à notre raison que celles de notre raison elle-même », et pour qui a lu l'Évangile, pour qui la doctrine chrétienne n'est pas une doctrine inconnue, une lettre close, c'est lui, et lui seul, qui pose les vrais principes d'une saine dialectique. Il va dans les matières religieuses (nous allions dire comme dans les matières profanes), du connu à l'inconnu, sans avoir la prétention insensée de tout expliquer et de tout connaître. C'est lui encore qui nous avertit que si, dans les sciences spéculatives, il suffit de se prémunir contre les préjugés qui sont les passions de l'esprit, il faut encore, dans les sciences pratiques, telles que la religion, se prémunir contre les passions qui sont les préjugés du cœur.

Mais n'est-ce pas là ce que recommande à son tour l'esprit philosophique?

Lui aussi ne nous défend-il pas de vouloir tout expliquer et tout comprendre, et ne mêle-t-il pas ses accents à la voix de la religion pour nous dire : « Cherchez la vérité sans préjugés comme sans passion, avec un esprit juste et un cœur droit ? »

Ils ont donc étrangement abusé de l'esprit philosophique, ces hommes qui, pour se donner le facile mérite de combattre la religion, non telle qu'elle est, mais telle qu'ils l'ont imaginée au gré de leur caprice et de leur déraison, ont volontairement défiguré ses dogmes, déguisé sa doctrine, et enseigné partout qu'elle demande, avant toutes choses, le sacrifice de l'intelligence et l'immolation de la raison.

Vient ensuite un résumé fort remarquable de la doctrine évangélique, comparée avec la religion judaïque et les enseignements de la philosophie païenne. On y voit que la religion chrétienne, perfectionnement divin de la loi divine des Juifs, a seule ramené le monde à des idées spirituelles sur la nature de Dieu, si méconnue dans les sociétés païennes où, comme parle Bossuet, tout était Dieu, excepté Dieu lui-même; qu'elle a dégagé les traditions primitives de tout élément impur ou hétérogène en nous donnant une vraie connaissance de nos rapports avec Dieu; qu'elle nous a rendus supérieurs à nous-mêmes, et qu'elle a, en quelque sorte, divinisé l'humanité.

La philosophie antique avait à peine bégayé quelques mots vagues et incertains sur Dieu, sur la nature de l'âme, sur son immortalité, sur les devoirs de l'homme, sur son éternelle destinée, — toutes choses non moins fondamentales dans l'ordre philosophique que dans l'ordre religieux.

La révélation du Christ nous a inondé de lumières. Dieu est celui qui est l'être par excellence, le créateur de toutes choses, un esprit infini, indépendant, éternel, souverainement juste et infiniment bon. Il est le père des hommes ; il veut être adoré en esprit et en vérité. L'homme créé à l'image de Dieu doit aimer Dieu, par-dessus tout, de tout son cœur, de toute son âme, de tout son esprit, de toutes les forces de son être ; et l'amour pour ses semblables, c'est-à-dire pour tous les hommes, sans distinction d'âge, de sexe, de pays, de religion et de mœurs, doit n'avoir pour mesure que son amour pour lui-même. Rien n'échappe à l'œil de celui qui voit tout, et dont le regard scrutateur sonde les cœurs et les reins, — pas même les plus secrets désirs et les plus intimes pensées. Avoir l'intention du mal, c'est l'avoir commis à ses yeux. Il a des préceptes, des conseils pour le riche comme pour le pauvre, pour le grand comme pour le petit, pour les rois et pour les peuples. — Il ne fait pas acception de personne. Dans son immense et maternelle sollicitude, il fait également sentir à tous sa céleste influence, et tout dans ses dogmes, dans sa morale et son culte, semble n'avoir qu'un but : la fraternité des individus et des nations, l'union dans le sein de Dieu de tous les esprits et de tous les cœurs. Sur la terre, le règne de la charité et de l'amour ; au delà du tombeau, une félicité éternelle. Ainsi « tout est admirable dans l'Évangile, » et il n'y a pas jusqu'au précepte de la haine de soi qui ne soit un précepte de charité pour les autres.

Qui donc ne s'écrierait avec Portalis ? « Bénissons une religion qui sait ainsi mettre un frein à la fureur des systèmes, qui marque les bornes de la raison avec la plus profonde sagesse, qui daigne protéger l'entendement humain contre ses propres écarts, et qui ne nous commande la foi que quand notre partage ne pourrait plus être que le désespoir ou l'erreur. »

Telle est la religion, telle est la foi chrétienne. Son domaine commence où finit le domaine de la raison, et la raison n'a qu'à se féliciter des secours et des compléments de la foi,—puisque sans ce secours, comme l'a reconnu un des philosophes les plus distingués de notre époque, « les questions les plus importantes pour l'homme ne lui offriraient que des discussions sans terme, et, pour ainsi dire, une vaste mer sans rivages. »

Les Chrétiens, poursuit Portalis, peuvent dire aux philosophes : Que savez-vous que nous ne sachions comme vous ? Qu'ignorons-nous que vous n'ignoriez vous-même ? Et si, entre vous et nous, il y a une différence, n'est-elle pas tout entière en notre faveur? Là où le doute vous travaille, l'affirmation de notre foi nous console ; là où vous ne trouvez qu'incertitude et que malheur, nous trouvons, nous, bonheur et certitude. — Avouez-le avec un de vos plus savants maîtres, le christianisme ne laisse sans réponse aucune des questions qui intéressent l'humanité : origine du monde, origine de l'espèce humaine, question des races, destinées de l'homme en cette vie et en l'autre, rapports de l'homme avec Dieu, devoirs de l'homme envers ses semblablables, droits de l'homme sur la création; tout cela, le plus petit enfant chrétien l'apprendra dans ce tout petit abrégé de la doctrine chrétienne que l'on appelle Catéchisme !

Que si, parcourant l'histoire de la philosophie ancienne et moderne, et cette forme particulière de la fausse philosophie, qui n'est autre que l'hérésie, on en avait toujours comparé les enseignements et les fruits avec les enseignements et les fruits de la foi chrétienne, on n'eût point hésité à convenir de l'incomparable supériorité de cette dernière sur elle.

Rousseau et Hume l'avaient parfaitement compris, lorsque, parlant de la religion chrétienne, de ses dogmes et de sa morale, le premier écrivait à un de ses amis : « J'aimerais mieux être dévot que philosophe ; » et le second laissait échapper ces mots si remarquables chez l'un des principaux coryphées du scepticisme moderne : Si je n'avais jamais douté, je serais bien plus heureux !

Maintenant, que nous dira l'esprit philosophique des rapports qui lient le culte de la religion, ce signe de l'alliance sacrée de Dieu avec les hommes, à ses dogmes et à sa morale? Écoutons Portalis :

XXX

« Le culte des chrétiens n'est pas un vain cérémonial. Il rappelle à chaque instant la morale et les dogmes. Il est aux préceptes et aux vérités de la religion ce que les signes sont aux idées. La prière, les rites, les pratiques nous élèvent sans cesse jusqu'au Créateur. Or, on ne tient fortement aux choses qu'autant qu'on en est fortement occupé. L'esprit et le cœur ne peuvent demeurer vides. » Que les philosophes nous disent, pour nous apprendre à nous passer de temple, d'adoration extérieure, en un mot, de culte, qu'il ne faut point emprisonner la divinité dans une étroite enceinte; on leur répondra que jamais la religion ne prétendit resserrer entre les murs d'un temple l'immensité de Celui que le ciel et la terre ne peuvent contenir! Que si, non contents de cette objection indirecte contre la nécessité d'un lieu consacré à la prière et à l'adoration, ils osent encore soutenir que la religion met les rites et les pratiques à la place des vertus. Qu'ils sachent que, d'après cette religion, tout ce qui n'est qu'extérieur n'est rien sans la conversion de l'âme et sans la participation du cœur !

Pour qui les entend bien, il y a donc peu de philosophie à mépriser les observances que la religion ordonne. Ici nous sommes heureux de rencontrer une de ces nombreuses pages qu'il faudrait toutes transcrire en entier. Il était difficile de résumer si bien et avec plus de précision les beautés des rites chrétiens dans les plus solennelles époques de la vie.

« Quoi de plus touchant qu'une religion qui nous accompagne dans tout le cours de notre vie ! A notre naissance, elle protége le berceau ! Elle nous marque du sceau de ses promesses. Au premier développement de nos passions, elle nous communique de nouvelles forces. Elle se mêle aux principales actions de la vie ; elle en marque les principales époques ; elle sanctifie le mariage, cet acte si important, dans lequel tous les peuples ont fait intervenir le ciel, parce que la fécondité, le bonheur des époux, la destinée des enfants leur ont paru devoir être l'effet d'une bénédiction particulière. Elle adoucit tous les moments de notre vie présente, en nous environnant de tous ses secours et de toutes ses espérances ; elle nous offre le cercueil comme le berceau de l'immortalité, et le tombeau comme un monument élevé sur les limites des deux mondes. »

Connaître le dogme, la doctrine et le culte de la religion, c'est avoir la preuve intrinsèque de la vérité et de la divinité, et, à la rigueur, il n'en faudrait pas davantage, ce semble, pour en convaincre le vrai philosophe. Mais la religion, fille de l'éternité, parce qu'elle a Dieu pour père, existe néanmoins dans le temps. Comme toutes les institutions divines de l'humanité, elle a son côté humain et terrestre ; comme tout ce qui a commencé d'être dans le temps, elle a son origine, ses développements, ses progrès ; elle doit donc être sérieusement étudiée dans son histoire. Mais pour l'étudier utilement, l'esprit philosophique nous recommandera, comme seul moyen d'arriver à la vérité historique, de ne point nous écarter des règles que prescrit la saine critique en toute autre matière.

Au dix-huitième siècle, comme aujourd'hui, comme du temps des Augustin et des Chrysostome, on avait compris la haute importance des preuves historiques. Aussi n'épargna-t-on aucun effort, n'oublia-t-on aucun paradoxe, aucun sophisme, et même, pourquoi ne le dirions-nous pas, aucune fausseté, aucun mensonge pour en ébranler les bases. Jamais, pas même au temps des Carnéade et des Sextus, le scepticisme ne déploya plus d'habileté, et n'étala plus de ressources.

Mais, soyons juste, fut-on jamais plus intéressé à s'envelopper des nuages du doute?

Les faits évangéliques sont-ils vrais ou faux? Les livres de l'Ancien Testament, ces livres où, plusieurs siècles avant la révélation du Calvaire, l'incarnation, la naissance, la vie et la mort de l'Homme-Dieu, avaient été si clairement annoncées, qu'il est telle page des prophètes que vous croiriez écrite par les Évangélistes, ont-ils l'antiquité que tous les chrétiens leur accordent? Et l'Évangile, avec sa divine morale, ses miracles et ses récits sublimes de simplicité, est-il authentique? Et les faits qu'il raconte peuvent-ils résister à l'examen de la saine critique?

Toutes ces questions sont capitales; car de leur solution négative ou affirmative dépend l'imposture ou la divinité de cet homme merveilleux qui prit le nom de Christ. Aussi, voyez ce qui advint! Une fausse et menteuse critique attaqua tour à tour les livres de l'Ancien et du Nouveau Testament. Voltaire, Boulanger, Dupuis et l'auteur anonyme de l'*Examen critique*, essayèrent, sous les dehors d'une érudition facile et mensongère, de faire ce que, de nos jours, avec une érudition plus profonde, mais non plus concluante, vient encore d'essayer l'auteur de la *Vie de Jésus*. Portalis semble avoir pressenti l'exégèse allemande, et prévu les rêves de Strauss.

Quand on lit la plupart des historiens du dernier siècle, ceux surtout qui ont traité des origines des religions et des peuples, on remarque avec une certaine surprise, mêlée de je ne sais quel sentiment de terreur, que dans les ouvrages de ces historiens philosophes, l'antiquité sacrée n'est pas plus respectée que, dans les ouvrages du père Hardoin, l'antiquité profane. Et voilà où mène l'abus de l'esprit de système! Autre est la voie suivie par l'esprit philosophique. Toujours calme, toujours impartial, il examine sans préjugé, discute sans passion, conclut sans autre mobile que l'amour de la vérité, laissant à l'esprit de système le soin de développer à son gré des idées préconçues, et de torturer à plaisir les faits les plus incontestables; il n'interroge que la vérité et la raison; il ne préfère jamais une analogie à un fait, et la ressemblance d'une chose à la chose elle-même; et sur toutes choses il distingue soigneusement la vérité de la fiction, les faits des hypothèses, la réalité du mythe ou du symbole. Or sur ce point voici quels sont ses principes de critique.

La fiction et la réalité sont distinguées par des caractères sur lesquels il est impossible de se méprendre.

La fiction ne consiste jamais qu'en signes ou en

paroles, la vérité se manifeste par des faits. Les paroles et les faits peuvent occuper une place dans l'imagination des hommes; les faits en occupent une dans l'esprit et dans le temps. La fiction est son unique aliment à elle-même; elle est seule isolée; un fait tient toujours plus ou moins à ce qui précède et à ce qui suit. Il est, pour ainsi dire, en société avec d'autres faits; il se compose d'une multitude de circonstances qui laissent toujours des traces plus ou moins profondes, plus ou moins durables.

La réalité ne doit point être admise sans preuves; la fiction n'est susceptible d'aucune preuve proprement dite; ce qui se passe journellement sous nos yeux, ce qui s'est passé avant nous, démontre jusqu'à l'évidence que des fictions, des allégories connues peuvent-être appliquées à d'illustres personnages, à des villes célèbres, à de grandes actions ou à de grands événements, sans que l'on soit autorisé à conclure que ces événements, ces actions, ces villes, ces personnages, ne sont ou n'ont été que des êtres allégoriques renouvelés des Égyptiens ou des Grecs.

Qui ne connaîtrait le règne d'Auguste que par les merveilles que les poëtes en ont chantées, et par les figures ingénieuses sous lesquelles ils l'ont peint, serait tenté de les ranger parmi les anciennes chimères de la fable. Cependant, a-t-on plus de doute sur le siècle d'Auguste que sur celui de Louis XIV?

Enfin on peut remplir par des hypothèses ou par des fictions le premier âge ou les lacunes de l'histoire. Mais des faits qui se suivent, qui se supposent mutuellement, qui se lient à des faits plus connus ou mieux constatés, et qui se prouvent les uns par les autres, ne peuvent être réputés de simples hypothèses ou des fictions.

Or, tels sont précisément les faits de la révélation chrétienne, et principalement les faits qui composent l'histoire évangélique,— ces faits d'une vérité si frappante que l'inventeur, comme l'a dit Jean-Jacques, en serait plus étonnant que le héros.

Mais ces faits sont des prophéties et des miracles ! Sans doute ! mais si l'époque des prophéties est certaine, si le sens en est clair et précis, si leur acomplissement est tel qu'il ait dû nécessairement dépasser toute prévision humaine, ne faudra-t-il pas alors les regarder comme une preuve irréfragable et éclatante de la divinité de la religion que ces prophéties annoncent?

Et les *miracles* ne sont-ils pas aussi des faits dont la notion,— claire et précise pour tout esprit droit, consignée dans toutes les langues, démontre la réalité? Soyez plus difficile pour la preuve des faits miraculeux que pour tous autres faits, à la bonne heure ! Mais les choses extraordinaires, quand les miracles auront éclaté aux yeux d'un peuple entier, quand ils seront uniformément attestés par des hommes irréprochables, par des martyrs, je dirai alors avec Pascal : « J'aime à croire des témoins qui se laissent égorger. » Sans doute, on a quelquefois livré sa vie pour une opinion, et même pour une imposture, mais les martyrs de l'entêtement ou de l'imposture n'égalent jamais en qualité et en nombre les martyrs de la vertu et de la vérité !

Résumons-nous. Quand on s'est ainsi assuré de la sublimité des dogmes, de la sainteté de la morale, de la pureté du culte et de la vérité des faits surnaturels d'une religion révélée, on peut, sans crainte et sans danger, contempler ses développements, ses progrès à travers les siècles; car dans cette contemplation on trouvera une nouvelle preuve de sa divinité. Qu'une religion qui remplit toutes ces conditions soit la vérité, la vie et la voie de l'humanité, qui pourrait en douter? Elle est incontestablement une religion divine; elle n'a besoin que d'elle-même pour s'établir dans le monde sur les ruines des autres religions, et loin de triompher par le secours des puissances humaines, elle les humilie et les jette à ses pieds. Émanée du Dieu de toute intelligence, jamais la raison, jamais la science ne pourront la convaincre de mensonge et d'erreur. Lumière surajoutée à la lumière qui éclaire l'enfant dans le berceau, elle s'élève au-dessus de la raison humaine ; mais elle ne la contredira pas, parce qu'il n'y a pas, et il ne peut pas y avoir contradiction en Dieu, auteur unique de la raison et de la foi.

Distinguer nettement le domaine de l'une du domaine de l'autre ; déterminer, sans les confondre, les points de contact de leurs sphères respectives, voilà la raison du véritable esprit philosophique.

C'est sous son inspiration qu'ont été tracées les lignes suivantes :

« En tout, le sublime de la raison humaine consiste à savoir quand elle doit se soumettre (à ce qui est au-dessus d'elle), et quand elle doit résister ; ne jamais se soumettre, c'est être sceptique, ne jamais résister, c'est être faible ou crédule. Le bon sens est entre ces deux excès. L'homme crédule ne fait jamais usage de la raison, et le sceptique en abuse. Pour guérir le premier, il suffit peut-être de l'éclairer et de l'instruire. Le second a besoin d'être averti que l'orgueil n'est pas la science, qu'une sage soumission de la raison est l'effet heureux de la raison elle-même, et que s'il continue à ne vouloir reconnaître aucun fait, s'il continue à lutter contre les avis salutaires de l'expérience, pour ne s'en rapporter qu'à ses propres idées, ou pour s'égarer dans des spéculations sans terme, il se condamne lui-même au supplice des Danaïdes. »

Je conclus, ajoute-t-il un peu plus bas, que l'obstination de la plupart des philosophes à rejeter toute révélation sans examen, et l'indifférence que d'autres témoignent pour une pareille recherche, sont des procédés bien peu philosophiques.

Ainsi se termine l'examen philosophique de la vérité religieuse. Jamais conclusion ne fut plus légitime. En effet, Portalis nous a clairement démontré que l'hypothèse d'une révélation divine n'est point contraire à la raison ; que la révélation est un mode d'enseignement parfaitement adapté à la nature de l'homme ; que rien n'est plus faible que les objections qu'on lui oppose ; que la religion étant un fait, peut être historiquement, c'est-à-dire invinciblement prouvée ; qu'enfin, les caractères divins de ses dogmes, de sa morale, de son culte, de son établissement et de sa propagation, forcent tout homme raisonnable de s'écrier comme ce théologien philosophe : « Si je me trompe, ô mon Dieu ! c'est vous qui me trompez ! »

Nous ne parlerons pas des sages considérations sur les faits et la certitude qu'ils commandent, qui couronnent cette partie si importante de l'esprit philosophique. Nous avons déjà eu plusieurs fois l'occasion d'en parler au lecteur. — Mais nous n'omettrions qu'à regret ce mot de Pascal sur la nécessité de l'étude de la religion : « Entre Dieu et l'homme, ou entre l'homme et le néant, il n'y a que la vie, c'est-à-dire quelques années, quelques mois, quelques jours, un instant peut-être. »

On ne pouvait terminer par une plus belle, plus grave et plus profonde pensée, l'examen philosophique de la question qui domine et absorbe toutes les autres questions, et qui en est ou le point de départ, ou le point d'arrivée.

XXXI

On a pu s'apercevoir que nous avons, pour ainsi dire, à vol d'oiseau, traversé les trois chapitres où Portalis traite de la religion.

En agir autrement, c'eût été écrire un traité.

Mais nous tromperions l'attente de nos lecteurs, si nous ne faisions rapidement passer sous ses yeux, une *anthologie* de pensées sentencieuses ou maximes répandues à pleines mains par Portalis dans cette partie de son ouvrage.

D'Alembert a écrit un petit livre sur l'*Abus de la critique en matière de religion*.

La raison n'est pas la science.

Pour que l'idée d'une révélation divine fût absurde, il faudrait qu'il n'y eût pas de Dieu.

Dieu n'a pas besoin de l'homme, mais l'homme a besoin de Dieu.

Si Dieu se manifeste, il doit se manifester en Dieu.

Il est des erreurs involontaires. Mais, en général, nos erreurs sont notre ouvrage comme nos vices.

Une religion divine ne doit s'étayer que sur des moyens qui ne dépendent ni du caprice, ni du choix arbitraire de l'homme.

Le genre humain commence et finit à chaque instant.

Y a-t-il une révélation? Question de fait, et non de droit.

Qu'importe le mode de la preuve et de la certitude, là où est la preuve et la certitude?

Un fait peut être ou n'être pas! Sans doute! Mais il est, ou il n'est pas.

L'incrédulité des esprits forts n'est qu'un abus de la philosophie.

Pour tout vrai philosophe, il est une morale indépendante de l'homme.

Si Socrate vivait de nos jours, dédaignerait-il de s'enquérir de l'existence de la révélation?

La froide raison n'a jamais seule produit de grandes choses.

Pas de guerre religieuse qui ait coûté plus de sang que la guerre de la révolution de France, cette guerre des opinions politiques armées.

La force des lois réside moins dans leur bonté que dans leur autorité.

Il faut aux multitudes des maximes plutôt que des démonstrations.

Abuser quelquefois de la religion vaut mieux que de n'en point avoir.

L'incrédulité mène à la révolte.

Les sophistes aiment à s'occuper de ce qu'ils ne peuvent savoir.

Une fausse religion ne peut être corrigée que par la véritable.

Pourquoi l'homme religieux est-il dogmatique dans sa croyance? Parce qu'il affirme ce qu'il *croit*. Toute affirmation suppose la foi.

Qu'est-ce que le sceptique? Un insensé qui aspire au droit d'être seul dans l'univers.

Il est une foi qui ne vient que de Dieu; il en est une qui ne vient que de l'homme, et c'est celle qui s'acquiert par des preuves (foi historique).

Il en est de la religion comme de Dieu; si elle n'existait pas, il faudrait l'inventer.

Le cœur est le meilleur juge des doctrines religieuses (morales).

Le christianisme craint si peu l'examen, qu'au contraire il l'ordonne.

Comme les apôtres, il instruit; il ne commande pas.

Voulez-vous punir l'ignorant? instruisez-le.

Le Dieu du chrétien est le Dieu de l'univers.

L'imitation des perfections de Dieu, voilà l'ambition, le droit et le devoir du chrétien.

Pour le chrétien, l'homme n'est plus un homme ; il est un Dieu.

La foi chrétienne est une barrière contre le fanatisme et la superstition.

Son domaine ne commence que là où commence celui de la raison.

Il est des dogmes qui ont été religieux avant d'être philosophiques.

Loin d'encourager le mal, le repentir chrétien le corrige.

S'il existe une véritable religion, elle doit être la plus ancienne de toutes.

Comme Pascal, j'aime à croire des témoins qui se laissent égorger (pour attester un fait).

Entre le crédule qui n'use pas, et le sceptique qui abuse de sa raison, il y a un milieu : celui du vrai philosophe qui en use sans en abuser.

Et maintenant, que nos lecteurs répondent ! N'avions-nous pas raison de classer Portalis parmi les philosophes chrétiens de la noble lignée des Pascal, des Leibnitz et des Malebranche ? A-t-on jamais mieux compris ce qu'il faut accorder à la raison, et ce qu'il faut accorder à la foi ? Chez lui, comme chez ces génies immortels, la raison ne conduit-elle pas à la foi, comme l'étude à la science, comme le moyen au but ? et la foi ne ramène-t-elle pas à la raison pour l'éclairer, la fortifier, la développer, la compléter, la perfectionner? Il y a certes gloire et profit à marcher, même de loin, à la suite de ces hautes intelligences qui, dans les premiers siècles de notre ère, avaient noms : Origène, Clément d'Alexandrie, Augustin, Chrysostome; au moyen âge, Anselme et Thomas d'Aquin, et au seuil des temps modernes, Bacon et Descartes !

On aura remarqué sans peine que Portalis, devançant la méthode suivie quelques années plus tard par Frayssinous, de Ravignan et le P. Lacordaire, prend à cœur de réduire toute la question de la révélation aux proportions d'une question historique. Oui ou non, le christianisme est-il un fait constaté, dans ses origines et dans ses manifestations à travers le temps, par l'histoire, — appuyé sur des écrits, des monuments, des traditions, — en un mot de faits qui s'imposent comme l'évidence à la raison qui se connaît et s'affirme elle-même? Cette méthode, suivant nous, la vraie méthode apodictique de toute démonstration de la vérité chrétienne, je la formule ainsi : César a existé, ses conquêtes prouvent son génie. Le Christ a existé : sa vie, sa doctrine, sa morale, ses actes, sa mort, l'existence et les œuvres de sa religion et de son Église démontrent sa divinité.

La religion est un fait. Une fois ce fait démontré, il faut bon gré mal gré en accepter les conséquences nécessaires. L'esprit philosophique le veut ainsi, et ici l'esprit philosophique, c'est la logique du sens commun.

C'est ce que comprit Portalis, — c'est aussi ce qu'avait compris comme lui l'incrédulité du dix-huitième siècle. — Que d'efforts, que de subtilités, que de fausse érudition et de fausse science pour détruire ce fait! Qu'il nous suffise de savoir que la *Vie de Jésus*, par le *théologien* Strauss, a été précédée de l'*Examen critique*, du *Dictionnaire philosophique* et de l'*Origine des cultes!*

On ne se contenta pas de nier l'existence de ce fait, on en nia la possibilité. On sait comment Portalis combat cette double négation. Il n'avait pour cela qu'à résumer les savants et consciencieux écrits des Abbadie, des Guenée et des Bergier.

Il l'a fait avec sa supériorité habituelle, et dans sa discussion sommaire des arguments pour ou contre le fait de la révélation, qui nous rappelle les procédés juridiques de la démonstration de Lyttleton, il nous a donné une nouvelle preuve de cette hauteur de principes, de cette richesse d'images, de cette gravité sentencieuse, de ce ton vif, de cette ironie contenue qu'un savant magistrat, un des plus compétents en pareille matière (1), a si justement remarqués dans le *Discours préliminaire* du Code civil.

Au moment où il écrivait son *Esprit philosophique*, Portalis n'avait pas à s'occuper de contro-

(1) M. le président Nicias Gaillard.

verses théologiques et religieuses, et c'est pourquoi il n'en dit rien. — Lui en ferons-nous un reproche? Assurément non! Sans doute, il nous a privé de ses appréciations toujours si précieuses sur les grandes luttes entre Bossuet et Jurieu. Nous eussions volontiers contemplé avec lui ces tournois célèbres, ces duels à outrance entre ces *athlètes* du catholicisme et du protestantisme. A coup sûr, là encore il eût constaté les avantages de l'usage et les inconvénients de l'abus de l'esprit philosophique. — Mais d'abord il s'était fait une loi de ne pas franchir les limites du dix-huitième siècle, et l'on sait que pendant ce siècle, entre ceux qui croyaient ou ne croyaient pas, il s'agissait de bien autre chose que d'une discussion de quelques points de dogme, entre les catholiques qui admettent toute la vérité religieuse, et les protestants qui n'en admettent que des fragments. Quand le feu menaçait de dévorer, non plus le portique de l'Église, mais le sanctuaire lui-même, il n'y avait pas à hésiter : le bon sens commandait impérieusement de l'abriter tout d'abord contre ses dangereuses atteintes. Tout *chrétien* n'est pas catholique, et tout catholique est chrétien. Or, il ne faut pas se le dissimuler, la masse des esprits cultivés du dernier siècle avait cessé de l'être.

Quel que soit notre désir d'arriver promptement au terme de notre travail, nous ne pouvons nous empêcher de nous arrêter, un instant encore, malgré sa longueur, devant une réflexion de Portalis, qui est comme la conséquence pratique de l'examen des preuves du fait de la révélation.

Nous n'avons ni l'idée innée, ni la science infuse de ce fait. Nous devons donc l'étudier, si nous voulons le connaître. L'ignorance de la religion fut un des maux du dix-huitième siècle. Plût au ciel qu'elle ne le fût plus dans le nôtre! Nous pourrions nous dispenser de citer ces paroles de notre auteur :

« Quelque éclairé que soit notre siècle, nous naissons tous ignorants; nous ne naissons pas hommes faits. Il nous est impossible de bien savoir ce que nous n'avons jamais bien appris. Je dirai donc toujours aux philosophes : Instruisez-vous des choses religieuses, si vous voulez être religieux. — Le philosophe, le faux philosophe est un indigent orgueilleux qui, oubliant que sa raison est une faculté, et non un dépôt de connaissances acquises, prend le moyen pour la fin, et se croit riche de son indigence même. Nous ne devons mettre un terme à notre curiosité que quand nous désespérons d'acquérir une plus profonde instruction. Conséquemment, si la possibilité d'être instruit par une révélation existe, on n'est point excusable de repousser, *sans examen*, toute vérité révélée. »

— Mais les vérités révélées sont obscures!

— Raisonner de la sorte, « c'est ne rien dire

d'utile. Tout n'est pas obscur dans la révélation. Les doutes sur une foule d'objets sont par elle transformés en certitude, et les espérances en promesses, et c'est ce que la philosophie seule ne fera jamais. »

En lisant ces lignes, nous nous souvenons involontairement des *novissima verba* d'un des plus profonds et des plus sincères penseurs de notre temps, de Jouffroy, l'écrivain du fameux morceau : « Comment les dogmes finissent », qui, après avoir déserté les splendeurs et les certitudes de la foi pour les obscurités et les incertitudes de la « seule » raison, regretta si éloquemment, aux derniers jours d'une vie tourmentée par les ardeurs de la science philosophique, les sublimes et simples enseignements du catéchisme.

Rendons la parole à Portalis :

« De plus, entre les choses même les plus incompréhensibles et les plus obscures, il y a un choix à faire, et on *n'est pas libre de choisir*, quand il s'agit de toute notre conduite présente et de toute notre destinée à venir. Il serait donc *extravagant* de ne pas confronter les obscurités du matérialisme et de l'athéisme avec celles de la religion, l'éternité de la matière avec l'éternité de Dieu, l'immortalité de l'âme avec son entière destruction. Il est impossible de ne pas sentir que les vérités religieuses les plus mystérieuses sont dans l'ordre moral ce qu'est dans l'ordre physique la lumière, dont nous ne pouvons expliquer ni démêler la nature, et qui nous sert si bien elle-même à nous faire discerner tous les autres objets. Il serait impossible de n'être pas convaincu que, quand la raison et l'autorité (lisez aussi la foi) ne se contrarient pas, l'autorité (ou la foi) communique une force nouvelle à la raison, et qu'une révélation divine serait le plus grand bienfait du ciel. Il faudrait donc être bien peu philosophe pour ne pas chercher Dieu dans toutes les voies qu'il a choisies pour se manifester à nous. L'indifférence à cet égard serait à la fois un crime et une folie. »

Que c'est bien là le langage de la vertu et de la sagesse! Quand on écrit ainsi, et que l'ensemble de votre vie prouve qu'on a *pensé et agi comme on a écrit*, on est tout à la fois vertueux et sage.

Mais il est temps de sortir de la haute région des éternels intérêts de l'homme pour rentrer dans l'humble sphère de ses intérêts passagers et terrestres.

Jusqu'ici, nous avons étudié l'homme dans le double élément de son être et dans ses rapports avec Dieu; étudions-le maintenant dans ses rapports avec la société.

XXXII

Tout le monde comprend que la législation et la politique, ces deux puissants soutiens de l'ordre social, ne pouvaient, pas plus que la métaphysique, l'histoire, la morale et la religion, échapper à l'influence, bonne ou mauvaise, de l'esprit philosophique.

Qui le croirait? c'est de l'Allemagne que nous est venue d'abord la connaissance théorique et raisonnée du droit politique et le goût des méditations philosophiques sur les principes du droit naturel et du droit public. Jusqu'au dix-septième siècle, de tous les ouvrages d'Aristote, sa *Politique* était restée le moins connu. A Grotius et à Puffendorf l'honneur de s'être appliqués les premiers à étudier dans leurs sources, et à déterminer scientifiquement les droits et les devoirs des peuples, les rapports des gouvernants avec les gouvernés, et des sujets avec les princes. Avant eux, il est vrai, gisaient, disséminées dans les volumineux ouvrages des jurisconsultes de l'école italienne, quelques notions philosophiques sur le droit public et sur le droit privé. Mais ces notions, imparfaites, incohérentes, obscures, étaient comme étouffées sous le poids de longues dissertations, ou perdues au milieu de vastes et fastidieux commentaires sur des textes différemment, diversement interprétés au gré des circonstances, et suivant les préoccupations politiques et religieuses du temps. Les monuments, et surtout les origines du droit romain, n'avaient point encore été explorés d'un regard philosophique et profond. Le droit public, tel qu'il devait sortir un jour de l'étude comparée des textes des lois, des livres de jurisprudence, des documents diplomatiques et de l'histoire, étaient encore lettre close pour tous. Assurément sans doute on sentait déjà fermenter çà et là les idées qui, un peu plus tard, sous la plume des publicistes allemands, anglais et français, devaient se transformer en admirable corps de doctrine et en réalité historique. Sans doute encore, dans ces guerres déplorables qu'en deçà comme au delà du Rhin et de l'autre côté de la Manche, se livrèrent pendant si longtemps les partis politiques et les factions religieuses, il y eut autre chose que des chocs d'épées et des coups de canon. Plus d'une fois la plume d'un écrivain, la voix d'un orateur firent ce que ne purent ni le fer des combattants ni le tonnerre des révolutions. Alors comme aujourd'hui, comme toujours, l'idée jaillit du fait, et le fait de l'idée. Mais l'idée, d'abord timide, rampante, et mêlée à je ne sais quels éléments obscurs, vagues, incertains, même hétérogènes, avait encore bien des transformations à subir, bien des perfectionnements à atteindre, avant de se fixer et de s'incarner, pleine de vie et de jeunesse, dans le génie des Montesquieu, des Vattel, des Filangieri.

Et en effet, sans parler ici d'une foule d'ouvrages justement oubliés dans la poussière des bibliothèques, et dont nous n'excepterons que le remarquable et pas assez remarqué *De Regimine principum*, attribué à saint Thomas et bien digne de lui, — qu'était-ce, après tout, que l'*Utopie* de Morus, la *Civitas solis* de Campanella, la *Franco-Gallia* d'Hotman, les *Vindiciæ* de Languet, la *Servitude volontaire* de La Béotie, quelques pages des immortels *Essais* de Montaigne, l'*Institution du Prince* de Budé, le *De Rege* de Mariana et même la *République* de Bodin; qu'était-ce, dis-je, que tout cela, si ce n'est des précurseurs plus ou moins éloignés, et rien de plus, des ouvrages de droit public des grands jurisconsultes et des publicistes philosophes du dix-septième et du dix-huitième siècle, — des *Discours* de Sidney, du *Léviathan* de Hobbes, des traités de Grotius et de Puffendorf, du *De Legibus* de Cumberland, des *Principes* de Burlamaqui, précurseurs eux-mêmes des chefs-d'œuvre de notre droit public moderne?

Esquissons rapidement les principaux traits de ce chapitre. Portalis définit fort bien la véritable science de la législation et du gouvernement : — La connaissance des droits et des devoirs de l'homme sagement combinés avec les besoins de la société.

Or, à proprement parler, la science de la législation est de date récente parmi nous, étrangère qu'elle dut être à ce mélange de peuples ignorants et grossiers, qui avaient une discipline plutôt qu'une police, étaient régis par des usages plutôt que par des lois, et qui, moins par habileté politique que par impuissance matérielle et morale de mieux faire, laissaient à chaque nation vaincue ses habitudes et ses mœurs. De là, remarque judicieusement notre auteur, cette prodigieuse diversité de coutumes dans le même empire.

Une autre cause devait concourir à arrêter les progrès de la législation. Le droit romain, en vigueur dans une partie de nos provinces, ce droit que *de Thou* appelait à si juste titre *raison écrite, ratio scripta*, était devenu, entre les mains de la chicane, et sous la plume de la plupart des commentateurs, un labyrinthe inextricable, un immense arsenal où, suivant l'occurrence, jurisconsultes et avocats étaient presque toujours sûrs de trouver, sur les questions de droit tant soit peu épineuses, des armes pour ou contre les plus justes ou les plus injustes des causes. — L'histoire, à cette époque, n'avait point encore porté son flambeau au milieu de cette multitude de textes qu'elle seule pouvait éclairer.

« Dans l'immense collection du droit romain,

on n'avait jamais songé à distinguer les sénatus-consultes, les plébiscites, les édits des grands princes d'avec les réponses subtiles des juristes, et surtout d'avec les rescrits des empereurs, espèce de législation mendiée, et presque toujours accordée au crédit et à l'importunité. »

Inutile de faire remarquer que par ces mots, « réponses subtiles des juristes », Portalis n'entend parler que de ces commentateurs de second ordre, dont la lecture lui avait été conseillée par un magistrat mal inspiré du parlement de Provence, et non des grands et profonds jurisconsultes du seizième siècle, des Cujas, des Doneau, etc.

En France, la législation criminelle n'était pas plus heureuse que la législation civile. « L'accusé, dit Portalis, était sous la main de l'homme, au lieu d'être sous celle de la loi. » On avait oublié, ou plutôt méconnu, les sages vues d'Ayrault, dans son *Ordre judiciaire*, ouvrage très-remarquable pour son temps, et très-peu connu encore, où l'un de nos plus savants procureurs généraux près la Cour suprême a puisé avec un rare discernement les principales données de ses importantes *Observations* sur notre droit criminel. Le livre de Beccaria, cet astre bienfaisant, dont l'apparition imprévue devait être saluée avec bonheur par tout ce que l'Italie et la France renfermaient d'âmes sensibles et d'esprits avancés, le livre de Beccaria ne s'était pas montré à l'horizon. Les peines étaient arbitraires. Il en était à peu près de même en Angleterre, en Allemagne, en Italie : partout la même ignorance des vrais principes de la législation criminelle et pénale.

Qu'en était-il de la politique intérieure, ou, ce qui est la même chose, de l'administration du pays? On n'était pas moins arriéré, et, pour ne parler ici que du commerce, le génie du grand Colbert lui-même n'avait pu le débarrasser des mille entraves qui jusque-là avaient fatalement arrêté son essor. Bien plus, la théorie de l'impôt n'était point encore trouvée.

Mais voici que tout à coup des révolutions politiques éclatent en Suisse, en Hollande, en Angleterre. Le parlement de la Grande-Bretagne discute publiquement les grands intérêts de l'État. Le peuple anglais s'initie enfin à la connaissance et à la conduite personnelle de ses affaires. La science du droit public cesse d'être l'apanage exclusif de quelques adeptes privilégiés. Gravina paraît; Locke écrit son traité du gouvernement civil; Montesquieu, achevant l'œuvre à peine ébauchée par le jurisconsulte Alciat, nous retrace l'esprit des lois, — véritable *proles sine matre creata*. Domat, dans un court, mais substantiel traité, nous fait remonter à leur origine divine, et dans ses immortelles *Lois civiles*, suivies de son estimable *Legum delectus*, fait, en quelque sorte, pour la législation française, ce que devait faire

Pothier pour la législation romaine. Enfin, Delolme décrivait le triple mécanisme de la *constitution anglaise*, tandis que Beccaria offrait à l'Europe étonnée et reconnaissante son beau livre des Délits et des peines ; Burlamaqui, ses Principes de droit naturel et politique ; et Filangieri, cette Science de la législation, où, le premier peut-être de tous nos publicistes modernes, le jurisconsulte napolitain déduisit de principes philosophiques les règles générales de la législation, et en fit voir l'application scientifique et raisonnée à la société civile, à la politique, à la religion, à l'éducation et à l'instruction publique.

Nous approuvons sans réserve le jugement émis par notre auteur sur la plupart de ces jurisconsultes ou publicistes. Mais nous croyons qu'il exagère, à certains égards, les mérites du chef-d'œuvre de Montesquieu. Suivant nous, dans l'illustre président du parlement de Bordeaux, il faut distinguer avec soin l'historien du publiciste. L'historien, dans l'*Esprit des lois*, est généralement exact, judicieux, profond ; mais le publiciste, malgré ses éminentes qualités, n'est pas toujours, à beaucoup près, exempt de tout reproche. A son insu sans doute, il s'y montre plus d'une fois prévenu, passionné, paradoxal. Montesquieu appartient à la première moitié du dix-huitième siècle, et trop souvent l'*Esprit des lois* semble porter l'empreinte des *Lettres persanes*. — Disons-le donc bien haut avec d'Alembert et Portalis, — oui, l'*Esprit des lois* est incontestablement une œuvre de génie. Mais n'allons pas jusqu'à ajouter avec ce dernier que cet ouvrage opéra peu à peu, dans la jurisprudence et dans la politique, la même révolution que le newtonianisme dans les divers systèmes du monde. A coup sûr, il y a exagération dans cette éloge, et sous plusieurs rapports, le *Contrat social* de Rousseau en serait peut-être plus digne.

Une fois l'éveil donné à l'esprit philosophique, — pour préparer les voies d'un meilleur avenir, on évoqua le passé, on interrogea le présent. Devant le double flambeau de la raison et de l'histoire, se dévoilèrent de grands abus, s'évanouirent de grandes erreurs. Tout sembla s'améliorer dans le gouvernement des différents États de l'Europe. La France prit une large part dans le mouvement général des esprits. « Sous le règne bienfaisant de Louis XVI, tous les genres de bien devinrent possibles; Malesherbes ouvrit les prisons d'État; Turgot attaqua le système des corvées et celui des jurandes. Necker détruisit les restes de la servitude réelle. » Tout cela fut le fruit de l'étude philosophique de l'histoire, de la société, et de l'homme.

Portalis en dit à peine quelques mots, et, nous le regrettons. Car personne plus que lui, mêlé qu'il avait été aux hommes et aux choses du règne du roi martyr, ne pouvait nous faire assister à ce grand et instructif spectacle d'un prince travaillant de tout son pouvoir à la réforme des abus, au progrès et au développement des libertés publiques, — et récompensé de son zèle pour le bien, de son dévouement à la chose publique, de ses efforts multipliés pour la prospérité de son peuple, — par l'ingratitude, la haine et l'échafaud.

Mais imitons Portalis! Ne rappelons pas de lamentables souvenirs, et laissons à nos neveux, plus calmes, plus désintéressés et plus impartiaux que nous, le soin de juger sans appel ces événements trop rapprochés de notre temps. Il s'écoulera bien des années encore avant que l'histoire puisse dire sur eux son véritable dernier mot!

Quoi qu'il en soit, des volumes ne suffiraient pas pour exposer les innombrables bienfaits dont l'Europe, et principalement la France, fut redevable à l'usage de l'esprit philosophique. Malheureusement, de l'*usage* on passa à l'*abus*. L'esprit de système ne tarda pas à remplacer l'esprit d'observation; à l'expérience succéda l'hypothèse, aux faits les conjectures, à la vérité le paradoxe; on méconnut la véritable source du pouvoir. Dès lors, les bases sociales furent ébranlées. Un je ne sais quel vertige universel s'empara des intelligences; la confusion régna partout; on mit tout en question; on douta de tout, et, chose singulière! le siècle des lumières et de la sagesse ne présente de toutes parts que l'effrayante image de la démence et des ténèbres !

D'où naquirent tant de maux ! L'esprit philosophique nous le dira.

Portalis nous en montre l'origine dans la gratuite hypothèse d'un état absolu de nature, antérieur et opposé à l'état de société, — dans le dogme mal entendu de la souveraineté du peuple, — dans une fausse notion de la propriété, de la liberté et de l'égalité.

Nous verrons bientôt s'il a raison.

On ne l'a pas oublié, le dix-huitième siècle, uniquement parce qu'il s'écarta des voies de la religion et de la saine philosophie, fut atteint d'une maladie jusque-là inconnue tant parmi les peuplades sauvages, que parmi les tribus barbares et les peuples civilisés, chez les nations païennes comme chez les peuples chrétiens. Cette maladie, nous la nommerons *théophobie* ou peur de Dieu. On va s'en convaincre par le court exposé des erreurs que nous venons de mentionner.

XXXIII

Pourquoi cet *état de nature*, si vanté par l'auteur du *Contrat social*, et que nous trouvons établi comme un dogme philosophique dans presque toutes les productions des philosophes du dernier siècle? Ne serait-ce pas qu'on se donnait ainsi le droit de rejeter, dans l'intérêt d'un système politique, deux vérités attestées par l'histoire et l'expérience de tous les pays et de tous les temps, — l'action immédiate de Dieu sur l'humanité, — et la société primitive de l'homme avec Dieu, en vertu d'une parole et d'un enseignement divins?

Pourquoi aussi l'invention de ce prétendu *pacte social*, qui n'exista jamais que dans la tête de certains rêveurs? Évidemment pour soustraire la société et le gouvernement à la direction de son suprême auteur.

Pourquoi enfin ce dogme si sujet à interprétation, et si ambigu, d'une *souveraineté du peuple*, subversif de toute idée d'origine divine du pouvoir, si ce n'est pour ne pas faire remonter jusqu'à Dieu l'autorité, qui pourtant ne peut descendre que de lui?

Or, en dernière analyse, qu'est-ce que tout cela, si ce n'est la *peur* de Celui pour qui l'homme ne doit pas éprouver que de la crainte, et qu'il doit plus aimer encore que craindre?

Portalis, invoquant tour à tour tous les genres de preuves, n'a pas de peine à démontrer que l'état de nature de Jean-Jacques n'est qu'une hypothèse sans fondement; que la *société* n'a pas commencé là où finit la *nature;* que la nature et la société sont contemporaines ; que rien n'est plus hasardé et plus contraire à l'esprit philosophique que de s'enquérir laborieusement de ce que nous n'avons peut-être jamais été, plutôt que de travailler généreusement à apprendre tout ce que nous pouvons et tout ce que nous devons être ! Ici, comme toujours, ses réflexions sont sages, ses observations justes, sa réfutation complète. Cependant nous devons saisir l'occasion de repousser une opinion déjà plusieurs fois émise par notre auteur, et qu'il reproduit dans ce chapitre, quand il nous dit avec Vico que les peuples passent de la barbarie à la civilisation, et que l'homme civilisé n'est que l'homme naturel avec tout son développement. Jusqu'à preuve contraire, nous croirons qu'il y a là, de la part de Portalis, une inconséquence qu'il partage d'ailleurs avec plusieurs philosophes religieux de son temps, et notamment avec Para du Phanjas. D'après ce principe, et quelques autres qu'il nous serait facile de citer, Portalis, oubliant, à son insu, que Dieu, d'après la Genèse et toutes les traditions, parla d'abord à l'homme, — admet comme possible et comme réel, le développement instinctif, spontané, naturel des facultés humaines, indépendamment et en dehors de tout enseignement extérieur et divin — par la parole. Nous le répétons, c'est ici une erreur involontaire, bien plus qu'une erreur réfléchie, dont Portalis ne pouvait prévoir les conséquences. Les *Recherches philosophiques* de M. de Bonald ne devaient paraître qu'environ vingt ans plus tard, et jusqu'à elles, on ne paraît guère s'être douté de la nécessité de la parole divine pour expliquer l'origine de la pensée, et de la société humaine.

Arrivant ensuite au pacte social et à la souveraineté du peuple, l'auteur demande avec raison s'il existe un seul exemple d'une convention par laquelle un peuple soit devenu un peuple : « Non, dit-il, la société n'est pas un pacte, mais un fait ! Chacun vit auprès des auteurs de ses jours, et ceux-ci vivent avec leurs semblables, parce qu'ils ont avec eux des rapports essentiels et indestructibles comme la nature ! » — La société se maintient par les relations naturelles qui la forment; elle se développe et se perpétue par la seule force des choses. Il est donc absurde de vouloir attribuer à des sociétés privées et à des contrats ordinaires ces grandes réunions d'hommes qui forment les divers corps des nations.

« Y a-t-on bien pensé, quand, d'après les idées rétrécies de stipulation et de contrat, on a osé porter le délire jusqu'à soutenir qu'un peuple pouvait rompre le pacte social ? Quel spectacle offrirait au monde un peuple qui prononcerait librement sa dissolution entière, qui déclarerait ne plus vouloir former une société, qui romprait tous les liens de fraternité générale, qui délibérerait de ne plus garantir l'observation de la morale et de la justice, et qui, en renonçant à toute civilisation, renoncerait nécessairement aux arts, aux sciences, aux talents et aux vertus, que la civilisation seule peut produire, développer et protéger? Un tel peuple ne serait-il pas justement accusé d'avoir attenté à l'ordre éternel de la création, et d'avoir conspiré contre le genre humain? Ses voisins ne verraient bientôt plus en lui qu'une horde de brigands, qu'ils se croiraient obligés d'exterminer ou de soumettre, et il ne tarderait pas à être à lui-même son plus redoutable fléau. »

Pourquoi, dit Cicéron dans son admirable *De legibus,* pourquoi la loi (ou le peuple), qui du juste peut faire l'injuste, ne convertirait-elle pas le bien en mal? Pourquoi n'autoriserait-elle pas tous les brigandages?

On dira peut-être avec Rousseau : « Mais si le peuple veut se faire du mal, qui l'en empêchera? Le peuple n'est-il pas souverain maître de ses actes? »

— Oui, sans doute, mais de la même façon qu'un homme est souverain des siens ! Souverain, tant qu'il vous plaira! Mais, au-dessus de lui, il est un souverain, un législateur souverain, une loi souveraine auxquels tout individu et tout peuple doivent obéissance, sous peine de renier leur nature et, moralement parlant, de se suicider. Voulez-vous dire qu'il est libre de violer les lois fondamentales de son être? Qui en doute? Serait-il libre, s'il ne pouvait abuser de sa liberté?

La question n'est pas de savoir s'il peut se faire, mais bien s'il lui est permis de se faire du mal. Or, la négative est certaine, et ainsi posée, notre question n'est plus une question.

Direz-vous que je la place à tort sur le terrain de la morale, et qu'entre nous il ne s'agit que d'une question politique? — Soit! je vous suivrai sur ce terrain.

Prouvez-moi donc avant tout qu'au peuple seul appartient la souveraineté et le gouvernement?

Toute puissance vient de Dieu, dit saint Paul, et avec lui tous les théologiens et bien des philosophes.

Donc le pouvoir n'émane pas plus de la société que de l'individu ; donc, rigoureusement parlant, il n'est ni dans le peuple, ni dans le prince; donc encore, il n'est, et il ne peut être originairement qu'en Dieu. *Omnis potestas a Deo!* Dieu en est le principe et la source. A Dieu seul le droit et le pouvoir de le donner à qui il veut, sans distinction de peuple ni de prince ; — au peuple ou au prince le devoir, l'obligation de le recevoir comme un dépôt sacré.

Tout pouvoir vient de Dieu. La raison et la foi proclament de concert cette loi sociale. Le pouvoir n'est-il pas la condition, la loi naturelle de toute société? Or, une loi naturelle, nous l'avons vu plus haut, est une loi de Dieu. — Mais pas d'équivoque!

Incedo per ignes!...

Est-ce à dire que Dieu, en thèse générale, confère directement, immédiatement, le pouvoir politique à tel homme plutôt qu'à tel autre, de telle sorte que la souveraineté doive être confondue avec le souverain, le pouvoir en lui-même avec la personne de celui qui l'exerce?

La raison, l'histoire, le texte même de saint Paul nous répondent que non.

Non! telle n'est pas la pensée de saint Paul. Autrement, je ne dis plus *le* pouvoir humain, mais, ce qui est bien différent, *tout* pouvoir humain, serait non-seulement d'origine, mais bien d'institution divine. Le prince,—représentant, incarnation de ce pouvoir, serait l'Oint du Seigneur au même titre que Saül et David; et le pouvoir, quelle que fût sa forme, le mode de son exercice et le caractère de son action, — le pouvoir serait, dans un sens absolu et théocratique, de droit divin!

Il n'en est pas ainsi. L'histoire du peuple de Dieu nous présente seule ce phénomène. Partout, hors de la Judée, les peuples se *choisissent* ou *acceptent* leurs chefs et leurs pasteurs. C'est que le pouvoir politique a cela de commun avec l'humanité que comme elle, il s'agite dans la sphère de sa liberté, et comme elle, Dieu lui-même le mène.

Et puisque nous avons prononcé le mot de liberté, pourquoi ne dirions-nous pas du pouvoir dans la société ce que nous avons dit de la liberté dans l'individu? La liberté, elle aussi, vient de Dieu, et pourtant elle est à l'homme, elle est de l'homme, considérée en tant que faculté exercée par l'homme! Donc, tout en affirmant avec l'Écriture, avec la théologie, avec la saine philosophie, que tout pouvoir vient de Dieu, ajoutons avec Portalis, qu'aux yeux d'une religion éclairée, c'est-à-dire d'une philosophie religieuse ou d'une raison chrétienne, le pouvoir n'émane de Dieu qu'en tant que créateur et conservateur de l'ordre politique et social, ou en tant que moteur des causes secondes. Donc enfin, divin par son origine, le pouvoir est humain par son application; et les sociétés peuvent en disposer comme les individus disposent de leur liberté, et sous les mêmes conditions.

Ou, plus clairement encore, Dieu a créé *le* pouvoir; l'homme (individu ou peuple) transmet TEL pouvoir de telle ou telle manière, dans telle ou telle circonstance, — sans que la légitimité de cette transmission ait rien à voir avec *l'origine* même du pouvoir considéré en *soi*.

Ou enfin, car je ne saurais craindre trop de clarté dans un sujet si obscurci par les sophismes, les malentendus et les intérêts, — il n'y a que le pouvoir,

— en tant que loi ou nécessité sociale, universelle, immuable, destinée à régir la société humaine en général, — qui soit de droit divin. L'application de cette loi à tel peuple ou à telle nation en particulier est de droit humain, c'est-à-dire local, variable, contingent, sujet aux vicissitudes et aux révolutions, comme tout ce qui est de l'homme.

C'est ainsi que nous entendons, et que peuvent, suivant nous, se concilier, dans un certain sens et dans une certaine mesure, la doctrine du droit divin ou du droit des rois, et la doctrine de la souveraineté ou du droit des peuples; doctrines moins contraires en réalité qu'en apparence, et qui n'ont été si mal comprises et si mal pratiquées, que parce que les préjugés ou les passions en ont étrangement exagéré le principe et faussé les conséquences.

« Les sociétés civiles et politiques, dit Portalis, sont par elles-mêmes (dans un sens relatif) des établissements purement humains; il ne faut donc pas chercher hors de l'homme et hors de la société (qui n'est qu'une réunion d'hommes) les principes des institutions inhérentes à l'établissement des sociétés politiques et civiles. »

Mais voici quelque chose de plus clair encore : « Le jurisconsulte (ou le publiciste) qui ne fonde la souveraineté que sur le droit divin positif (absolu), raisonne aussi mal que le physicien qui prétendrait ne devoir expliquer tous les phénomènes de l'univers que par l'intervention (immédiate) de la volonté divine. »

Nous dirons à notre tour que, n'admettre aucune autre source du pouvoir que la souveraineté du peuple, ce serait ressembler au physicien qui, tout en recourant aux causes secondes pour expliquer le monde physique, nierait l'action et l'existence d'une cause première.

Nous dirons encore qu'il serait aussi peu philophique de vouloir, armé du droit divin, annihiler l'activité politique de l'homme dans la main de Dieu, que d'annihiler l'activité toute-puissante de Dieu dans la main de l'homme, en vertu de la souveraineté du peuple. La vérité pour nous est entre ces deux excès, et telle nous paraît avoir été, à près de vingt siècles d'intervalle, la doctrine de Cicéron et celle de Bossuet.

Ainsi donc, l'origine, le fond du *pouvoir* est divin, et son mode de transmission ou de délégation, sa forme, est humaine. — Issu immédiatement de Dieu, il arrive médiatement, par le consentement passif ou tacite, exprès ou formel, de la société ou du peuple, aux mains de celui ou de ceux à qui la société ou le peuple juge à propos de le *confirmer* ou de le *conférer*, de manière à en faire les organes ou les fonctionnaires.

Or, « le *gouvernement* n'est que l'ensemble des institutions d'un peuple, » ou la souveraineté en action, l'instrument de la souveraineté.

D'où il suit que le gouvernement, de même que la souveraineté, quoique *divin* dans son principe, en tant que mode nécessaire de l'organisation de la souveraineté, est *humain* dans sa forme, comme la souveraineté elle-même.

Que les uns en placent la première manifestation dans l'autorité du père de famille, les autres, dans le pouvoir patriarcal, d'autres, dans le droit du plus intelligent ou du plus fort, — toujours est-il que la société ne pouvant subsister sans pouvoir ou sans souveraineté, et celle-ci sans gouvernement, — pouvoir, souveraineté, gouvernement, sont trois aspects divers d'une seule et même chose, la société humaine, l'institution sociale, — la réalisation par Dieu, mais avec le libre concours de l'humanité, de cette loi qui a présidé à la création, à la formation et au développement de la société, — qui est, disaient les anciens, le lien de toute république, et que j'appelle la base nécessaire de tout ordre et de tout progrès.

S'il en est ainsi, le pouvoir politique ou social est, dans toute la force du terme, supérieur à l'homme, et partant divin. D'où la conséquence qu'il est tout à la fois inaliénable et indivisible au regard de l'homme ; car s'il est au-dessus de l'homme ou des hommes qui l'exercent, comment ces hommes pourraient-ils en disposer ? L'homme n'en est pas le propriétaire, il n'en est que l'usager, l'organe, l'instrument.

Maintenant est-il vrai que le gouvernement ne soit qu'un corps intermédiaire entre le peuple et les individus composant ce peuple?

Si le gouvernement n'est pas la forme sensible, extérieure, régulière, de la souveraineté, qui ne voit qu'elle est à cette souveraineté ce qu'est l'attribut au sujet, et que l'un ne peut se concevoir sans l'autre? Admettez une ligne de séparation entre la souveraineté et le gouvernement! Vous séparez l'âme du corps de la société; vous vous jetez entre deux abîmes, — la démocratie pure, absolue, qui n'a jamais existé, — et la négation de tout principe social, ou la barbarie.

La souveraineté est un *droit :* le gouvernement est un *fait*. Comme droit, la souveraineté n'est qu'un être moral qui a besoin de s'incarner dans un *fait* ou dans le gouvernement. Or, « un droit n'est utile qu'autant qu'on ne le sépare pas du pouvoir de le réduire en *acte*. » Mais ce pouvoir luimême, s'il s'exerce sans formes et sans limites, ou sans gouvernement, n'offre et ne peut offrir aucune garantie d'ordre ni de stabilité.

Or, cette forme et cette limite, c'est le gouvernement. Mais le gouvernement n'est pas et ne doit pas être plus distinct de la souveraineté que l'organe du corps auquel il appartient.

Et, en effet, distinguez-les entre eux! Alors, de deux choses l'une : ou le peuple ne sera pas seulement souverain, mais souverain exerçant perpétuellement sa souveraineté, ce qui est démenti et par l'histoire et par la nature des choses, — ou bien vous serez contraint d'admettre « qu'il est au-dessus de la société un pouvoir au-dessus de tous les pouvoirs, et toujours en droit de les renverser, — ce qui est incompatible avec tout principe de subordination et d'obéissance, et toute permanence de l'ordre social.

—Comment échapper à ce dilemme, sorti, à des époques récentes, de la sphère du raisonnement, pour descendre, incarné et vivant, dans la sphère de l'action, sur les places publiques et dans les rues : Démocratie pure (nous aimons mieux démagogie), — ou Anarchie raisonnée?

— Par cet autre dilemme de Portalis : Ou *une souveraineté* avec un *gouvernement*, deux choses, il est vrai, distinctes par la pensée, mais unies et inséparables par leur nature, comme le centre et le cercle, comme le lien et le faisceau, — ou bien pas de société!

— Mais le peuple est le principe et la fin du gouvernement!

— Oui, mais il n'est pas le gouvernement. Assurément, la souveraineté est le centre de gravité des forces sociales; « mais c'est le gouvernement qui réunit ces forces et qui les rend vivantes et actives. »

Or, savez-vous ce que serait une souveraineté sans gouvernement? Ce que serait un peuple sans souveraineté? — Un corps sans tête, un cercle sans rayons.

— Mais si le peuple est souverain, et que le gouvernement ne soit que son mode d'action, sa souveraineté en exercice, — il peut donc à son gré faire ou défaire son gouvernement !

— Oui, mais à la condition de se « détruire et de se dévorer lui-même. » Au-dessus de la souveraineté du peuple, il y a la souveraineté de l'ordre, la souveraineté de la raison, dont la souveraineté du peuple doit être l'humble vassale, « si le peuple ne veut mourir et entretenir dans son sein un principe éternel de dissolution et de ruine. »

Cette souveraineté de l'ordre et de la raison, se traduisant aux yeux d'un peuple dans les formes établies par ses lois ou par ses coutumes fondamentales, est aussi nécessaire au salut de ce peuple que la souveraineté de Dieu même, ce « roi des âmes, » est nécessaire au maintien de la société humaine.

Or, cette souveraineté de l'ordre et de la raison, qu'est-ce, en d'autres termes, que la nécessité de la loi publique et sociale entre toutes, — la loi de la paix et de la tranquillité publique, sans laquelle il n'y a ni peuple ni société ?

Dirait-on encore que la souveraineté du peuple n'est que sa volonté exprimée par des lois, et que ces lois, lui seul peut, lui seul doit les faire ?

— Sophisme, et rien de plus! Déplorable confusion entre deux choses, dont l'une est exactement vraie, et l'autre manifestement fausse !

Eh! sans doute, la souveraineté, c'est la volonté du peuple! Mais comment s'exprimera cette volonté? Convoquera-t-on tout un peuple pour faire ses lois? Mais cela n'est possible que dans les petites républiques, comme celle de la Suisse, ou si vous voulez mieux, d'Andorre ou de Saint-Marin. Voilà pourquoi les Romains, ces maîtres dans l'art de gouverner les peuples, créèrent un sénat. — Il était impossible, nous apprennent les Institutes de Justinien, de convoquer le peuple en un seul lieu, et plus impossible encore de connaître la volonté de chacun de ses membres. De là, pour tout peuple en général, nécessité d'exercer le pouvoir législatif autrement que par lui-même. « Comment aurait-il le droit exclusif de faire ce qu'il est reconnu qu'il ne peut faire? »

Assurément, la loi, pour être véritablement loi, doit être l'expression de la volonté du peuple dans des formes déterminées!

Mais quelles seront ces formes? — Elles varieront avec les circonstances. Tantôt le peuple *légiférera* par sa volonté formellement manifestée par des suffrages individuels; ce sera lorsqu'il s'agira de se donner ou d'accepter une constitution, une charte, la loi fondamentale de ce peuple. Tantôt il déléguera son droit de suffrage à des hommes de son choix, et qu'il considérera comme l'expression collective de sa volonté. Ces hommes, choisis, désignés, nommés par lui, ce seront ses députés ou ses *représentants*.

— Je ne veux pas de représentants pour le peuple, répond Rousseau; je ne veux que des ministres! — Cela veut dire de simples *mandataires*, révocables à volonté, et n'agissant que d'après les instructions et les ordres de leur mandant.

Cette prétention n'a qu'un malheur; c'est d'être irréalisable. En supposant que le peuple fût toujours assez peu nombreux, assez éclairé, assez instruit sur les intérêts publics pour pouvoir donner à ses mandataires des ordres précis, invariables, aussi sages que réfléchis, je soutiens que, dans une multitude de cas, de même que le mandant ordinaire, le peuple sera obligé et se félicitera même de laisser une certaine latitude à ses mandants. — Mais, nous l'avons vu, cela est impossible. « Il est trop heureux que, dans un état où l'on est presque toujours *forçant* ou *forcé*, la multitude soit ralliée par les inspirations, par l'influence d'un homme ou de plusieurs, et que le hasard même remplisse quelquefois l'office de la politique. » Le pouvoir, a dit un profond historien, le pouvoir est à l'intelligence.

C'est là un fait constant, universel, nécessaire, et c'est de sa nécessité qu'est sorti le droit de représentation.

On dit : prenez l'homme tel qu'il est; nous disons : et la société aussi!

Il est une loi à laquelle toutes les autres lois doivent céder le pas; cette loi, ce n'est pas la loi théorique de l'idéal, du probable, de ce qui pourrait être, mais bien la loi pratique du réel, du réalisable, de ce qui est.

Il n'est donc pas exact d'affirmer que le peuple doit faire lui-même ses lois. Il le doit et le peut quelquefois; mais presque toujours il ne peut que concourir, directement ou indirectement, à leur confection. Voilà la vérité cherchée à la lueur de l'esprit philosophique.

Oui, l'esprit philosophique, qui ne consulte que la nature, et qui ne prend pas plus parti pour la démagogie que pour la théocratie, nous apprend que tout gouvernement et toute législation, c'est-à-dire toute expression pratique de la souveraineté du peuple, présupposent nécessairement la volonté ou le concours de ce peuple. Car enfin, ou ce peuple n'a plus de gouvernement, ou il veut en avoir un nouveau. Nous savons qu'on ne peut imaginer une troisième hypothèse, celle où il n'en aurait jamais eu. Or, dans l'un et l'autre cas, nécessité de la volonté, ou tout au moins, du concours du peuple.

Et, en effet, la société, dont tel ou tel peuple est un fragment soumis aux mêmes lois que la société tout entière, la société repose sur le droit et sur la force. — Sur le droit, qui sans la force serait une vaine abstraction ; — sur la force, qui sans le droit ne serait qu'un pur fait. Or, dans le peuple gît la force, et dans le gouvernement gît le droit. Mais le droit doit l'emporter sur la force, parce que l'homme est un être intelligent et moral.

Pourquoi donc le peuple, qui a pour lui la force, maintient-il, consacre-t-il, sanctionne-t-il par sa volonté, par son concours, par son adhésion, les actes du gouvernement, qui n'a pour lui que le droit? C'est, avouons-le, parce que l'exercice du droit n'est que la réalisation, au milieu de ce peuple, de cette loi de moralité et de justice qui est la première lumière et le premier besoin du cœur humain. « La loi, chantait un poëte philosophe, est la reine des dieux et des hommes. » C'est elle qui gouverne les gouvernants et les gouvernés, les peuples et les rois. La loi politique ou sociale, c'est Dieu gouvernant l'homme par l'homme. Elle est au monde moral et intellectuel ce qu'est l'attraction au monde matériel et physique.

C'est donc une grave erreur encore que de croire, qu'en thèse générale, le peuple peut, quand il veut, changer le gouvernement établi, que l'insurrection est le plus saint des devoirs, et que, pour valider ses actes, il n'a besoin que de lui-même. Ce serait enlever toute garantie à l'ordre social, déchaîner toutes les mauvaises pas-

sions, sanctionner toutes les perturbations sociales.
— Le peuple peut tout ce qu'il veut? — En fait, d'accord avec vous! Mais qu'est-ce que cela prouve en droit? de ce que je puis ce que je veux, s'ensuit-il que je veux ce que je dois?

— Mais si un peuple, comme dit Portalis, s'ébranle en masse, avec le concours universel de toutes les forces et de toutes les volontés individuelles, ne faudra-t-il pas voir dans cette action générale et particulière, collective et individuelle de ce peuple, et le fait et le droit d'un changement de gouvernement?

Question redoutable que Portalis appelle une hypothèse, mais qui, de tout temps, et surtout du nôtre, s'est convertie en sanglante réalité! Question qu'il serait imprudent de résoudre *à priori!* car, au moment même où ce mouvement, cet ébranlement s'opère, comment discerner s'il est véritablement universel et l'élan spontané d'un peuple tout entier, s'il exprime exactement la volonté générale, — ou bien, au contraire, s'il n'est que l'agitation partielle, tumultueuse, d'une multitude informe, la sédition violente et désordonnée d'une poignée de mécontents ou d'une bande de factieux et d'émeutiers?

Une révolution n'est légitime qu'à la condition d'être nécessaire, et la question de savoir si elle l'est en effet, est une de celles auxquelles il est impossible de répondre autrement que par le mot si profond et si vrai de Fénelon : L'homme s'agite et Dieu le mène ! Tout ce que l'on peut dire de plus prudent, en pareil cas, c'est que la Providence a des secrets et des solutions mystérieuses, et que l'homme, sans nécessité absolue, ne doit point tenter la Providence.

« Je conviens que rien n'est immuable ; que le temps amène des révolutions inévitables ; que l'on voit un peuple passer successivement de la monarchie à la république, ou de la république à la monarchie. Mais aucune des constitutions n'a marqué ni les temps ni les cas où le peuple en corps peut se mouvoir et tout renverser. Ce silence garantit la sûreté des États et la stabilité des gouvernements ; il est nécessaire au repos du genre humain. »

On voit que tout en reconnaissant, — nous ne disons pas, tout en approuvant les *faits*, les *actes* révolutionnaires, Portalis cherche à les prévenir par des considérations d'autant plus graves et plus sensées, qu'il les écrivait peu de temps après une *révolution*, suivie d'une *terreur* sans exemple dans l'histoire du monde.

Aussi lui pardonnons-nous de grand cœur d'avoir émis une proposition qui serait de sa part une faute grave contre la logique, si elle n'était pas, avant tout, une protestation *réactionnaire*, et, par suite, exagérée, contre les excès déplorables de récentes insurrections. Après avoir posé en principe, que l'insurrection est trop contraire à tous les devoirs, pour pouvoir jamais être transformée en droit, il ajoute : « Elle n'est et ne peut être qu'un crime et le plus grand de tous, car elle viole la paix publique au plus haut degré. »

N'y a-t-il pas là une exagération? Que cela soit vrai en thèse générale, ce n'est pas nous qui le contesterons! Oui, dans la *plupart* des cas, l'insurrection est un crime; oui, c'est à tort que, pour la légitimer dans *tous* les cas, on invoque la maxime romaine, *lex populi, suprema lex*, comme si la loi suprême d'un peuple, celle d'où dépend sa conservation, son salut, sa vie, n'était pas de respecter ses lois! Mais s'il est faux de prétendre que l'insurrection est *toujours* le plus saint des devoirs, est-il exact de soutenir qu'elle est *toujours* un crime, *jamais un droit?*

Mais quoi! Si le gouvernement opprime, pressure, épuise le peuple; si, au lieu de représenter, en les centralisant et en les dirigeant, les intérêts des gouvernés, il ne représente que les siens propres, en les séparant, au mépris de la loi de son être et des devoirs de sa charge, de ces intérêts publics qui doivent l'emporter sur tous intérêts particuliers et personnels; si, foulant aux pieds une mission sacrée, au lieu de conduire ce peuple dans la voie droite du bien et du bonheur social, il l'égare et le perd dans les tortueux sentiers de la corruption et de la misère; si, gardien officiel, exécuteur et ministre des lois et des institutions, il viole impudemment les unes et renverse audacieusement les autres, — faudra-t-il donc que ce peuple, auteur, créateur de ce gouvernement, assiste, les bras croisés et l'œil indifférent, à l'immolation de ses intérêts, aux entraves de sa destinée, à la violation de ses lois, au renversement de ses institutions?

Non, certes! et Portalis lui-même ne va pas jusque-là. C'est qu'alors l'insurrection d'un peuple n'est plus un mouvement tumultueux, une agitation partielle, une sédition sans motifs légitimes, un effet sans cause. — C'est le cri d'un peuple qui souffre, c'est la légitime défense, c'est la nécessité! Alors, maïs alors seulement, l'insurrection est chose sainte et juste. Car ce n'est plus la force brutale qui lutte capricieusement contre le droit désarmé et conspué. C'est, au contraire, le droit qui se lève contre la force! « Alors, dit Portalis, à qui la vérité arrache un aveu qui semble le mettre en contradiction avec lui-même, les maux sont assez grands, assez intolérables, assez extrêmes pour autoriser l'idée d'un changement, pour légitimer une révolution, cette révolution attaquât-elle les sources même de toute légitimité! »

— Soit! Mais si, à tort ou à raison, une révolution change la constitution de l'État, cette révolution, *ce fait accompli*, ne devra-t-il pas être respecté? — Oui, répondrons-nous avec Portalis et

Bossuet, au nom de la paix et de l'ordre public! Oui, s'il est confirmé — par le consentement exprès ou tacite de la nation ou de ses représentants, — et par le temps, ce créateur et ce consécrateur suprême des peuples et des rois.

Et qu'on ne nous accuse pas de favoriser à notre manière les tendances de certains esprits inquiets et remuants, amoureux de tout ce qui est changement et révolution!

On calomnierait notre pensée. Par cela que nous aimons le progrès, nous n'aimons pas nécessairement les *révolutions*, et par cela que nous n'aimons pas les *révolutions*, nous ne condamnons pas nécessairement *toutes* les révolutions. — L'esprit philosophique distingue ce qui est légitime de ce qui ne l'est pas, l'Assemblée constituante de la Convention, — et 89 de 93!

Est-il donc si difficile de ne pas confondre l'amour du changement avec la nécessité de changer, les caprices légers d'un peuple avec ses besoins les plus impérieux, l'impétuosité et la violence des passions populaires avec les lentes et souvent calmes réclamations de la raison nationale?

Si donc il est des révolutions légitimes, il en est aussi, et peut-être est-ce le plus grand nombre, qui ne le sont pas.

Et ce ne sont pas ces dernières qui ont inspiré à Portalis cette réflexion pleine de justesse et d'allusion :

« Malheur au peuple qui ne craint pas de remettre en question sa propre existence, et de se replonger dans le chaos de l'anarchie ! »

Il cite complaisamment ce mot d'un philosophe de son siècle : « Si la liberté ne devait coûter que la vie d'un seul homme, il ne faudrait pas même l'acheter à ce prix. »

Mais, ne nous y trompons pas, cette citation est moins l'expression de la pensée d'un philosophe, que le vœu d'un homme témoin et victime des saturnales de la Terreur, ces orgies de la liberté d'une époque néfaste.

Non ! Si la liberté, la liberté ennemie de tout ce qui mène à la licence, devait coûter la vie à des milliers d'hommes, l'acheter à ce prix, ce ne serait pas l'acheter trop cher ! Mourir libre, ne vaut-il pas mieux que vivre esclave, et d'ailleurs la servitude est-ce autre chose que la mort ?

Et que serait-ce si, comme cela s'est vu, la liberté d'un peuple ne devait coûter que l'expulsion d'un tyran, l'abdication d'un prince, la fuite d'un roi, la chute d'un gouvernement, la retraite d'un ministre ? — Ainsi posée, nous doutons fort que Portalis eût hésité à résoudre cette question affirmativement. La liberté d'un peuple peut-elle entrer en parallèle avec le bon plaisir, l'intérêt, les convenances ou l'amour-propre d'un ou de plusieurs hommes ? Nous ne le pensons pas.

Mais n'insistons pas davantage sur ces questions

brûlantes, et dont, encore une fois, la Providence seule semble se réserver la solution.

Portalis avait à combattre les paradoxes sociaux et politiques de Rousseau. On ne pouvait les réfuter avec plus de sens et de raison. Mais il est à regretter que la beauté de la forme ne soit pas toujours ici en harmonie avec la solidité du fond. Le *Contrat social*, œuvre sophistique s'il en fut, et comme telle, déjà définitivement jugée et condamnée, restera comme œuvre littéraire remarquable par la vigueur du style, la logique des raisonnements et la force des déductions. Portalis, dans sa discussion, ne se distingue pas par ces qualités ; et, à ce point de vue, il est de beaucoup inférieur à son adversaire. Nous ferons la même remarque à l'égard de sa réfutation du *Discours sur l'inégalité des conditions*. Là encore, son argumentation est plus vraie que brillante, plus juste que vigoureuse.

XXXIV

On sait que Rousseau établit sur la double base de la liberté et de l'égalité tout son système de droit public. Or, cette base, est-elle bonne ou mauvaise? — L'un et l'autre, suivant que vous attachez à ces mots un sens plus ou moins rigoureux, plus ou moins radical.

Après les mots *raison* et *foi*, *philosophie* et *religion*, nous en connaissons peu qui soient plus susceptibles de significations diverses. Commençons donc par nous entendre.

La liberté est-elle l'indépendance ? — La liberté est-elle la participation directe, active, incessante, à la puissance publique ? Est-il plusieurs sortes de libertés ? Y a-t-il une liberté civile, une liberté politique, une liberté religieuse, — ou bien sont-ce là autant de rameaux sortis du même tronc, les différents rapports sous lesquels nous apparaît la même faculté ? Il est évident que l'on ne s'entendra jamais sur ces questions, tant qu'avant tout on ne s'entendra pas sur les éléments de la liberté.

Être libre, dans le sens habituel de cette expression, c'est vouloir et pouvoir ce qu'on veut. Mais pour pouvoir ce que l'on veut, rien ne doit empêcher l'action de la volonté.

Donc trois éléments de la liberté : volonté, pouvoir, défaut d'obstacles ou sûreté.

Mais la liberté a des limites, sans quoi elle dégénère en licence. La liberté est inséparable de la moralité. A la justice, qui attribue à chacun ce qui lui appartient, qui concilie et équilibre les droits et les libertés (1) de tous ; à la justice, dis-je, de régler l'usage et de déterminer les limites de

(1) Troplong. *De la Démocratie dans le Code civil.*

la vraie liberté. De là, nécessité d'une garantie commune de la liberté de chacun en particulier, et de tous en général. De là encore, la société, — et l'autorité qui la maintient et la conserve.

Inutile d'avertir que nous parlons de la liberté *relative* de la *civilisation*, et non de cette liberté *absolue* d'un *état de nature* qui n'exista jamais. Il s'agit de la liberté réelle, et non d'une liberté chimérique.

Or, la liberté étant réglée par la justice, est par là même régie par la *législation*, qui est la justice *sociale*.

Portalis, en homme profondément versé dans la science théorique et pratique des lois, et notamment dans cette branche de la science juridique, que Vico regardait comme un des éléments constitutifs de la jurisprudence, examine en détail les conditions de toute bonne législation dans ses rapports avec la liberté.

Puis, revenant aux éléments constitutifs de la liberté elle-même, il fait sagement remarquer que l'indépendance et la servitude sont comme les deux extrêmes entre lesquels se balance la liberté.

« Le mot *indépendance* offre l'idée d'un pouvoir illimité ; le mot *servitude* présente celle d'une sujétion arbitraire et sans bornes. L'indépendance du citoyen est incompatible avec l'exercice même de toute société réglée. La servitude est contraire à la fin de tout gouvernement légitime. Mais entre la servitude et l'indépendance, il existe un espace considérable qui peut être rempli par une foule de combinaisons différentes des éléments qui constituent la *liberté*. »

Quand « Rousseau, plein d'idées d'un républicanisme exagéré, appelle *liberté* le plus haut degré de pouvoir qu'un homme puisse atteindre dans la société, il sacrifie au pouvoir l'un des éléments de la liberté, la *sûreté* qui lui est indivisiblement unie : il applique faussement à l'État ce mot si connu d'un palatin de Poméranie : *Melius est tempestuosa libertas quam tutum servitium;* car il n'y a pas plus de liberté sans sûreté, que d'esclavage sans inquiétude. »

La sûreté admise comme un des éléments essentiels de la liberté, — évidemment, si l'un de ces éléments doit jamais prévaloir sur les autres, ce ne sera pas le *pouvoir*, comme le prétend Rousseau, ce sera la *sûreté;* « car un citoyen a moins d'intérêt à conserver un pouvoir très-étendu, mais peu sûr, qu'à obtenir la plus grande sûreté dans l'exercice du pouvoir et des droits que ce pouvoir conserve. » Et la nature, poursuit Portalis, ne nous a point fait hommes pour nous rendre libres ; mais elle nous a créés libres pour nous mettre à portée de remplir la destinée commune à tous les hommes.

La grande erreur de Rousseau, c'est de supposer toujours l'humanité dans un milieu qui n'est pas le sien. Si pour lui la liberté n'avait pas été synonyme d'indépendance, et par suite de *toute-puissance*, comment n'eût-il pas vu que cette liberté n'est pas détruite par les restrictions que les circonstances forcent de mettre au pouvoir de chaque individu, mais qu'elle serait totalement renversée par l'absence de toute sûreté?

Maintenant, rien de plus facile que de répondre à cette question : Quel est le peuple le plus libre? C'est celui dont le gouvernement est le plus éloigné de la licence et de la tyrannie, en d'autres termes, des abus et des excès des pouvoirs privés et des pouvoirs publics ; ou bien encore, c'est le peuple le plus juste dans ses membres et dans ses chefs.

Or, la justice, nous l'avons dit, étant l'équilibre de tous les droits et de tous les devoirs, comment la maintenir entre des pouvoirs rivaux, entre les gouvernants et les gouvernés? comment rendre cet équilibre constant et durable? — Par le règne de la loi, régulatrice, gardienne et vengeresse des droits et des devoirs de tous les membres de l'État entre eux. Donc la loi sera, en dernière analyse, le principe, le fondement et la sauvegarde de la liberté civile et politique. *Sub lege libertas!*

Veut-on savoir quelle est la société qui jouirait de la plus grande liberté de fait? Qu'on ne le cherche point ailleurs que là où gouvernants et gouvernés ne se proposeraient que le bien public, et où les droits de chacun auraient pour règle et pour limite les devoirs de tous ! — Quoi qu'en dise l'éloquent sophiste de Genève, une pareille société serait la plus parfaite des sociétés. Elle n'aurait pas besoin, comme celle qu'il a rêvée, de n'être composée que d'anges. D'après Portalis, il suffirait qu'elle se composât de sages. Nous dirons, nous, moins et plus que cela : il suffirait qu'elle ne comptât dans son sein que de véritables chrétiens.

— « Tout homme a le droit de conserver son existence, de l'améliorer, d'appartenir à une famille, de devenir époux et père, d'être le chef de ses enfants, de faire valoir son industrie et ses talents, de jouir du produit de son travail, d'être vrai propriétaire de sa personne et des biens qu'il a légitimement acquis, etc., etc. »

Avec tous les théologiens et presque tous les philosophes et tous les publicistes, Portalis reconnaît deux sortes de liberté, la liberté de *droit* et la liberté de *fait,* différant entre elles comme la théorie diffère de la pratique. Ainsi, dit-il avec autant d'esprit que de raison, rien n'était plus libre de droit qu'un membre de la Convention, mais rien n'était moins libre de fait.

Nous négligeons à dessein une foule d'observations presque toujours pleines de sens et de finesse, et qui sont le développement de celles que nous avons analysées. Là comme partout, dans le livre de Portalis, vous croiriez entendre la sagesse parlant aux hommes par la voix de l'expérience.

Or, ce que nous avons dit de la liberté, nous pouvons le dire de l'*égalité* qui, à tout prendre, n'en est que le corollaire.

Comme la liberté, l'égalité n'est pas et ne peut pas être absolue parmi les hommes : l'absolu n'est qu'en Dieu. — Mais, dit-on, nous naissons tous égaux : pourquoi donc des inégalités? Je nie ce prétendu principe dont le hasard, l'éducation, les circonstances de la vie, toutes choses qui varient suivant l'individu, démontrent à l'envi la fausseté; il n'y a d'égal dans l'homme que la qualité d'homme. En ce sens, nous sommes tous égaux devant la nature, la raison, la loi, devant Dieu enfin. Mais, pour admettre l'égalité rigoureuse, universelle, de tous les hommes entre eux, il faudrait pouvoir une chose impossible, admettre leur *identité* organique, intellectuelle et morale. Or, qui oserait affirmer cette identité? L'absurde a ses limites comme le vrai lui-même!

Quoi! vous voudriez étendre sur cette grande famille qu'on nomme l'État, le niveau d'une égalité parfaite, mathématique, absolue! Philosophe! considère ta propre famille, et dis-moi, si tu l'oses, que cette égalité règne en elle, et que l'inégalité n'en est pas, au contraire, la base essentielle, le principe fondamental ! Ignorerais-tu donc la grande vérité cachée dans ces simples mots de Montaigne : « Il faut qu'il y ait des *juridiciants* et des *juridiciés ?* »

Il est pourtant une égalité incontestable, qui n'est ni l'égalité des fortunes ni l'égalité des conditions : je veux parler de l'égalité des droits naturels, immuables et sacrés comme la nature elle-même.

Mais, remarquons-le bien, cette égalité *naturelle* laisse subsister et suppose l'inégalité des fortunes et des conditions ; elle proscrit sans pitié cette égalité métaphysique, espèce de panthéisme social, qui, confondant toutes choses, rangs, professions, fortunes, amènerait infailliblement la dissolution de la famille et de la société ; en un mot, elle n'est compatible qu'avec cette égalité *morale* et vraiment *sociale* qui, au prix de quelques inégalités inévitables et de même ordre, tels que les priviléges accordés à la science et au mérite de tous genres, nous préserve d'autres inégalités plus grandes, et bien autrement offensantes, que nous eussions subies dans l'imaginaire *état de nature*.

Veut-on se rapprocher, autant que possible, de cette égalité ? Que chacun sache qu'il a à respecter les droits de tous, et que tous sachent qu'ils ont à respecter les droits de chacun ; que dès lors le droit de l'un est le devoir de l'autre ; et que *droit* et *devoir* sont choses corrélatives, étroitement unies, inséparables!

Mais est-ce assez? Le droit à respecter et le devoir à accomplir ne constituent que la *justice*, et la justice ne saurait suffire à cette classe nombreuse qui, n'ayant d'autre moyen de subsistance que son travail, est exposée à tous les hasards d'une si *mobile ressource*. Il faut donc que la charité, dont le fonds est inépuisable, vienne en aide à la justice, pour subvenir à d'inépuisables besoins. Mais la charité n'étant que la religion faite homme, et se donnant, se consacrant, s'immolant à tous ceux qui souffrent, comme le Dieu-Homme qui l'a fondée, ce sera donc à la religion qu'il faudra s'adresser pour restreindre, pour limiter, sinon pour détruire et extirper le paupérisme.

Est-il besoin d'ajouter que *charité*, ici, ne veut pas dire seulement *aumône*, dans le sens étroit et vulgaire de ce mot, — l'aumône *individuelle*, cette forme embryonnaire de la charité proprement dite que nous décrit saint Paul, et qu'ont si bien expliquée les Pères de l'Église? Par charité, j'entends tout dévouement religieux, tant individuel que collectif, qui, nous montrant dans tout homme qui souffre, n'importe de quelle manière et pour quelle cause, un autre nous-même, un membre du Christ, un autre Christ, nous *fait tout* à cet homme, nous donne tout à lui; — sentiment vraiment inconnu dans l'humanité avant la venue sur cette terre de *Celui* qui, Dieu lui-même, n'a pas dédaigné de se rendre semblable à elle et de mourir pour elle, afin de lui prouver que *Dieu est charité!* — Véritable amour du prochain, dont la mesure est, en un sens, de ne pas en avoir!

Quand donc cette charité, variée comme les misères, multiple comme les besoins, vaste comme le monde; quand donc, de principe individuel, inerte, insuffisant, que presque toujours et presque partout elle a été jusqu'à ce jour, deviendra-t-elle enfin *sociale*, entrera-t-elle dans les institutions, s'incarnera-t-elle dans les mœurs?

Le salut du monde politique et social est à ce prix!

Mais revenons à la seule égalité possible parmi les hommes, à l'égalité civile et politique.

Cette égalité, c'est la loi qui la crée et qui la maintient, en créant et en maintenant « entre tous les hommes cet état de justice et de paix que la sagesse maintient entre des hommes modérés. »

La loi, qui, pour être digne de ce nom, doit être, en même temps qu'un « acte de puissance, un acte de justice et de raison, » la loi ne se propose donc pas de protéger le riche contre le pauvre et le fort contre le faible? Son but, son but unique, est de protéger tous les hommes, sans exception, dans les droits qui leur appartiennent, et dont le bon ordre et la bonne police ne limitent pas l'exercice; et pour égaliser, autant qu'il est en elle, les inévitables inégalités de la nature et de la société, elle ne doit mettre en œuvre que « trois cordeaux de nivellement, l'humanité, la pitié et la bienfaisance (ou la charité). »

Est-ce là ce qu'ont voulu les égalitaires de tous les temps? Non, certes! Pour eux, l'égalité, c'est le nivellement de la misère, de la servitude et de la force; l'unité, l'unification, moralement impossible par la contrainte, par l'apathie et par la confusion, de ce que Dieu fit libre, actif et distinct! C'est l'égalité de la mort!

En vue d'une égalité absolue, d'une utopie dont la réalisation n'est pas de ce monde, on laisse trop à l'écart, et l'idée de société, et l'idée d'ordre, et l'idée de justice, qui n'est que l'ordre en action. On fait abstraction de l'individu, on l'isole de la société, ou plutôt on l'absorbe, lui, réalité vivante et personnelle, dans cet être de raison et tout collectif qui est la *société*. On dirait d'un panthéisme politique et social, où toute individualité, toute personnalité viendrait s'abîmer, se confondre et se perdre dans une unité métaphysique et dans un chimérique absolu.

La vérité n'est ni dans ces abstractions ni dans ces rêves. Descendez enfin, ô vous qui vous proclamez les grands penseurs des temps nouveaux! descendez du haut de vos sphères idéales dans le monde des réalités, et le bon sens qui, croyez-m'en, vaut bien toute votre métaphysique sociale,

— le bon sens, ce grand maître des petits esprits et des grands génies, vous apprendra, par la bouche de Portalis, que rendre à chacun ce qui lui appartient, ce n'est pas sacrifier ceux qui n'ont rien à ceux qui ont quelque chose, ceux qui ont peu à ceux qui ont beaucoup ; — mais, ce qui est bien différent, n'abandonner ni ceux qui ont peu, ni ceux qui ont beaucoup, à la discrétion de ceux qui n'ont rien, et qui veulent avoir tout. Il vous dira encore que, si l'autorité, de même que la fortune, est le partage du petit nombre, c'est qu'il n'y aurait que confusion et anarchie, si la multitude était appelée à l'exercer.

Il vous dira enfin, — avec l'Évangile, le seul vrai Code social, l'Evangile interprété par l'Église, seule compétente pour nous en expliquer le véritable sens, — l'Évangile qui, émanant de l'Auteur même de la société, doit nous en retracer les véritables lois, que l'inégalité des fortunes et des conditions est une des nécessités de l'humanité déchue ; — et avec l'histoire et la raison, qu'il ne faut pas demander aux institutions sociales une perfection idéale qui n'est pas faite pour elles ; que, quels que soient leurs progrès et leurs développements, elles ne pourront jamais transformer, *transsubstantier* la nature de l'homme et de la société ; et qu'ainsi, il sera toujours impossible d'étendre le niveau d'une égalité absolue sur des êtres qui tendent tous à s'élever au-dessus de leurs semblables, qui sont doués de talents, de passions, de forces inégales dans la nature, enfin, qu'une pareille égalité serait une dérogation à cette loi générale d'inégalité et de gradation qui se manifeste dans ses ouvrages.

Concluons. L'état de nature, la souveraineté du peuple sans contre-poids et sans règle, la liberté illimitée, l'égalité absolue, tous ces prétendus dogmes d'une certaine philosophie sont, aux yeux du vrai philosophe, des paradoxes, des hypothèses, des illusions, des erreurs qui se dissipent comme de vaines ombres devant le jour de l'observation et de l'expérience.

Et il est heureux qu'il en soit ainsi ; car si jamais un peuple les prenait au sérieux, c'en serait fait de lui ; il croulerait de toutes parts comme un édifice dont un soudain tremblement de terre emporterait les fondements.

Mais il est un autre dogme qui, pour être plus spécieux peut-être, n'en est pas moins chimérique et moins dangereux. Je parle du principe de communauté ou communaunisme absolu, incompatible avec toute idée de propriété individuelle. — Ce dogme, l'histoire nous l'a plusieurs fois démontré, et plaise au ciel qu'elle ne nous le démontre plus désormais, — ce dogme, toutes les fois, qu'on a tenté de le traduire en fait, a ébranlé en même temps la base et le sommet de l'édifice social. Et cela se comprend sans peine. « La propriété, a dit ailleurs Portalis, dans un de ses admirables discours sur le Code civil, — la propriété est le principe le plus fécond en conséquences utiles, et ce principe est comme l'âme universelle de toute législation. Et pourquoi cela ? Ah ! c'est que la propriété privée, individuelle, personnelle, est le fruit de la liberté ; que la liberté est la condition de l'activité humaine, et que là où il n'y a ni activité, ni liberté, ni propriété, il n'y a, ni ne peut y avoir ni vie, ni mouvement, ni progrès social, ni société. Donc la négation de la propriété est la négation de la société. Donc encore l'abolition de l'une serait l'abolition de l'autre.

— Mais, dit-on, et c'est là, si l'on y réfléchit bien, le point de départ de tous les sophismes de Rousseau sur la propriété, — mais,

... les fruits sont à tous et la terre à personne !

Autant vaudrait dire que la terre produit d'elle-même, sans culture, spontanément, comme la terre de cet âge d'or que nous dépeignent les poëtes, tous les fruits nécessaires à la subsistance de tous les hommes. Y a-t-on sérieusement pensé ? Est-ce ainsi que les choses se passent dans nos âges de fer ou d'airain ?

N'est-ce pas, au contraire, par son travail, par ses sueurs, que l'homme parvient à pourvoir aux besoins de sa *nature*, et dès lors n'est-il pas *naturel* et légitime qu'il use personnellement, à l'exclusion de tous autres, du produit de ses œuvres ?

C'est donc dans la nature même de l'homme, dans sa *constitution*, et non dans les *institutions* sociales, que le droit de propriété prend sa source.

Vous dites que les biens étaient originairement communs ! Soit ! dit Portalis. Mais dès que l'homme leur a imprimé le cachet de son intelligence et de son travail, ils ont cessé de l'être ; ils sont devenus *siens*. Sans cela, maître de tout, il ne serait maître de rien, « et serait lentement réduit à périr. »

Pour nous, nous nions formellement avec Portalis, et qu'il ait jamais existé une communauté absolue de biens, exclusive de toute appropriation et de toute jouissance individuelle, et, ce qu'il semble accorder aux communistes, que les biens composant cette communauté prétendue aient été communs dans l'origine.

Dans l'origine ? — de la société, sans doute ! Mais le jour où la société a existé, a aussi existé avec elle, l'appropriation, l'usage d'une partie de ces biens pour la satisfaction des besoins des membres de cette société. Mais cet usage, cette appropriation, c'est le fait nécessaire, inhérent à la nature *besoigneuse* de l'homme, et, par conséquent, le droit de propriété. Donc ce droit est contemporain de la société humaine, — aussi ancien que « le devoir de vivre ; » donc la communauté originaire des biens est une chimère. « Il y a des propriétaires depuis qu'il y a des hommes. »

Mais si la propriété est une nécessité naturelle et fatale, si elle est inséparable de la nature de l'homme et de la société humaine, elle existe donc en vertu d'une loi supérieure, nécessaire, divine, antérieure à la société, et l'homme ne peut y toucher sans attenter en même temps à sa propre nature et à la nature des choses.

Voilà pourquoi, toujours et partout, le droit de propriété est un droit inviolable et sacré, *essentiel*, tellement essentiel, dit Rousseau lui-même, qu'à certains égards il l'est plus encore que la liberté, car il tient de plus près à la vie, et il exige une protection plus particulière et plus active que la personne même de l'homme !

Mais si le droit de propriété est indéniable, si le communisme, sous quelque forme qu'il apparaisse, est une immense erreur et une utopie sans fondement, entre les mains de qui reposera ce droit? Entre celles de ceux qui doivent en user, répondrez-vous ! — en d'autres termes, de chacun des membres de la société, et vous avez raison. Mais ce n'est pas ainsi que l'entendirent certains jurisconsultes, partisans d'une royauté despotique, qui, abusant de quelques textes de droit romain, placèrent ce droit, non moins individuel, en général, que sacré, entre les mains de l'État ou du souverain. Gardons-nous de cette dangereuse aberration ! Elle nous conduirait à la consécration juridique du despotisme oriental.

L'État n'est pas l'unique propriétaire de tous les biens renfermés dans son territoire. « Il n'est que le gardien et le régulateur collectif de la propriété de chacun de ses membres. » Et cela devait être. Être purement moral et fictif, il ne peut jouir d'un droit naissant des besoins d'un être réel et vivant. D'ailleurs, autre chose est ce que les jurisconsultes et les publicistes appellent domaine *éminent*, et qui n'implique point un vrai droit de propriété, — autre chose, le domaine privé, c'est-à-dire ce droit dévolu aux individus, que les Romains nommaient *jus privatum*.

Au citoyen la propriété, au souverain ou à l'État l'empire. Cette pensée de Sénèque, l'esprit philosophique l'admet comme formule d'une vérité de droit public en matière de propriété. Qu'on la rejette, et on confond deux choses profondément distinctes, — le droit individuel de propriété protégé par l'État, et le devoir collectif pour l'État de protéger ce droit.

Ainsi comprise, la propriété se révèle à nous, telle que nous la présente l'histoire de presque tous les peuples, et, en particulier, du peuple romain. Chez ce peuple, à toutes époques et même sous l'empire, le droit à une indemnité due à l'individu propriétaire, dépossédé par l'État pour cause d'utilité publique, fut expressément reconnu, et la confiscation ne fut pratiquée qu'exceptionnellement pour crime de lèse-majesté. Il y a plus : au sein de l'Europe féodale, où la vraie notion du droit de propriété individuelle fut si souvent dénaturée au profit des prérogatives du seigneur, jamais seigneur n'eut celle de disposer à son gré de la propriété privée, et on tenait pour certain que les biens d'un sujet n'appartenaient pas plus à son prince qu'à un prince étranger lui-même !

Or, remarquons-le bien, les mêmes arguments qui démontrent que le prince ou le souverain n'exerce et ne *peut* exercer un droit universel, collectif, de propriété sur toute la masse des biens de son territoire, démontrent également, *mutatis mutandis*, et à plus forte raison, que le droit de propriété est essentiellement un droit individuel et privé.

Donc le communisme, condamné par la nature et par la société, l'est aussi par la politique, — et de la communauté de tous, nous pouvons dire ce que dit Portalis de la communauté dans les mains d'un seul : que c'est là une supposition absurde, incompatible avec la propriété, puisqu'elle est incompatible avec la doctrine des publicistes, avec les lois positives de toute nation policée, avec les droits naturels de l'homme, avec les principaux fondements de la société, avec l'essence même des choses.

Donc encore, la propriété, c'est la société, c'est l'homme social, c'est l'homme !

Ainsi se trouvent réfutées, par les enseignements de la raison et les leçons de l'expérience, les doctrines égalitaires, *socialistes,* de cette foule de prétendus philosophes et philanthropes qui n'ont souvent du philosophe que le nom, et du philanthrope que les vaines et décevantes idées. Comment donc n'ont-ils pas compris que leurs plus ou moins séduisants systèmes vont tous fatalement se briser contre le double écueil de l'impossible et de l'absurde ? Le dix-neuvième siècle devait avoir, lui aussi, ses prédicateurs d'égalité ! Ce que tentèrent les niveleurs en Angleterre sous le despotisme de Cromwell, les égaux ou les babouvistes en France sous le règne de la Terreur, — aujourd'hui, par des voies différentes et avec un appareil scientifique, ou plutôt sophistique, à peu près inconnu de leurs devanciers, les *penseurs socialistes*, comme ils s'appellent, ont de nouveau tenté de le réaliser. L'égalité en tout, pour tous et partout, tel est le but vers lequel dirigent leurs communs efforts nos réformateurs contemporains de la société, nos *socialistes* modernes, à quelque secte qu'ils appartiennent et de quelques noms qu'ils se décorent, — communistes, saint-simoniens, fouriéristes, ultra-démocrates, tous gens de même sorte, ne différant guères entre eux que par la dénomination, — tous également mécontents du passé, peu satisfaits du présent, rêvant un chimérique avenir, cherchant de nouveaux cieux, une terre nouvelle! Beaux discoureurs qui ne firent, ne font et ne feront presque jamais rien, parce qu'ils veulent trop faire, des belles choses qu'ils osent nous promettre! Non, certes, qu'il n'y ait beaucoup à faire, ou que la volonté d'agir leur manque! mais parce que, loin d'accepter l'humanité telle qu'elle est, ils ne la cherchent que telle qu'ils l'imaginent, et que, loin de se placer sur le terrain des réalités sociales, ils se hissent péniblement dans les régions d'un irréalisable idéal. Hommes aussi présomptueux qu'insensés, plus téméraires que coupables, ils veulent beaucoup plus qu'ils ne peuvent, et consument en folles théories, en œuvres sans consistance, mais non toujours sans danger pour la société, — le temps, l'activité, le talent, quelquefois même le génie et le cœur, qu'ils n'eussent dû consacrer qu'à la pratique du bien! Aveugles volontaires, qui ne voient pas que le bien social, de même que la société, vient de Dieu; que le mal seul vient de l'homme, et qu'il n'est pas donné à l'homme de refaire l'œuvre de Dieu! Améliorez, perfectionnez, réformez! A la bonne heure! c'est là votre tâche! Mais, de grâce, ne détruisez pas ce qui est, et doit être, pour construire ce qui n'est pas, ce qui ne peut pas être; ne cherchez pas à créer! Dieu seul est Créateur!

XXXV

Saluons en passant le chapitre sur les *lois pénales*, que Portalis eût pu intituler : *De la peine de mort*. Nous n'en citerons rien ; car il faudrait tout citer ! C'est un modèle de raisonnement et de discussion. Nous serions tenté d'affirmer que, dans la pensée de l'auteur, il devait d'abord former un tout à part, et qu'il ne songea que plus tard à l'insérer dans son Esprit philosophique.

Nous n'essaierons pas même d'analyser son éloquente et incisive argumentation contre Beccaria, qui voulait, comme on sait, l'abolition immédiate de la peine de mort. — Des morceaux comme ceux-là ne s'analysent pas : on les lit tout entiers, on les étudie et on les médite ! Nous dirons seulement que personne avant lui n'avait mieux résumé et plus justement apprécié sur cette importante question les opinions des publicistes.

Avec Bacon, Montesquieu, Rousseau, Mably lui-même, Portalis s'y déclare contre l'opinion de son adversaire. Mais disons tout de suite qu'avec les meilleurs esprits de notre temps, il prédit non-seulement la possibilité, mais la nécessité de son triomphe pour l'avenir, c'est-à-dire, alors que les mœurs, les établissements politiques et l'esprit général des nations le comporteront *sans danger*.

Nous ne ferons que mentionner le chapitre de l'impôt. Il y réfute la thèse des *économistes* de l'école de Quesnay : qu'il ne faut qu'un impôt unique, l'impôt territorial, et tout en admettant avec eux que la propriété territoriale doit être la base de toute administration raisonnable, il nie contre eux qu'il ne puisse pas exister d'autre impôt que l'impôt de la terre. A cette occasion, il nous trace avec une complaisance que nous comprenons, une remarquable esquisse de l'administration de l'ancienne Provence, « cette administration qui faisait peu de bruit, dit-il, parce qu'elle était bonne » et il en déduit cet enseignement : que le vice des théories économiques des philosophes du dix-huitième siècle tenait à cette manie, assurément peu philosophique, de tout généraliser et de tout réduire à un seul et inflexible principe. Quoi qu'il en soit, c'est ici une digression *patriotique*, plutôt qu'une partie intégrante de son livre, et bien qu'avec quelque regret, nous ne devons pas nous en occuper plus longtemps.

Nous aimons mieux insister sur les deux derniers chapitres de notre ouvrage.

Deux questions y sont traitées avec l'étendue qu'elles méritent.

Comment les philosophes sont-ils devenus une puissance dans les gouvernements modernes? L'auteur a principalement en vue la France, l'Angleterre et la Prusse.

Quelle a été l'influence réciproque des mœurs sur les faux systèmes de philosophie, et des faux systèmes de philosophie sur les mœurs?

Portalis ne pouvait mieux couronner son ouvrage que par l'examen de ces deux questions.

XXXVI

Occupons-nous d'abord de la première. Quelle fut, au dernier siècle, l'influence de la philosophie sur les gouvernements et la politique générale de l'Europe? — L'histoire du dix-huitième siècle nous montre un phénomène étrange que ne connurent pas les peuples de l'antiquité; des hommes instruits, éclairés, des philosophes, des littérateurs, des savants, devenus une autorité, une puissance, le dirai-je? une secte dans le but avoué de lutter de concert contre les institutions sociales, religieuses et, à certains égards, politiques de leurs pays, de disputer au sacerdoce, ou du moins de partager avec lui, l'empire des intelligences et des cœurs ; et, — chose plus extraordinaire encore, à l'aide d'idées et de systèmes sortis, pour la plupart, de leurs cerveaux solitaires, ou plutôt exhumés, sous une forme nouvelle, des ruines philosophiques de Rome et d'Athènes, — produisant une sorte de commotion intellectuelle, morale et politique parmi les nations les plus civilisées de l'Europe. Un pareil phénomène méritait d'être étudié dans ses causes et dans ses résultats.

Nous l'avons dit ailleurs : dès l'aurore de la renaissance, des lettres et des sciences, et dans tout le cours des seizième et dix-septième siècles, l'Europe occidentale vit surgir de tous les points de l'horizon des essaims de savants, de littérateurs et de philosophes. Ce développement inattendu de l'esprit humain inspira trop souvent de vives et mêmes puériles inquiétudes aux théologiens qui passaient pour les organes les plus accrédités de l'Église, jusque-là seule, ou presque seule, en possession de la science universelle. Un je ne sais quel antagonisme passionné, je dirais presque haineux, s'établit tout à coup entre la philosophie et le clergé. — Par une erreur regrettable, sans doute, — mais toute naturelle alors, et qu'il faut rejeter sur les nécessités du temps, plutôt que sur la prétendue tyrannie de ses enseignements, la théologie crut devoir, au nom des intérêts de la religion, et pour maintenir dans son intégralité l'orthodoxie de la foi, s'en prendre trop souvent, quoiqu'à son insu peut-être, et d'une manière indirecte, à d'innocents systèmes de physique et d'astronomie.

La science, encore timide, subit d'abord son joug en silence. Mais quand, un peu plus tard, naquit la république des lettres; quand se formèrent, en deçà et au delà du Rhin, des compagnies savantes, des académies; quand, au sein de la plupart des États européens, se furent fondés des centres scientifiques et littéraires, — alors, par une réaction qu'il est facile de comprendre et de s'expliquer, la science, secouant un joug impatiemment supporté, se sépara violemment de la théologie, et dirigea contre les dogmes les plus vénérés de la religion, des coups qu'elle eût dû réserver contre les rigueurs excessives de la théologie. Dès cet instant, chose inouie dans les annales de l'esprit humain! on dirait que, sous le nom vague et pompeux de philosophie, s'organisa et s'arma contre la religion, qui est la raison de Dieu, la science, qui est, si je puis ainsi parler, la raison de l'homme.

Le sacerdoce chrétien, nul n'oserait le contester, est essentiellement enseignant. La philosophie le comprit et voulut enseigner concurremment avec lui. Mais là ne s'arrêta pas son audace, et la victoire que le christianisme avait remportée sur le paganisme antique, elle tenta de la remporter à son tour sur le christianisme. Humble et soumise dès le début, elle ne tarda pas, elle aussi, d'arborer l'étendard de la révolte, et de s'insurger, visière levée, contre la doctrine et le culte de son invincible rival. Or, disons-le bien haut, — pour engager la lutte contre lui, — à défaut de raisons, les prétextes ne lui manquèrent pas. D'un côté, en effet, l'ardeur des disputes, et, qui plus est, la fureur des guerres religieuses, — les emportements peu évangéliques de plus d'un théologien et de plus d'un docteur ; — de l'autre, l'abus, de la part de certains dignitaires de l'Église, d'une autorité jusqu'alors justement et universellement respectée, — les prétentions exagérées, ardentes, d'une portion du clergé contre l'État, — tout cela favorisa puissamment l'entreprise des philosophes ; et les gouvernements trouvant, ou croyant trouver en eux un appui et une digue contre les empiétements du clergé sur le temporel de l'État, leur vinrent imprudemment en aide. Sciemment, ou à leur insu, directement ou indirectement, ils les laissèrent tour à tour parler et écrire à leur aise, et la presse, en répandant à profusion et comme par torrents, leurs opinions, leurs doctrines et leurs systèmes, leur ouvrit la voie, et les conduisit peu à peu vers le faîte de cette puissance religieuse d'où, nouveaux Éoles, ils tentèrent de soulever contre le vaisseau de la société cette tempête des intelligences et des cœurs qui, suivant la profonde pensée de Montesquieu (1), « faillit emporter les deux ancres de salut : la religion et les mœurs. » Alors, dit excellemment Portalis, il y eut contre la religion une espèce de coalition entre la philosophie et la magistrature, la raison et la souveraineté.

Mais ce qui ne concourut pas moins, selon nous, au *règne* de la philosophie en France, ce fut la rare habileté et l'admirable à-propos avec lequel, à un moment donné, elle se fit bourgeoise, et même, si j'ose le dire, plébéienne. Procédant à l'inverse de ses devancières de l'antiquité et du moyen âge, elle eut garde de se livrer trop exclusivement à de subtiles spéculations de théodicée et à des questions purement théoriques d'ontologie et de métaphysique. Elle sut s'appliquer avec un zèle sans pareil à l'étude pratique de tout ce qui se rapporte à la prospérité matérielle des nations, et contracter, au besoin, alliance avec ce qu'on nommait la secte des *économistes*. Elle quitta l'école, et ne craignit point de se dépouiller de son magistral laticlave, pour paraître en habit vulgaire sur la place publique. Elle, en un mot, jusqu'alors reléguée dans des régions inaccessibles au commun des esprits, ne rougit pas de descendre, simple mortelle, au milieu du peuple,

(1) *Esprit des Lois*, l. VIII, c. XIII.

et, pour s'en faire bien venir, d'échanger sans scrupule avec lui, des idées contre des faits, et contre des réalités, des chimères!

Voilà comment, avec moins d'éclat, moins d'originalité, et, en général, moins de génie que l'ancienne philosophie, la philosophie moderne exerça sur la société plus d'influence qu'elle.

Portalis, avec ce tact et cette impartialité qui le distinguent, nous décrit les caractères de cette influence. A ses yeux, comme aux nôtres, la réaction de la science contre la théologie fut pendant quelque temps salutaire. Elle apprit au clergé à être plus réservé dans la jouissance de ses prérogatives et moins entreprenant dans l'exercice de ses droits. Elle servit à formuler plus nettement que jamais la distinction, autrefois si bien établie par l'immortel évêque d'Hyppone, — mais oblitérée, sinon effacée après lui, — entre l'intolérance des erreurs et la tolérance des hommes qui les professent.

L'exemple des savants laïques stimula, chez plus d'un ecclésiastique, l'amour des lettres et des sciences profanes. On étudia davantage la religion, dans ses rapports avec la raison et la philosophie.

Alors, comme toujours, de la discussion jaillit la lumière. Mais, nous l'avons dit et nous ne saurions trop le répéter, — la philosophie, et c'est là son tort, la philosophie, ou, ce qui est la même chose, la raison humaine, marchant seule et en l'absence de toute *autre* révélation que la révélation naturelle, à la découverte de la vérité, la philosophie se crut bientôt assez forte et assez indépendante pour divorcer avec la foi et rompre tous les liens qui l'unissaient à la révélation chrétienne. Elle eut hâte de s'émanciper de sa divine tutelle, et de se proclamer sceptique et incrédule. Après avoir attaqué sans ménagement, sans mesure, quelquefois même avec injustice et avec haine, les abus malheureusement trop nombreux de quelques ministres de la religion, elle attaqua la religion elle-même; l'incrédulité devint une mode, une fureur, une frénésie, surtout, ce dont Portalis ne dit rien, depuis la suppression de la Compagnie de Jésus. A la cour comme à la ville, dans la noblesse comme dans la bourgeoisie, et jusque dans le sein du haut clergé, elle exerça les plus terribles ravages, et (singularité remarquable!) en France, c'est-à-dire dans un pays fondamentalement monarchique, — armée du mot magique de liberté; la philosophie se crut un instant de force à contrebalancer l'autorité royale, et obtint, en crédit et en influence, ce qu'elle n'avait pas même osé demander aux républiques de l'antiquité, ce qu'elle ne devait obtenir ni de nos voisins d'outre-Rhin ni de nos voisins d'outre-Manche!

Nous avons résumé, aussi succinctement que que possible, l'avant-dernier chapitre du livre de

Portalis. Il est plein de vues neuves, d'ingénieux aperçus, d'observations judicieuses.

Portalis avait vécu quelque temps parmi les philosophes. Aussi en parle-t-il comme un homme qui les a vus d'assez près, et qui les juge d'assez loin pour que ses apprécations soient aussi exactes qu'impartiales. Bien que son jugement sur le clergé et la cour de Rome soit empreint d'un léger vernis de préventions parlementaires, il est généralement juste et vrai. Une chose pourtant a blessé notre *susceptibilité* catholique : c'est de l'y voir affirmer que c'est aux règles de la saine critique, et sans doute aussi aux lumières de l'esprit philosophique des temps modernes, que nous devons le discernement des faux documents religieux d'avec les véritables, et le rappel de la religion à la sainte et majestueuse simplicité des premiers âges, un instant perdue, puis heureusement retrouvée. N'y a-t-il pas dans ces assertions un retentissement indirect des récriminations, partie philosophiques, partie protestantes, de certains chétiens du siècle dernier, et, qu'on me permette de le dire, une sorte d'exagération digne, à bien des égards, des disciples de Jansénius? C'est de notre part un doute, un simple doute. Nous devions l'exprimer.

XXXVII

Répondons maintenant à notre deuxième question.

Quelle fut l'influence des mœurs sur la philosophie du dix-huitième siècle, et de cette philosophie sur les mœurs?

La vérité est éternelle, car *elle est ce qui est;* elle est Dieu, et, comme Dieu, toujours ancienne et toujours nouvelle.

Il n'en est pas ainsi de l'erreur. Simple déviation de la vérité, vérité fragmentée, si on peut parler ainsi, elle est toujours plus ou moins marquée du cachet de la nouveauté, parce que rien n'est rigoureusement ancien de ce qui n'est qu'humain. Cela dit, résolvons notre question.

Les systèmes philosophiques ont-ils jamais produit à la lumière une seule vérité jusqu'à eux inconnue! Non! Mais n'exagérons pas. Dire, avec quelques écrivains, adversaires acharnés de tout ce qui touche à la philosophie, qu'elle n'a contribué en rien, non-seulement à la réalisation, mais encore à la propagation et à la vulgarisation de plusieurs vérités scientifiques, ce serait commettre contre elle une flagrante injustice. Mais, ce qui est tout aussi certain, c'est que ces vérités existaient avant elle, et que son mérite, mérite considérable sans doute, c'est d'en avoir fait la découverte et divulgué la notion. Ces vérités étaient à l'état latent, obscur, indéterminé, quand la philosophie les a fait rayonner à nos yeux. Le contraire a lieu pour l'erreur. Œuvre de notre intelligence, elle peut en jaillir spontanément, car elle n'appartient qu'à l'homme.

Ne soyons donc pas surpris si, pour quelques vérités utiles, accréditées, répandues dans le monde par la philosophie, beaucoup d'erreurs n'en sont pas moins émanées d'elle. Rien d'étonnant en cela. La philosophie, naturellement présomptueuse et fière de ses forces, la philosophie, telle que la cultiva et pratiqua le dix-huitième siècle, aimant mieux puiser dans son propre fonds que dans le sein de Dieu, n'en était-elle pas venue à se demander sérieusement : « Qui peut prescrire des limites à la perfectibilité humaine? Et Condorcet n'avait-il pas pensé et osé prétendre qu'un jour viendrait où l'homme ne serait pas tributaire de la mort? » Plutôt que de consentir à recevoir la vérité, elle préféra se donner à elle-même l'erreur. (Nous ne parlons que de la fausse philosophie.) Elle est à la raison humaine ce qu'est le protestantisme à la raison catholique. Elle est un protestantisme rationnel, comme le protestantisme religieux n'est à la rigueur qu'une philosophie. De là, nous l'avons constaté, une foule d'erreurs sur la métaphysique, la morale, la religion, la société, erreurs qu'elle n'eût infailliblement pas commises, si, moins hautaine et moins confiante en son propre sens, elle se fût plus docilement abandonnée au sens commun. Alors elle eut moins usé peut-être, mais à coup sûr, elle eût moins abusé de l'esprit philosophique.

Toutefois, gardons-nous de faire peser sur elle des torts qui ne sont pas absolument les siens. « Dans le nombre de ces erreurs, il en est qui n'eussent jamais germé dans la tête des philosophes, si elles n'avaient été proposées par l'esprit et par les mœurs des temps. Chacun vit dans son siècle. Descartes, Newton, Leibnitz ont vécu dans un temps où la religion conservait encore une grande force : ils ont été religieux. De nos jours, quelques plaisanteries ont fait un peuple d'incrédules. »

Ainsi, Portalis pense, et M. de Tocqueville, dans son livre sur l'ancienne monarchie, ne le contredit pas sur ce point, « que les mœurs ont été les avant-coureurs de la mauvaise philosophie. » Ce même phénomène s'était déjà réalisé à Athènes, à Sparte et à Rome. Toujours les mêmes effets naquirent des mêmes causes. A dater du quinzième siècle, notre vieille Europe sentit tout à coup d'indicibles secousses qui la jetèrent dans des voies tout à fait nouvelles. Raffinée par la littérature et les arts de la Renaissance, développée par les progrès du commerce et par les découvertes des sciences, la civilisation répandit partout ses bienfaits et ses maux avec une rapidité merveilleuse. La richesse s'ensuivit, et avec elle le luxe et son inséparable cohorte de passions et de vices. Les campagnes furent peu à peu abandonnées. Tout ce qu'elles avaient de gens instruits ou fortunés réflua vers les villes, et surtout vers la ville des villes, vers Paris. « L'or devint, pour ainsi dire, un *pont* de communication entre la ville et la cour. » On prit en pitié l'antique simplicité des aïeux. Les charges devinrent vénales. La fortune, et quelle fortune ! obtint trop souvent les honneurs et les priviléges dus à la seule vertu ou au seul mérite. — On sacrifia tour à tour l'honneur à l'argent, la frugalité au luxe, l'austérité de la conduite aux licences d'une fiévreuse volupté. De là, surtout dans les hautes classes de la société, une corruption générale et si effrénée, que ce ne fut pas trop de la puissante main de Louis XIV pour retarder quelques années encore la complète décadence des mœurs.

Mais cette décadence, devenue imminente et inévitable, la Régence devait la précipiter et la consommer.

« Sous ce gouvernement, dit Portalis, une dépravation profonde et frivole fit des progrès effrayants dans toutes les classes. »

Alors la France présenta le plus affreux spectacle. Dans le gouvernement, un aveuglement déplorable, une impiété sans bornes, un orgueil sans mesure, et, pour comble de malheur, une désolante sécurité dans le haut clergé, une légèreté de mœurs, un certain air d'esprit fort qui firent plus d'une fois rougir le front si pur de l'Église de France. — Dans la noblesse, l'oubli de l'honneur militaire, du respect envers les ancêtres, un épicuréisme effronté, un mépris hautement affiché pour la religion de ses pères. Dans la magistrature, l'abandon presque général des graves études et des vénérables traditions parlementaires, — partout enfin l'engouement de l'esprit de *société*, le dédain du foyer domestique, le dégoût des choses sérieuses, et le règne souverain de l'opinion publique.

Que dire de cet esprit frondeur pour qui rien ne fut plus sacré ; de ces coteries, où l'on apprit l'art funeste de faire marcher de pair le plaisir et les affaires, de cet esprit de vertige et d'erreur, pour parler avec le poète, qui persuada à plus d'une âme énervée par la volupté qu'on pouvait se passer de mœurs et de religion, et que le commerce, les sciences et les arts suffisaient au maintien de l'ordre social?

Mais voici comment Portalis lui-même, avec un pinceau quelquefois digne de Tacite, nous retrace les principaux traits de cet affligeant tableau :

« Dans un siècle ou l'imprimerie avait usé tous les bons livres, où la multitude des livres avait usé toutes les vérités, où le luxe avait usé toutes les jouissances; dans un siècle où l'esprit de société avait étouffé l'esprit de famille, où l'esprit de commerce et de finance était devenu l'esprit général, où les richesses avaient le pas sur les honneurs, et les plaisirs sur les devoirs; dans un siècle où les citoyens étaient toujours occupés de leur fortune et jamais de leur patrie, et où le gouvernement lui-même était beaucoup plus jaloux d'augmenter le nombre des contribuables que de former de vrais citoyens; dans un siècle enfin où les vices circulaient avec les idées; où les moyens trop faciles d'acquérir et de dépenser, joints à l'impatience de jouir, produisaient des révolutions subites et continues dans les familles, dans les professions, et où conséquemment les hommes ne pouvaient plus, à proprement parler, être liés, par des principes ou par des habitudes, à rien de ce qui existait; dans un tel siècle, dis-je, était-il possible de ne pas prévoir que les vices dépraveraient les maximes, que l'audace des écrits et des systèmes naîtrait de l'audace des mœurs, et qu'une fausse philosophie, semblable à la foudre qui frappe le lieu même qu'elle éclaire, finirait, sous prétexte d'amélioration, par dévorer les choses et les hommes? »

Les mauvaises mœurs, dit-il ailleurs, ont précédé les mauvaises doctrines, et avant qu'on nous apprît à ne pas croire, nous avions cessé de pratiquer.

Faut-il conclure de là avec Portalis, et d'une manière absolue, qu'au dix-huitième siècle, ce n'est pas l'incrédulité qui amena le déréglement des mœurs, mais le déréglement des mœurs qui, seul, amena l'incrédulité? Nous ne le croyons pas. Ce serait à notre avis une grande erreur que de penser que la fausse philosophie du dix-huitième siècle n'a été que le résultat passif, la conséquence fatale de la corruption des mœurs, et que la corruption des mœurs lui a *seule* donné naissance. A supposer qu'elle soit née de cette corruption où, comme on disait sous Louis XIV, du *libertinage*, ce qu'il ne nous paraît pas possible de nier, il est certain qu'elle se fit son actif auxiliaire et qu'elle en précipita les progrès. « Plus jalouse de plaire ou de dominer que d'éclairer et d'instruire, elle eut le tort de se montrer plus disposée à flatter qu'à combattre les vices de son temps. »

Mais ce n'est pas tout. Il n'est pas exact d'affirmer que l'incrédulité ne prend sa source que dans la corruption des mœurs. La vérité chrétienne ne mortifie pas seulement les passions charnelles, les sens, elle subjugue encore l'esprit et les passions de l'intelligence (désir de tout savoir, même de tout comprendre), — peut-être plus difficiles à vaincre que les passions des sens. S'il est vrai que d'ordinaire on cesse de croire parce qu'on a cessé de pratiquer, il est vrai aussi qu'on cesse quelquefois de pratiquer parce qu'on a cessé de croire.

Quoi qu'il en soit, si les mœurs influèrent sur la philosophie, la philosophie à son tour influa sur les mœurs. Quand après avoir atteint le cœur, la corruption s'empara de l'esprit, l'esprit de son côté s'empara des mœurs : il corrompit la morale et systématisa la corruption ; *il s'hébéta.* Trop pressé de jouir, on n'eut pas le temps d'étudier et d'apprendre ; « on discuta tout, sans rien approfondir. » Il y eut comme un déchaînement général des appétits matériels, et bientôt vint le jour où du faîte à la base de la société, la licence n'eut plus de bornes.

« Si les siècles d'ignorance sont ordinairement le théâtre des abus, les siècles de lumières sont trop souvent le théâtre des excès. Il en est peut-être des esprits comme des yeux : une certaine mesure de lumière est nécessaire, mais pas davantage ; tout ce qui est au delà ne cause qu'obscurité et confusion. »

Exagération ! se récriera-t-on sans doute ! Eh bien ! qu'on sache que Portalis n'exprime que faiblement, mais avec un admirable à-propos, la pensée bien autrement énergique, ou, si l'on veut exagérée, du prince des sceptiques modernes ! « La philosophie, dit Bayle, le moins suspect des philosophes en matière *d'étiologie* philosophique, la philosophie ressemble aux poudres corrosives, qui, après avoir consommé les chairs malsaines d'une plaie, rongeraient la chair vive, carieraient les os, et perceraient jusqu'à la moelle. Elle réfute d'abord les erreurs ; mais si on ne l'arrête pas là, elle attaque la vérité, et va si loin qu'elle ne sait plus où elle est, et qu'elle ne trouve plus où s'asseoir. » *Habemus confitentem!*

Mieux que personne, Bayle pouvait parler des ravages de la *fausse* philosophie. — Son *Dictionnaire historique,* pourtant si savant, si plein d'érudition, est-il autre chose, pour continuer sa métaphore, qu'une riche *officine,* qu'un vaste dépôt de ces poudres fatales? Et maintenant, taxera-t-on encore Portalis d'exagération, lorsque, nous dépeignant les effets de cette philosophie, non plus sur les individus, mais sur les masses, mais sur un peuple, et le comparant à une liqueur mortelle, il nous dira que ces effets sont d'autant plus funestes, que ce peuple était corrompu avant d'être éclairé, parce qu'alors le limon putride du vase, ajoutant à la fermentation de la liqueur, l'effervescence devient terrible?

Mais, je le sens, on est si peu habitué à ces rudesses de langage, de la part d'un homme comme Portalis, qu'on persistera peut-être à croire que, dérogeant, en cet endroit, à la modération si remarquable de sa pensée et de son style, il a cédé à un esprit de réaction, fort naturel, sans doute, chez le banni du Directoire, mais peu d'accord avec l'apologiste de l'esprit philosophique.

Eh bien! qu'on se demande quel était l'état des esprits, en France, au déclin du dix-huitième siècle!

Plus de principes, plus de mœurs! des institutions chancelantes, un trône vermoulu, un roi esclave de ses maîtresses, une cour corrompue; en haut, l'inquiétude des esprits; en bas, un malaise universel; partout la haine du passé, le mécontentement du présent, le pressentiment d'un avenir gros de tempêtes. — Prêtez l'oreille au bruit sourd qui s'élève de toutes parts, et qui semble présager la prochaine dissolution du corps social.

Cette dissolution ne se fit pas longtemps attendre, et l'on sait ce qui en advint. La philosophie, la philosophie de Bayle, de Diderot, de Voltaire, avait enfin porté ses fruits, et le peuple en savourait à loisir le suc fatal. — Il faut lire dans Portalis la lamentable histoire du siècle philosophe, et comment la logique des masses populaires déduisit une à une toutes les conséquences des principes posés par ses représentants les plus fameux.

Mais ne poussons pas trop loin nos accusations contre une époque que la postérité, nous l'avons dit ailleurs, n'a pas encore pu juger définitivement! Ne confondons pas, dans cette époque, deux phases profondément distinctes, et que Portalis n'a peut-être pas assez nettement distinguées, la

Constitution de 89 avec la *Déclaration des droits de l'homme,* la Révolution avec la Terreur ! Mirabeau n'est pas Danton, et le marteau qui rasa la Bastille n'est pas le couteau qui trancha la tête de Louis XVI ! L'esprit philosophique ne fut sans doute pas étranger aux horreurs de la Terreur ; mais, ce qui est bien autrement certain, c'est qu'il inspira les édits si libéraux des dernières années de la royauté, c'est qu'il plana sur les deux immortelles assemblées qui précédèrent la Convention. Ce qui ne l'est pas moins, c'est que le bien de la révolution n'eût peut-être jamais existé sans lui, et que sans lui le mal de la Terreur s'expliquerait suffisamment par les seules passions d'un peuple en délire. Il est douteux que l'esprit philosophique ait *fait* les crimes de 93. Qu'y a-t-il de commun entre lui et la rage démagogique? Mais nous affirmons qu'il a posé les principes de 89.

Et pourquoi ne dirions-nous pas franchement toute notre pensée?

Quand, à l'exemple d'un remarquable critique du dix-huitième siècle, de l'abbé Dubos, qui, dans un accès de sombre mélancolie, prédisait à l'Europe une nouvelle invasion de Goths et de Vandales, conduits par l'esprit philosophique, Portalis le rend responsable et des excès de la Révolution, et des orgies de la Terreur, quand surtout il appelle *scélérats,* sans distinction, ces hommes à qui l'impartiale histoire, tout en vouant à l'exécration des siècles l'illégitimité de *moyens* qu'ils ne pouvaient mettre en œuvre sans crime, tiendra largement compte de la grandeur du *but* qu'ils voulurent atteindre, — je ne puis m'empêcher de penser qu'il n'a pas toujours su résister à des entraînements que je comprends, mais que condamne le véritable esprit philosophique.

Non que nous prétendions que les idées, les systèmes philosophiques, restèrent tout à fait en dehors de ces idées et de ces systèmes anarchiques et antisociaux, qu'on pourrait appeler le socialisme de la Convention! Nous soutenons seulement qu'il y aurait exagération à voir, dans l'abus de l'esprit philosophique, une des causes principales de la phase *conventionnelle* ou *directoriale* de la révolution française.

Mais Portalis nous l'a dit cent fois, et il nous le répète ici, on n'*abuse* que de ce qui est bon en soi; et il n'y a qu'un sot, un fanatique ou un ignorant, qui puisse attribuer à la philosophie en général, des maux qui ne doivent être imputés qu'à la *fausse* philosophie.

User de la philosophie, n'est pas en abuser.

User de la philosophie, c'est chercher les principes des choses, et non les nier ou les méconnaître, ou les défigurer; c'est analyser l'esprit et le cœur humain, non pour détruire, mais pour affermir les fondements de la science de Dieu, de l'homme et du monde. C'est généraliser, pour les embrasser dans une vaste unité, les faits donnés par l'analyse, et non les synthétiser dans un syncrétisme confus, des abstractions ou des chimères. User de la philosophie, c'est arriver à la vérité par l'étude, l'observation et l'expérience.

Abuser de la philosophie, c'est aboutir à l'erreur par le sophisme et par l'orgueil, à l'esprit de système par l'amour excessif de la nouveauté et du paradoxe. Abuser de la philosophie, c'est encore élever la raison sur les ruines de la foi, nier la révélation au profit de la conscience, sacrifier la religion positive à la religion naturelle. C'est, en un mot, oublier les principes d'un sage examen, violer les véritables lois de l'esprit humain, rester en deçà ou aller au delà des limites que Dieu lui assigna.

L'usage de la philosophie, c'est le bon sens de l'homme grave et éclairé par l'étude, qui ne recherche que le vrai.

L'abus de la philosophie, c'est l'extravagance de l'homme léger et aveuglé par la passion, qui ne s'enquiert que du vraisemblable.

Le premier use et le second abuse de l'esprit philosophique.

Portalis termine son dernier chapitre par un intéressant parallèle du génie avec le véritable esprit philosophique, et du faux esprit philosophique avec le bon sens.

Le faux esprit philosophique est plus éloigné

du bon sens que le bon sens ne l'est du génie. « Le bon sens, dit-il, respecte les vérités connues et justifiées par l'expérience. — Le génie, devançant les lumières de son siècle, aperçoit des vérités que l'on ne connaissait pas encore, mais sans abandonner celles que l'on connaît. — Le faux esprit philosophique fait des spéculations idéales qui, loin d'ajouter aux connaissances acquises, n'ont pour objet que de nous y faire renoncer. Le bon sens conserve, le génie établit, le faux esprit philosophique renverse. Le bon sens demeure dans les limites de la tradition, le génie les recule, le faux esprit esprit philosophique les déplace. Le bon sens doit beaucoup à l'expérience, le génie doit beaucoup à la nature, le faux esprit philosophique doit tout à la vanité. »

Ce parallèle, que tout esprit amateur de la saine philosophie et de la bonne littérature lira avec autant de plaisir que de profit, est suivi d'une série de considérations sur la révolution française dans ses rapports avec l'esprit philosophique qui, suivant lui, en prépara les éléments. De ces considérations, dont on connait déjà l'esprit, nous ne dirons rien ici, si ce n'est que, parmi les pages que Portalis leur a consacrées, il en est plus d'une qui rappelle, et pour le fond et pour la forme, la manière calme, sentencieuse, profonde de l'écrivain des *Annales*. Et, pour ne parler ni des *Réflexions* de Burke, ni des *Considérations* de de Maistre, si celles de Mme de Staël nous laissent voir la plume d'une femme, *partisan* et enthousiaste, celles de Portalis nous révèlent la main virile d'un historien observateur et d'un philosophe. L'auteur de *Corinne* pense avec son cœur; le rédacteur du Code civil pense avec son esprit. Quant au fond de ses idées, elles sont telles qu'on devait les attendre du contemporain d'une révolution dont les abus auraient eu, d'après lui, pour *principale* source l'*abus* de l'esprit philosophique dans le siècle qui la vit s'accomplir.

Il est temps de nous résumer en reproduisant, sous une formule générale, notre appréciation raisonnée et critique de l'œuvre de Portalis. Malgré quelques défauts de style, et même, malgré plus d'une lacune inévitable dans une œuvre posthume, le livre de l'Esprit philosophique est un excellent livre, si on ne le prend que pour ce qu'il est, c'est-à-dire comme une esquisse. A ce titre, nous pouvons affirmer hautement que, parmi les ouvrages modernes sur la philosophie du siècle philosophe, il est digne, sans contredit, d'occuper un des rangs les plus distingués. Tel qu'il est, il nous permet de pressentir ce qu'il aurait pu être. L'immense sujet qu'il embrasse est successivement abordé sous toutes ses faces, et parcouru dans toute son étendue. S'il n'a pas toujours été donné à son auteur de nous en montrer tous les détails, du moins nous a-t-il mis en mesure de les examiner nous-mêmes. Là où il n'a pas eu la satisfaction d'atteindre le but, il a eu le mérite de nous indiquer la voie qui doit nous y conduire. C'est, qu'on nous pardonne cette image, un voyageur qui a visité, étudié les mille régions d'un pays sur lequel nul autre ne posa le pied avant lui. — Il n'a ni pu ni voulu nous rapporter tout ce qu'il y a vu; mais, bien qu'incomplète, sa relation nous le fait suffisamment connaître. Peut-être n'a-t-il pas eu le temps de nous nommer telle montagne, de nous parler de telle plaine, de nous décrire tel fleuve ou telle rivière. Mais, consolons-nous! voici la carte qu'il en a dressée. Ce que nous ne trouverons pas dans le texte de sa relation, cette carte nous l'apprendra. Nous le répétons, l'œuvre de Portalis n'est qu'une esquisse, mais c'est l'esquisse d'un grand peintre; qu'un essai, mais c'est l'essai d'un maître illustre.

Ostendi monumentum! Notre tâche est finie. Puissions-nous ne l'avoir pas trop indignement remplie! Puissent nos faibles efforts inspirer à de plus habiles que nous, le désir d'achever ce que nous avons à peine ébauché! Pour nous, nous nous estimerions heureux d'avoir atteint le but modeste que nous nous sommes proposé. Si notre espoir n'est pas trompé, si le succès moral, bien plus encore que le succès littéraire de notre œuvre, répond, en quelque manière, à la pensée qui seule nous l'a fait entreprendre, l'homme de qui nous avons analysé le livre si peu connu jusqu'à ce jour, et pourtant si digne de l'être, se présentera désormais aux yeux de la postérité le front ceint d'une triple auréole. On saura enfin que Portalis fut tout à la fois législateur, jurisconsulte et *philosophe :* — trois titres dont un seul suffirait, au besoin, pour entourer sa mémoire de l'admiration de ses concitoyens. Mais, au-dessus de ces trois titres, il en est un qui, pour être moins éclatant et moins remarqué, n'en est que plus solide et plus méritoire, et qui, s'il pouvait encore aujourd'hui, du haut de l'éternelle demeure, entendre les bruits de cette terre, réjouirait le plus son âme et charmerait le plus son cœur. Ce titre, vous le connaissez maintenant, et vous savez s'il l'a justement conquis !... Philosophe, législateur, jurisconsulte, Portalis était encore *chrétien,* — *chrétien,* — alors que le christianisme avait été, de par la loi et la force, banni du sol du royaume trois fois *chrétien,* — alors que, pour se déclarer ouvertement disciple du Christ, il fallait quelque chose de plus que le courage et la fermeté du philosophe : — la constance et l'héroïsme du martyr ! Ce titre, nous croyons que Portalis s'en fût plus honoré que de tous ses autres titres. C'est parce qu'il fut philosophe chrétien, qu'à une époque où tant de cœurs faillirent, où tant de vertus furent ébranlées, il mérita d'être rangé parmi le petit nombre de ces hommes dont l'âme ne peut être troublée, ni par les passions de la foule, ni par le tumulte des vaines doctrines, ni par la chute des institutions, — et à qui le poëte romain eût volontiers appliqué son magnifique éloge de l'homme juste. Non content d'avoir travaillé de tout son pouvoir à la reconstruction de l'édifice religieux et civil de la France, il essaya encore de coopérer à celle de son édifice philosophique et moral, et c'est dans ce double but que, *philosophe* et *chrétien*, il écrivit le livre *De l'Usage et de l'Abus de l'esprit philosophique*.

A nos yeux, cet ouvrage est le testament de ses convictions philosophiques et de sa foi chrétienne.

Nous avons cru que le moment était venu de procéder à sa publique et solennelle ouverture.

Nous pardonnera-t-on de nous être arrogé une mission assurément sans proportion avec notre insuffisance et notre faiblesse?

Mais, nous l'avons dit au début de notre travail, en signalant à l'attention de nos contemporains le livre de Portalis, nous n'avons voulu qu'une chose, — humble sans doute, mais bonne et utile à tous : — révéler tout ce qu'il y avait de profondément chrétien et d'éminemment philosophique dans l'âme du citoyen illustre, qui, réunissant en lui l'esprit des temps anciens et l'esprit des temps nouveaux, servit comme d'anneau médiateur entre un grand siècle qui allait finir, et un siècle, peut-être plus grand encore, qui allait commencer, et nous avons pensé que, quelle que soit d'ailleurs l'imperfection de cette Étude, l'intention de mieux faire nous absoudrait du tort de n'avoir pas assez bien fait!

FIN.

NOTES.

Page 3, ligne 18. — Il a été fait trois éditions, en 2 volumes in-8°, du livre *De l'Usage et de l'Abus de l'esprit philosophique*, par les soins de M. le comte Portalis, fils de son auteur, mort, en 1859, premier président honoraire de la Cour de cassation : l'une en 1820, l'autre en 1827, et la troisième en 1834. En tête de chacune d'elles, l'éditeur a placé, en guise d'introduction, un Essai sur l'origine, l'histoire et les progrès de la littérature française et de la philosophie, — remarquable par l'érudition, la science, et le style net, ferme et abondant, peut-être quelquefois trop abondant, qui caractérise ses écrits. — Une édition de l'Esprit philosophique a été publiée en italien, en 1826, à Naples, par M. Corcia.

Page 4, ligne 17, et page 5, ligne 12. — « Grâce au ciseau. » M. Descine a fait la statue de Portalis qu'on voit au musée de Versailles. On doit à notre compatriote Ramus celle qui lui a été érigée, en 1847, sur la place du palais de Justice d'Aix. MM. Gautherot et Collin ont fait son portrait. La toile du premier est à Versailles, et celle du second dans la grande salle des séances publiques du Conseil d'État.

Page 13, ligne 2. — « Mémoires juridiques, » — notamment celui sur la *validité* des mariages protestants.

Page 14, ligne 4. — Il plaidait pour la femme de Mirabeau, qui demandait sa séparation de corps contre son mari. Il gagna son procès.

Page 35, ligne 28. — L'ex-secrétaire général de l'Inquisition espagnole, Llorente, auteur d'une très-partiale Histoire de l'inquisition d'Espagne.

Page 64, ligne 25. — « Doctrine de l'auteur sur la connaissance. » M. Corcia, traducteur italien de l'ouvrage de Portalis, a cru à tort que Portalis était, sur ce point, partisan sans réserves de la doctrine de Locke et de Condillac.

Page 77, ligne 17. — « Ressemblance jusqu'ici inaperçue. » Ni M. Hello, ni M. Boullée, ni M. Sainte-Beuve, qui, dans des ouvrages fort remarquables, ont parlé de l'ouvrage de Portalis, n'ont mentionné cette ressemblance. — Nous en avons vainement cherché l'indication dans une de nos nombreuses histoires de la philosophie; il n'y est pas même question du livre de notre auteur. Mais nous devons dire que Portalis fils paraît l'avoir soupçonnée. (Voir sa note à la fin du chapitre VIII, édition de 1834, page 228.)

Page 141, ligne 29. « Villers. » — *Philosophie de Kant*, ou *Principes de la Philosophie transcendentale*. Metz, 1801, in-8°. — M. Cousin, à en juger par son silence sur l'ouvrage de Portalis, ne paraît pas l'avoir connu, quand il a publié ses travaux sur la philosophie allemande.

Page 145, ligne 10. — Euler, auteur des *Lettres à une princesse d'Allemagne*.

Page 170, ligne 4. — Robinet, auteur d'un livre intitulé *De la Nature*. — Ex-jésuite combattu par un jésuite, le spirituel et savant P. Barruel, dans les *Helviennes*.

Page 213, ligne 3. — « Depiles » ou plutôt de Piles, auteur oublié d'un *Cours de peinture par principes*.

Page 218, ligne 17. — « Le progrès. » — Nous parlons ici du progrès *chrétien*, et non de ce progrès qui n'est que le sobriquet hypocrite de l'esprit révolutionnaire pris dans son acception la plus odieuse, celle, par exemple, que Pie IX vient de lui infliger dans son Allocution du 18 de ce mois (mars 1861). — A notre avis, le Pape parle du progrès de *nom*, *ut vocant*, et non du progrès de *fait*, du *vrai* progrès.

Page 250, ligne 22. — « *Appella.* » *Credat judœus Apella!* Horat. epist.

Page 254, ligne 25. — Signe de contradiction ; — *signum cui contradicetur*. — Évang. S. Luc.

Page 364, ligne 15. — « Une foi qui ne vient que de Dieu. »
— Évidemment, Portalis parle ici de la foi religieuse, qui est un don, une *grâce* de Dieu, et non de la foi purement naturelle.

Page 386, ligne 21; et plus bas, *passim*. — « *Omnis potestas*. » Remarquez que l'Apôtre ne dit pas *omnis* POTENS.

Page 399, ligne 25. — Lettre de Portalis à Mallet du Pan, du 11 août 1799. — « Presque toujours il est plus dangereux de changer qu'il n'est incommode de souffrir. »

Page 414, ligne 6. — Portalis, étant ministre des cultes, écrivait à un évêque : « Souvenons-nous, Monseigneur, que c'est la charité qui a conquis le monde au christianisme. » Portalis voulait parler du monde païen ou barbare, du christianisme purement religieux et de la charité individuelle. Ne pourrions-nous pas dire qu'une nouvelle conquête est promise au christianisme *social* par la charité *sociale*, la conquête du monde déjà civilisé par la foi ?

Page 426, ligne 12. — « Administration de la province. » Notre ami et compatriote Charles de Ribbes a remarquablement traité cet important sujet dans son *Pascalis*.

Page 432, ligne 16.— « L'immortel évêque d'Hippone. » *Interficere errores, convertere homines*. — Pline-le-Jeune avait dit : *Qui odit vitia, odit homines*, et Sénèque, dans son traité *De ira*, avait tenu le même langage. Combien, hélas! dans des temps trop rapprochés du nôtre, ont tenu à leur tour ce langage *païen*! Combien qui ont transformé en une *torche* qui *brûle*, cette *lampe* de l'Évangile qui ne doit qu'*éclairer*!

Page 445, ligne 21. — « L'abbé Dubos, » auteur très-estimé de : *Réflexions critiques sur la poésie et la peinture*.

TABLE

Occasion de l'ouvrage. — But de l'auteur. 1

I. — Où et comment Portalis écrivit De l'Usage et de l'Abus de l'Esprit philosophique. 9

II. — Objet et but de son livre. — Ce que c'est que l'esprit philosophique. — Critique générale de sa forme. — Pourquoi il est si peu connu. 15

III. — Ce que Portalis pense de la philosophie au moyen âge. 33

IV. — Ce qu'il pense de la religion au moyen âge. — Des guerres religieuses. 41

V. — Principale source de l'esprit philosophique. — Résultat des guerres religieuses. 44

VI. — Conditions de l'histoire de l'esprit philosophique. — Portalis les a-t-il réunies? — Influence de l'esprit philosophique sur l'art de raisonner. — Système de Portalis sur l'origine des idées. — Sa méthode de philosophie. — Qu'est-ce que la métaphysique? — Ce que c'est que la méthode expérimentale de la philosophie écossaise. — Portalis s'en rapproche. — De la sensation et de la conscience. 54

VII. — Influence de l'esprit philosophique sur le progrès des sciences. — Comment il constate la certitude scientifique. 98

VIII. — Des conjectures. — Progrès scientifiques du dix-huitième siècle. 107

IX. — Nouveaux rapports de la philosophie de Portalis avec la philosophie écossaise. — Observation et expérience. — Encore de l'origine des idées. 113

X. — Réfutation de l'idéalisme de Kant. — *Raison pure* et *sensation*. — Les idées ne sont pas innées. — Des idées générales. — Conséquences de la métaphysique de Kant. — Portalis a le premier écrit sur son système. 118

XI. — De l'abus de l'esprit philosophique en matière de sciences physiques. 143

XII. — Causes de l'incrédulité de Spinosa, etc. 146

XIII. — Du matérialisme en général. — Sa réfutation. 151

XIV. Du matérialisme scientifique. — De l'âme des bêtes. 170

XV. — Du matérialisme des métaphysiciens. — L'homme est libre, actif et moral. 176

XVI. — De l'athéisme. 182

XVII. — De l'immortalité de l'âme et de ses destinées. — Contraste de la solution de Portalis avec celle de l'école écossaise. — De l'ordre moral. — Faiblesse de la raison humaine. 188

XVIII. — De la certitude. — Possibilité de démontrer l'existence de Dieu. — Encore de la philosophie de Kant. 197

XIX. — Que Kant a tort de nier la possibilité de démontrer l'existence de Dieu et l'immortalité de l'âme. — La philosophie peut-elle prouver que l'âme survivra éternellement au corps? 200

XX. — Abus de la philosophie dans certaines sciences. — Systèmes de Depiles, Lavater, Gall. 211

XXI. — Influence de l'esprit philosophique sur la littérature et les arts. — Réfutation d'un paradoxe de Rousseau. 216

XXII. — Du beau. — De son origine. — Du goût. — Du sublime. 224

XXIII. — Sentences et maximes de Portalis sur les belles-lettres et les beaux-arts. 232

XXIV. — De l'influence de l'esprit philosophique sur l'histoire. — Conditions d'un bon historien. — Certitude historique. — Divers genres d'histoire. — Comment faut-il l'écrire? — Abus de l'esprit philosophique en matière de certitude historique. — Histoire universelle, d'après Kant. — Mission de l'historien. — Applications abusives de l'histoire. — Bossuet et Herder. 249

XXV. — Influence de l'esprit philosophique sur la morale. — De l'enseignement de la morale par le clergé et par le philosophe. — Exagérations de Portalis. 267

XXVI. — La morale est-elle indépendante de la religion ? 273

XXVII. —Erreurs de la philosophie moderne sur la morale. — Causes de ces erreurs. — Existe-t-il une morale naturelle? — Son fondement. — De la révélation, de la raison, de la foi, de l'intuition. — Du sentiment ou de la conscience. — Principes de la morale de Kant. — Systèmes sur le principe de la morale. — Qu'il y a une loi et un législateur suprêmes. — Pas de morale certaine sans religion. — Caton et Voltaire. — Se garder de tout excès en matière de morale. 277

XXVIII. — La vraie philosophie, c'est la religion. — Qu'est-ce que la religion. — Morale et abus de la philosophie et de l'esprit philosophique en matière religieuse. — Nécessité de la révélation. — Elle peut et doit avoir des preuves. — Du naturel et du surnaturel. — Réfutation de Rousseau. — De l'abus des mots. — Morale philosophique et morale religieuse. — Du culte. — De la superstition. — Du fanatisme. 301

XXIX. — Caractères de la vraie religion. 341

XXX. — Du culte dans ses rapports avec le dogme et la morale. — De la nature des faits évangéliques. — Du rôle de la raison en matière de religion. 352

XXXI. — Pensées de Portalis sur la religion. — De la démonstration historique du christianisme. — Nécessité de choisir une religion. 362

XXXII. —Application de l'esprit philosophique à la législation et principalement au droit public. 372

XXXIII. — Son application à la politique. — De l'état de nature et de société. — Origine du pouvoir. — De la transmission. — Du droit divin et de la souveraineté du peuple. — Du gouvernement. — De l'insurrection. — Des révolutions. 381

XXXIV. — De la liberté et de l'égalité. — De la justice. — De la charité sociale. — Du droit de propriété. 403

XXXV. — De la peine de mort. — Si elle peut être abolie. 425

XXXVI. — Influence de la philosophie sur le gouvernement. 427

XXXVII. — Influence des mœurs sur la philosophie et réciproquement. — Ce que c'est que l'abus et l'usage de la philosophie. — L'esprit philosophique. — Fausse philosophie. — Bon sens. — Génie. — Influence de la fausse philosophie sur la Révolution et la Terreur. — Conclusion. 435

ERRATA.

Page 2, ligne 9, *au lieu de* : nécessaire à l'exercice; *lisez* : nécessaire, à l'exercice.

Id., ligne 15, *au lieu de* : inespérée de, *lisez* : inespérée, de.

Page 12, ligne 16, *au lieu de* : inouïe, *lisez* : rare.

Page 81, ligne 4, *au lieu de* : ne nous parle, *lisez* : ne nous parle clairement.

Page 73, ligne 13, *au lieu de* : véritable méthode qui, *lisez* : véritable méthode, qui.

Page 432, ligne 16, *au lieu de* : mais oblitérée, *lisez* : mais quelquefois oblitérée.

PARIS. — IMPRIMERIE BAILLY, DIVRY ET Cⁱᵉ,
Rue N.-D. des Champs, 49.

CHALLAMEL AINÉ, LIBRAIRE-ÉDITEUR,

30, RUE DES BOULANGERS. PARIS.

Ouvrages de M. Casimir FRÉGIER.

PARAPHRASE DES INSTITUTS DE JUSTINIEN, par Théophile, traduite du grec, annotée, précédée, accompagnée et suivie de divers travaux critiques, juridiques et philologiques.

LA QUESTION JUIVE, ou de la Naturalisation des Juifs en Algérie.

Il va en être publié une seconde édition. Ce travail fait partie d'une publication intitulée : *Etudes législatives et judiciaires sur l'Algérie.* Il en a paru les suivantes :

Du Barreau en Algérie.
Du Jury en Algérie.
De la Justice de Paix en Algérie.
Des Assesseurs musulmans en Algérie.
De la Création d'une école préparatoire de droit en Algérie.
Des Agréés en Algérie.
D'un Jury spécial d'expropriation en Algérie.

Esquisse d'un traité sur la souveraineté temporelle du Pape, par Mgr L.-A.-A. Pavy, évêque d'Alger, ancien professeur d'histoire ecclésiastique. 1 vol. in-8°, avec une carte des États de l'Église. (Alger, impr. Bastide.)   5 fr.

Médecine et Hygiène des pays chauds, et spécialement de l'Algérie et des colonies, par le Dr Ad. Armand. 1 beau vol. in-8°, avec une carte de l'Algérie. (Acclimatement et colonisation.)   6 fr.

Ouvrages de M. Louis DE BAUDICOUR.

Histoire de la colonisation de l'Algérie (1860). 1 fort vol. in-8°.   7 fr.

La colonisation de l'Algérie; ses éléments (1856). 1 fort vol. in-8°.   7 fr.

La guerre et le gouvernement de l'Algérie (1853). 1 fort vol. in-8°.   7 fr.

La France en Syrie. Brochure in-8°.   1 fr.

Collections considérables d'ouvrages anciens et modernes, relatifs à l'Orient, l'Algérie et les colonies, et les langues orientales.

30, RUE DES BOULANGERS-SAINT-VICTOR, A PARIS. (Écrire franco.)

Paris.—Imp. Bailly, Divry et Ce, rue N.-D. des Champs, 49.

www.ingramcontent.com/pod-product-compliance
Lightning Source LLC
Chambersburg PA
CBHW052336230426
43664CB00041B/1822